死亡否認

恐懼死亡與對英雄的追尋，
如何形塑過去與現在的我們？

The Denial of Death

歐內斯特・貝克爾 Ernest Becker ———— 著
林和生 ———— 譯

Common 67

死亡否認

恐懼死亡與對英雄的追尋，
如何形塑過去與現在的我們？

The Denial of Death

作　　者｜歐內斯特・貝克爾（ErnestBecker）
譯　　者｜林和生
特約編輯｜郭曉燕
責任編輯｜賴逸娟
封面設計｜鄭宇斌
內頁排版｜謝青秀
行銷企畫｜陳詩韻
總 編 輯｜賴淑玲
社　　長｜郭重興
發 行 人｜曾大福
出　　版｜大家出版／遠足文化事業股份有限公司
發　　行｜遠足文化事業股份有限公司
231 新北市新店區民權路 108-2 號 9 樓
電話 (02) 2218-1417　　傳真 (02) 8667-1065
劃撥帳號｜19504465 戶名遠足文化事業有限公司
法律顧問｜華洋法律事務所蘇文生律師
I S B N｜978-957-9542-81-4
978-626-7283-11-0（EPUB）
978-986-5562-92-2（PDF）
定　　價｜520 元

初版一刷 2023 年 2 月

國家圖書館出版品預行編目 (CIP) 資料

死亡否認：恐懼死亡與對英雄的追尋，如何形塑過去與現在的我們？ / 歐內斯特 . 貝克爾 (Ernest Becker) 著 ; 林和生譯 . -- 初版 . -- 新北市 : 大家 , 遠足文化 , 2023.02
面；　公分 . -- (Common ; 67)
譯自 : The Denial of Death
ISBN 978-957-9542-81-4 (平裝)

1. CST: 生死學 2. CST: 死亡 3. CST: 生命哲學

197　　108016170

CONTENTS
目 錄

目錄

推薦序一

透視死亡：直面作為一種存在

林耀盛（國立臺灣大學心理學系教授）

死亡自古以來就是個意義問題，隨著時代演變，死亡議題也面臨拒斥否認與復甦討論的趨勢。死亡從不可見到可見的歷程，顯示死亡不僅是個人遭遇，也是公共事件。死亡否認意味著肯定死亡的威脅，但我們往往透過他人的死亡，以證明自身的存活，死亡似乎離存活很遙遠。這樣的否認或隔離背後，顯示人們對死亡仍存有恐懼的想像與擔憂。死亡事件的顯像，無疑撞擊了當代人的「阿基里斯之腳跟」，死亡是健康活力徵象的威脅罩門。儘管死亡無所不在，面對死亡傷痛如何寬解，這古老世界的遺留話題，晚期現代社會依舊所知不多，難有規則可循。死亡在不確定的時空中，在所知有限下，往往形成一則禁忌。

歐內斯特·貝克爾的《死亡否認》原著出版於一九七三年，以精神分析與實在論（realism）為脈絡，迄今仍具時代性的導引。作者立論重點不在於以邏輯成理的方式解構死亡，而是清楚論述特殊英雄主義的作祟，如納粹社會存在著邪惡、毀滅人性的體系，使得人們無法直面自身陰影。人們有時以盔甲保護的防衛機制與自戀式武裝因應，以為可以抵抗死亡，卻依舊徒勞。本書提出了英雄主義的失敗，衍生的精神病與神經症[1]的類型，重要的不是診斷學的病理驗證，而是打開認識死亡的難題，直抵生命多樣性，接受死亡是自然的一部分。作者認為科學與宗教的非對抗性，或許帶來更多挑戰；但當死亡在各處都受到追捕和壓制，它同時也在各處重新出現。它不再是那種在某些時代困擾著想像的啟示錄民俗，透過本書的脈絡，死亡進入最平庸的現實，它顯出本身，不是退行；死亡是復歸，是象徵生活上的多樣挑戰。

進言之，以存在主義的脈絡來看，死亡的議題是以自我對死亡存有為焦點。海德格對死亡的焦慮顯示出死亡已經不再是未來中不可知的某個點，其已然在「此有」（Dasein）的生存中產生作用。這裡簡單地說，「此有」本即缺乏完整、完成，這種缺乏也正是此有存在的特色，此有是帶著必死性存在的，要有意義、可理解地存在，就要超越這個限制。海德格認為「此有」即是其「尚未」，它一直在跨越限制、超越目標、奔向目的之狀態。「此有」死亡的不可能，反而變成其「可能性」（possibility）的基礎。理解生命苦痛與深度存有，是我們直面死亡的方式，而不是消極地否認。

本書的特色從精神分析為論軸，回到以虛無對存在的威脅，顯示哲學思維中的死亡不是毀滅生存這一事實，而是對死亡的否定性，無非是內在於存在中的揭示。以此來看，本書帶出了我們不是在日常生活的向度中理解存在，而是對其自身死亡的焦慮上，以「向死而生」的開放性，肯認存在的意義。海德格雖是從存在現象學提出「向死而生」，但這樣論點與本書論述主角齊克果對於焦慮是「自由的暈眩」主張相呼應。簡言之，齊克果認為焦慮可當作永恆的源泉，使自己得以成長，進入思想和信心的全新境界。信仰向人們提出全新的、歷險的生活任務，向多維現實開放自己。

透過存在主義與精神分析的角度，本書的論述不僅提出否認死亡的心理動力，更涉及對於科學理性的啟蒙再反思。如本書提到的另一人物蘭克提出人在生之創傷與死之創傷間擺盪，以「非理性」做為生命的基礎。他認為「非理性」是生命的優越性，這種生命力採用各種有機形式不斷生成。生命機體生存之目的，就是被自身能量所消耗。他以為只要人缺乏真正內在的人格價值與堅定不移的內在焦點，人就無法不感到自卑。為了獲得這樣的焦點，人必須在「你」之外、他人他物之外去尋找，向「彼方」尋找。蘭克認為人是「神學的存在」，並非「生物學的存在」。蘭克的論點顯示在我們無法理解的神祕背後，隱藏著比邏輯更豐富的意涵。

齊克果則對不同學科的混淆深表憂慮。他提及「在我們的時代，任何事都被混淆了：審美的被當作了倫理的，信仰也被理智化」。他認為感覺是關於現實的，而倫理學是起源於理想性。人類是無限與有限的綜合體，也是暫時的與永恆的綜合體。人類的現狀因此是反思與感覺的組合。事實上，傳統的學科分類方式，會阻礙我們了解人類經驗的形式，如何同時既是集體的又是個別的、既是無限性又是有限性、既是永恆性又是短暫性、既是在地的，也是全球的。齊克果的思路是難以歸類，他是一個深刻的宗教哲學家；但處理到真正的宗教問題時，主要關於如何應對現實生活，他又強調了神學的缺陷。就此而言，他認為心理學是可以告訴我們一些現實生活的學科。他提出信仰騎士的說法，這種人生活於信仰之中，把生命的意義交給他的創造者，以創造者的力量為中心來開展自己的生活。信仰騎士代表了一種健康

1 臺灣一般將 neurosis 譯為精神官能症，但從佛洛伊德的討論來看，神經症一詞更貼近原來的脈絡。本書內文則採用神經質與精神官能症並用的譯法，藉以顯示從神經質到精神官能症的異質心理病理脈絡，透過翻譯上的語境顯示症狀上所涵蓋的程度差異。——推薦者注

心智者，展向生命的持續開放，在畏懼死去的陣痛中，不斷地自我更新。

回到本書論述軸心之一佛洛伊德的晚年之作《文明及其不豫》一書所指稱，所謂的文明的進化基石，其實是建構在否定個人的基礎之上。因為文化對人類的禁制，製造個人內疚感，在欲望的規訓馴服過程中，開顯了文明。從精神分析來看，死亡本能不是簡單的驅力作用，也不是以本能為名而不討論焦慮的概念。精神分析的欲望的功能，必須是與「死亡」的一種根本關係。由此，進行精神分析的理想終結，難道不是在最後讓接受分析的人能夠去面對人性處境的現實性？這個人性處境正是佛洛伊德所稱，造成人類焦慮訊號來源的「無助狀態」，亦即人在與自身的「死亡」關係中所處的徹底無助狀態。在那裡，人真正地超越他在象徵中的生與死，見到自己的存在。

近年來，臺灣社會越來越重視緩和醫療與臨終照顧。依我們的臨床田野經驗，進入安寧病房，是跟著病人時間流動，聽乎被時間所動的「受動性」（passivity），而不是人去支使時間的「主動性」。這是「以止步作為踏前的一步」，意味著隨現場流動的前進，而非設定一定的步伐。陪伴之中，是存在的揭露，儘管，朝向臨終之途，也是向死而生的掛慮與陪伴。病人後來和世界可以勾連上的語言，變得相當有限。從病人語言的破碎，以及和世界不相續的碎片溝通，在照顧上更需回應瀕臨死亡面容的召喚。面對如此處境，照顧者與相關臨床心理工作者，有時處在「不知其所可以」的階段，不同的學術知識與深度思想的引入，得以重新面對回應全球處境下的當代死亡議題。這本書的切時翻譯出版，有其當代性。

死亡是一種複雜的心身經驗現象，但我們卻經常在語言上、思考上與概念習慣上受制於二元極端分類。死亡印記不僅是記得的或遺忘的議題，它比這樣的二元分類還要複雜纏繞。死亡印記有時會言說，有時會沉默，但無法被消音或全然壓抑。我們習以為常的二元論陷阱，使我們錯過幽微的死亡意象浮現，其實就在於騷動我們意圖存封的死亡課題。閱讀本書，無非提醒著人們，將死亡意象從生活秩序裡驅離，其實，並未成功地建立一個有秩序的、寧靜與和諧的伊甸園。死亡的影像，仿若暗影的存在反而給出地景的景深，顯透了生命視野和人生景致。死亡開啟了永遠無法切握的、永遠充滿謎面的未來的一種關係，我們只有以謙卑的態度尊重生命選擇面對的方式。

本書繁體中文版的出版，以目前臺灣躁動的處境，尤其置身所謂的「後疫情」時代仍無所不在的病毒威脅陰影，一本指向生命深處的書籍，閱讀上需更費心力。超越時空的作品，不再是認知上的證據，而是指向一種耐心無限的知識與意義。畢竟，死亡就最寬廣的意義來說，是生命現象，亦是「此有」的存在方式。活著，本身是必須不斷地學習邁向去除自我蒙蔽與死亡遮蔽的揭蔽旅途，使人們能安然面對「向死而生」的活著。然而，揭蔽之道既不確定也無必然途徑可以依循，可說是人生諸路途中，很少被走過的荒蕪幽徑。終究，要踏上這樣的幽杳墟巷，經由閱讀此書的導引，或許，是暗黑長路中的光。

推薦序二

山姆．金恩

當我走進歐內斯特．貝克爾的病房，他開口便說：「你在我生命的盡頭逮到我了。我所寫下關於死亡的一切，眼下正在受到檢驗。我有了一個機會去展現人是怎樣死去，會採取怎樣的態度；是否死得尊嚴、勇敢；面對死亡會有什麼樣的想法；如何接受自己的死亡。」

一九七三年末，《死亡否認》一書寄達《今日心理學》（Psychology Today）雜誌社，並放在我的桌上徵求我的意見。不到一小時，我就決定要親自採訪歐內斯特．貝克爾。十二月六日，我致電他在溫哥華的家，想知道他是否願意接受我們雜誌社的採訪。沒想到，他妻子瑪麗告訴我，他不久前住進醫院，已是癌症末期，預計活不過一週。翌日她來電說，如果我能在他體力尚存和神志清醒之際趕到醫院，他願意接受訪談。我激動難抑，急速趕往溫哥華，我知道，比起闖入瀕死之人的私人領域，拒絕他的邀請，才是最冒昧的事。

儘管是第一次見面，貝克爾和我立即展開深入的交談。死亡迫在眉睫，他已極度衰弱，哪裡還會想要寒暄。我們在死亡面前談論死亡，在癌症面前談論災厄。那天要結束時，貝克爾精疲力竭，再也沒有時間了。我們局促地拖了幾分鐘，因為要說出最後一次「再見」是如此困難。我們都清楚，訪談刊登之際，他已經看不到了。幸好，床頭櫃上的一杯藥用雪莉酒為我們提供了終結儀式。我們共飲那杯酒，隨後我離開病房。

二十五年前的那一天至關重要，形塑了我與死亡奧祕之間的關係，因此，也形塑了我與生命奧祕的關係。我將終生銘記貝克爾的勇氣、他以忍受痛苦為代價換來的清明思緒，以及他藉著自己對思想的熱情暫時擋住死亡時展現的風範。能親眼目睹這樣一個人英雄般地承受臨死的痛苦，是我的榮幸。

貝克爾去世後的幾年，被廣泛公認是我們這個時代偉大的心靈製圖者之一，也是睿智的靈魂醫師。漸漸地，我們不情願地開始承認，他開出的苦藥——思索我們無可迴避的死亡恐懼，其實是為死亡增添甘甜的酊劑。

猶如《死亡否認》和《逃避災厄》（*Escape from Evil*）這兩本書所示，有四條主軸貫穿了貝克爾的哲學觀。

第一條，世界是可怕的。至少可以說，貝克爾對自然的看法與華特．迪士尼完全不同。「大自然」是殘忍的母獸，爪牙染血，毀滅她創造的一切。歐內斯特說，在我們所生活的世界，生物機體的例行活動就是「以各種牙齒撕裂其他生物——咬嚙，用臼齒磨碎血肉、莖葉和骨頭，貪婪而愉悅地將食物漿泥推下食道，將其中精華吸收到自己的組織中，然後排出惡臭四溢的殘餘物」。

第二條，人類行為的基本動機就是我們的生理需求：控制基本焦慮，以及否認死亡恐懼。人類生來就焦慮不安，因為在終將死去的世界裡，我們終究是茫然無助的、被遺棄的。「恐怖在於，人從虛無中誕生，隨之擁有名字、自我意識、深刻的內在感受、內心對生活和自我表達的極度渴望——然而，儘管有了這一切，人最終不免一死。」

伊莉莎白．庫伯勒—羅絲[1]和貝克爾是素昧平生的盟友，這兩人共同掀起了一場文化革命，讓死亡與臨終話題浮上檯面。庫伯勒—羅絲讓我們能夠實踐優雅死去的藝術，貝克爾則教導我們，沉思死亡之事實，自然而然會伴隨著敬畏、害怕和本體意義上的焦慮。

第三條，由於死亡恐懼是如此龐大，人們便共謀讓它停留在無意識之中。「必要的人格謊言」是第一道防線，使我們避免意識到自身無助所帶來的痛苦。每個兒童都從成人那裡借取力量，透過內化神一般的存有者特質，形成自己的人格。如果我跟全能的父親一樣，我就不會死。只要乖乖待在威廉．賴希[2]稱之為「人格盔甲」的人格防衛機制裡，我們就感到安全，也能夠假裝這個世界可被掌控。但是，為此付出的代價十分高昂。我們壓抑身體，以贏得時間無法摧毀的靈魂，犧牲快樂以換來不朽，封閉自己以逃避死亡。可是，當我們縮進人格的防禦堡壘，生命也從我們身邊溜走。

針對我們天生的脆弱無能，社會提供了第二道防線。社會創造出英雄體系，讓我們相信，只要參與某種具有恆久價值的事情，我們就可以超越死亡。藉由犧牲自己去征服帝國、建造廟宇、寫書、建立家庭、累積財富、推動進步繁榮、造就資訊社會和全球自由市場……我們取得了人造的不朽。既然人生的主要使命是成為英雄和超越死亡，每種文化就必須向其成員提供一個隱含宗教意義的複雜象徵體系。這意味著，不同文化間的意識形態衝突，本質上是各種追求不朽的籌畫（project）之間的戰鬥，是聖戰。

貝克爾對於社會心理學的恆久貢獻之一，就是幫助我們理解企業和國家會受無意識動機的驅使，而這些無意識動機與它們所宣稱的目標毫不相干。商場上的傾軋或戰場上的殺戮，往往與經濟利益或政治現實較為無關，與確保自己已經達到具有恆久價值的成就的這種需求較為有關。以越戰為例，美國捲入越戰並非出於實際的經濟或政治利益，而是出於擊敗「無神論共產主義」的壓倒性需求。

第四條，旨在消滅災厄的英雄籌畫導致了矛盾的後果，給世界帶來更多的災厄。人類之間的衝突是生與死的鬥爭——我的神對抗你的神，我的不朽籌畫對抗你的不朽籌畫。人為罪惡的根源並非人的動物天性，也不是侵略領地或天生自私，而是我們需要獲取自尊、否認人必有一死、實現英雄般的自我形象。我們渴求最好的事物，而那帶來了最壞的事物。我們想淨化世界，讓世界盡善盡美，保護好民主或共產主義的世界，並清除神的敵人、消滅災厄，建立一座不會因人間的哀傷而黯淡的皎潔之城，或一個千年帝國。

或許，貝克爾的最大成就，是創立了一門災厄科學。他指明了一條新路，讓人理解，我們是如何製造出戰爭、異族清洗、種族滅絕等額外的災厄。從一開始，人類就一直在處理榮格所謂的人格陰暗面——低人一等、自我憎恨、愧疚、敵意等種種情緒，辦法則是把這些部分投射到敵人身上。貝克爾仍舊非常清晰地表明，戰爭是淨化世界的社會儀式。在戰爭中，我們把敵方視為齷齪、危險、相信無神論之人。達豪集中營、開普敦、美萊村、波士尼亞、盧安達……這些都殘酷地證明到處都需要代罪羔羊——猶太人、黑人、卑鄙的共產主義者、穆斯林、圖西人。戰爭是死亡慶典，在這慶典中，為了消滅懦弱的正義之敵，我們犧牲英勇的孩子。而且，血流得愈多愈好，因為死愈多人，為神聖事業、命運和神聖計畫所做的獻祭就愈偉大。

貝克爾提出激進的結論：正是我們的利他動機，讓這個世界遍地屍骸——我們渴望與更

1 伊莉莎白・庫伯勒—羅絲（Elizabeth Kubler-Ross, 1926-2004），瑞士裔美國精神病學家，著有《論死亡與臨終》（*On Death and Dying*），她在該書中提出著名的悲傷五階段理論。——編注

2 威廉・賴希（Wilhelm Reich, 1897-1957），生於奧匈帝國，美國精神分析學家，師從佛洛伊德，提出多條當時堪稱激進的主張，例如「藉由性高潮治療精神疾病」、「肌肉緊張反映出壓抑的情緒」，在世時，理論常為人訕笑、作品遭禁，但在後世卻是身體取向心理治療的先鋒。——編注

大的整體融合，把生命獻給更崇高的目標，為宇宙的力量效勞。這個結論向所有人和所有民族提出了一個令人不安的革命性問題：為了確保自己是英雄，我們付出了何種代價？毫無疑問，貝克爾的著作從未有過廣大的讀者群，原因之一在於他讓我們無地自容，因為我們由此明白自己是多麼容易為了證明自身的正義而殺戮。他揭露了我們需要否認自己赤身裸體，需要將榮耀穿戴在身上，而這份需要又如何阻擋我們承認國王未著寸縷。

貝克爾對人類境況作了如此嚴酷的診斷之後，只開出一種緩解性的處方，此事並不令人訝異。不期盼奇蹟般的痊癒，不期盼人類未來的神化，不期盼擺脫蒙昧的未來，不期盼理性的勝利。

貝克爾勾勒了兩種非破壞性英雄主義（nondestructive heroism）的可能方式。

第一，我們對整個社會所能寄予的最大期望是，眾多無意識個體或許可能發展出一種在精神上等同於戰爭的東西。人類學向我們顯示，社會總是由被動的從屬者、強大的領袖、敵人（我們的罪惡感和自我憎恨的投射對象）這三部分組成。認知到這一點，可以讓我們發展「非關個人的仇恨」，這種仇恨的對象不是作為代罪羔羊的人，而是某種非人的東西，比如貧窮、疾病、壓迫或自然災害。將不可避免的仇恨變得理性、明智，我們或許能夠把破壞性的能量轉向創造性的用途。

第二，有條古老的哲學智慧之路可提供給秀異的個體。貝克爾和蘇格拉底一樣，建議我們練習死亡。培養對死亡的覺知，會引導我們從幻想中醒悟、去除人格盔甲，並有意識地選擇承受恐懼。走上這條自我分析之路的存在主義英雄不同於普通人，因為他（或她）知道自己已被恐懼纏上了。這樣的英雄並未躲在人格的幻覺中，而是看見自己的無能和脆弱。這種大徹大悟的英雄拒絕大眾文化中標準化的英雄主義，支持宇宙英雄主義[3]——宇宙英雄主義拋棄了不加批判與自我欺騙的依賴性所形成的一連串枷鎖，發現了選擇和行動的新可能性，以及勇氣和耐性的新形式，因而有真正的喜樂。自主地意識到死亡，並與此意識共存，這樣的英雄個體可以選擇絕望，也可以選擇齊克果式的「信仰之躍」，信靠「宇宙神聖不可侵犯的生命力」，信靠那位未知的生命之神，祂在宇宙演化這齣勢不可擋的大戲中表達了祂的神祕意圖。

已有跡象表明（貝克爾的作品得到認可便是其一），某些人正從部落主義和民族主義的漫長黑夜中覺醒，並發展田立克[4]所謂的超越道德的良知，亦即一種普世性的而非民族性的倫理。我們未來的使命是要去探索，對每個人而言，成為地球家庭、親緣生物聯邦中的一員代表什麼。我們是要利用我們的自由，把自己封閉在狹隘、部落式的偏執人格中並創造更血腥的烏托邦，或是與被遺棄的人們共同組成和善的社群，此事尚未底定。只要人類擁有相當程度的自由，那麼，對未來的一切希望都必須用假設語氣來表述——我們或許、我們可能、我們能夠。任何專家都無法預測我們未來的興衰。我們或許可以選擇增加或減少災厄的支配力。關於明天的劇本，還有待撰寫。

最後，貝克爾為我們留下了非常脆弱，也相當強大的希望。他說：「讓我們活在醜陋之中的，是試圖掩飾驚恐，而非自然的動物本性。這意味著災厄本身可以接受批判性的分析，

3 宇宙英雄主義（cosmic heroism）是本書的關鍵概念，指的是在世俗定義的成功與英雄主義之外，不斷超越自己，即使知道人類終有一死，人事物的意義往往是由文化賦予的幻覺，仍然努力將無意義吸收到自身之中，既不否認自己的生物性，也不放棄對意義的追求，進而達到身而為人在宇宙中的最大價值，是一種相對於文化英雄主義更為誠實的存在狀態。——編注

4 田立克（Paul Johannes Tillich, 1886-1965），基督教存在主義神學家、哲學家。——編注

且可以想像，也能受到理性的支配。」在遙遠的未來，假如理性克服了我們所習慣的自毀式英雄行為，並因此得以減少自己釀成的災厄，在很大程度上，將是因為歐內斯特・貝克爾幫助我們理解死亡否認和災厄的支配力有何關聯。

讀者若是對於哲學家、社會科學家、心理學家和神學家如何利用並延續歐內斯特的研究成果感興趣，可以上歐內斯特・貝克爾基金會（The Ernest Becker Foundation）的網站：https://ernestbecker.org/。

（徐志躍　譯）

自序

……我暫時放棄寫作（這世上已有太多真理），一種顯然消耗不掉的過度產出！

——奧托．蘭克[1]

詹森博士[2]說，設想死亡總是令人心無旁鶩，效果驚人。而本書的主要命題則是，設想死亡的作用遠遠不止如此。關於死亡的概念、對於死亡的恐懼，在人類這種動物的腦中縈繞不去的程度，別無他事可以比擬。死亡恐懼是人類活動的主要動力，這些活動主要是為了透過某種方式否認死亡是人類的最終命運，試圖以此逃避、克服死亡的必然性。著名人類學家霍卡特[3]主張原始人並不為死亡恐懼所苦，人類學證據的一份精闢取樣顯示，死亡往往更常

注

1 奧托．蘭克（Otto Rank, 1884-1939），奧地利精神分析學家，佛洛伊德最親近的同事之一。——編注

2 詹森（Samuel Johnson, 1709-1784），英國歷史上有名的文人之一，獨立編出《詹森字典》，為其贏得聲譽與博士的頭銜。——編注

3 霍卡特（Arthur M. Hocart, 1883-1939），英國人類學家，以其關於玻里尼西亞與斯里蘭卡的研究而知名。——編注

伴隨著歡樂和慶典。對於原始人來說，死亡似乎是慶祝而非恐懼的場合，就像傳統的愛爾蘭守靈儀式。霍卡特想要消除原始人（比現代人）幼稚、害怕現實的觀念，而人類學家目前已大幅為原始人平反。然而，這樣的論點並未觸及一個事實，即死亡恐懼確實是普遍的人類境況。沒錯，正如霍卡特等人的觀察，原始人經常慶祝死亡，因為原始人認為死亡是終極晉升，是最終的儀式，人由此得以提升至更高的生命形態，提升到享受某種形式的永恆，而大多數的現代西方人卻無法相信這件事，這使得死亡恐懼在現代人的心理構成中成為十分突出的一部分。

本書希望顯示出死亡恐懼的普世性。它結合了人類科學領域中幾種學科的資料，讓人類行為變得極其清晰而可理解，這些人類行為原本被我們埋在堆積如山的事實底下，掩蓋在關於人類「真正」動機的無盡唇槍舌戰之下。我們這個時代的知識人向他們未曾料想到的重擔屈服了，那重擔便是：無法消化生產過剩的「真理」。幾個世紀以來，人們相信真理渺茫且難以捉摸，而一旦發現真理，人的難題就能迎刃而解。在二十世紀走向尾聲之際，卻被「真理」給噎住。那麼多精彩的著述，那麼多了不起的發現，對於這些發現有那麼廣泛的延伸與闡述——然而當世界在古老的、狂暴的發展歷程中疾馳時，人類的心智卻一片沉寂。我記得曾讀到這樣的記述：一九〇四年，在著名的聖路易斯世界博覽會一場著名的科學會議上，某位講者發言時受到附近新型武器展示時發出的噪音干擾。對於這場並無必要且引發混亂的展示，這位講者說了些紆尊的、寬容的話，彷彿未來屬於科學，不屬於軍國主義。第一次世界大戰向大眾展示了地球上事物的優先順序，哪一方在玩無益的遊戲，哪一方不是。今年，在人類的生存條件比以往都更惡劣、全球軍備預算高達二千零四十億美元之際，[4]世界再次清楚表示了這個優先次序。

讀者可能會問，那麼，為何要在生產過剩的無用之物外，又添加一本厚重的大部頭著作呢？這其中當然有個人因素：習慣、被驅動性、對希望的偏執。此外還有生之本能（Eros，又譯為愛欲[5]）的因素：渴望整合經驗，渴望形成更偉大的意義。知識之所以會處於無用的生產過剩狀態，我相信，原因之一即在於它散落四處，以無數相持不讓的聲音，爭先恐後地宣講。毫無意義的瑣碎知識片段被誇大得不成比例，反之，知識的整體、具有世界歷史意義的真知灼見卻飽受冷遇。這些四處散落的知識片段沒有生命脈動，沒有至關重要的核心。諾曼・布朗[6]認為偉大的世界需要較多的愛欲和較少的衝突，知識界亦然。必須有人揭示和諧，能整合不同立場的和諧，才能減少「無知又無益的爭論」。[2]

我寫這本書，基本上是為了研究關於人類及人類境況的不同觀點所構成的巴別塔[7]如何協調一致，因為我相信時機已經成熟，已經可以提出綜論去涵蓋各領域最優秀的思想，從人類科學一路到宗教信仰等。不論我個人對某些觀點有多反感，只要這些觀點具有真實的中心思想，我便試著不去反對或否定。過去幾年來，我愈發理解，人類知識的難題不在於反對或消滅對立的觀點，而是如何把這些對立的觀點納進更宏大的理論架構。不過，這種創造性過程的諷刺之處在於，它或多或少會妨礙自身的運作。我的意思是，通常來說，為了完成一件作品，創作者必須誇大重點，以一種強力的好勝方式反對其他版本的真理。創作者會因自己

4 此為一九七〇年代的數據。至二〇一八年，全球軍備總支出已高達一兆六千七百億美元。——編注

5 愛欲（Eros），原為古希臘神話中的愛神，在佛洛伊德精神分析中則指生之本能，與死之本能（Thanatos）相對，包括保存自我的本能與性的本能。——編注

6 布朗（Norman. O. Brown, 1913-2002），美國哲學家，其思想博學、涉獵廣泛，在心理學、歷史、文化上都有新穎觀點。——編注

7 巴別塔（Babel），聖經中的一個故事，描述人類產生不同語言的起源。Babel 在希伯來文中是混亂的意思。——編注

的誇大而忘形，因為他獨特的形象正是建立在這樣的誇大之上。然而，每位基本上仍是經驗主義者的誠實思想家，無論表述方式多麼極端，他的立場上都必須具有某種真理。難的是在誇大的表述下找到真理，剔除多餘的闡述或扭曲，把真理納入適合的架構內。

我寫這本書還有第二個理由。過去十幾年來，我在整合各種令人信服的真理時，遇到了太多難題。我一直試圖理解佛洛伊德及其闡釋者和後繼者的思想，試圖掌握這些可能是現代心理學精華的觀點。而現在，我想我終於成功了。就此意義而言，這本書是為了我學術靈魂的安寧所作的努力，為了尋求知識上的贖罪所作的奉獻。我認為，這是我第一部成熟的作品。

我在本書努力做到幾件主要的事情，其中之一就是將整個心理學的發展回溯到至今依舊屹立不搖的齊克果思想，以此呈現佛洛伊德之後心理學的結論。因此，我主張心理學和神話宗教觀點的融合。這個論點大致是以奧托．蘭克的著作為基礎，我也曾做過重大嘗試，去寫下蘭克思想這棟宏偉建築的意義。蘭克的作品早該有人去理解了，而如果我成功做到這一點，那很可能就構成了這本書的主要價值。

蘭克在本書的地位是如此突出，在此用幾句話來介紹他也許會對讀者有益。弗雷德里克．皮爾斯[8]說過，蘭克的《藝術與藝術家》（*Art and Artist*）一書「超越讚揚所能讚揚」。[3]我記得當初自己深受這份評論震撼，於是馬上去找這本書來看，因為我很難想像一部科學著作怎麼會「超越讚揚所能讚揚」。在我看來，即使是佛洛伊德的作品都值得讚揚，也就是說，作品在某種程度上是預料中的人類心智產物。然而皮爾斯說對了，正如年輕一輩常用的形容，蘭克確實「與眾不同」。蘭克的多數著作，光讚揚還不夠，因為在他驚人的才智中，往往有令人驚奇、不求回報、至高無上的特質。他的真知灼見看似是一種才能，高到超出人類所需的程度。但我猜想，除了他的才能之外，部分也由於他的思想總是跨越多種知識領域。例如，當蘭克討論人類學而你也預期會聽到他對人類學的見解時，你得到的卻是其他知識，更豐富的知識。生活在高度專精化的時代，我們已經不期待能獲得這種滿足。專家帶給我們的是可控管的激動——如果他們真能讓我們激動的話。

我在這本書與蘭克面對面，並希望這麼做能帶領讀者直接閱讀他的著作，因為此事無可取代。我在蘭克著作上所作的筆記、句子底下所畫的線、所寫的雙驚嘆號，都多到不尋常。蘭克是一座知識礦藏，蘊含他多年的洞見與深思。我在本書對蘭克的相關論述，僅僅是勾畫出他的思想大綱，包括思想基礎、許多基本見解，以及整體涵義。這樣的討論只會呈現出一個蒼白平淡的蘭克，而非他在自己的著作中表現出的驚人豐富性。普羅果夫[9]對蘭克的摘要介紹和讚美也十分正確，評判極為精準，為我們提供了一個最為理想的簡要賞析。[4]蘭克的思想極為發散，文字十分晦澀，內容又極其豐富，一般讀者幾乎無法理解。蘭克痛苦地意識到此事，一度希望阿娜伊絲．寧[10]為他重寫這些著作，以使它們有機會達到應有的效果。在本書中，我只是以自己的方式來描寫我這個版本的蘭克思想，這是一種對其思想體系的簡要「翻譯」，以期能使讀者更容易領會他的思想整體。這本書我只談及蘭克的個體心理學，在另一本書中，我將勾勒出他的歷史心理學概要。

8 弗雷德里克．皮爾斯（Frederick Perls, 1893-1970），又名弗里茨（Fritz Perls），德國著名精神病學家、精神分析師和心理治療師。與妻子蘿拉．皮爾斯（Laura Perls）共同創立完形療法（Gestalt Therapy）。——編注

9 普羅果夫（Ira Progoff, 1921-1998），美國心理治療師，榮格的入室弟子。——編注

10 阿娜伊絲．寧（Anaïs Nin, 1903-1977），知名美國作家，出生於法國，父母都是古巴裔，作品多帶有法國超現實主義的風格，被譽為西方女性文學的創始人，「身體寫作」的先驅。曾在蘭克指導下研究精神分析，其創作亦受精神分析學派的影響。——編注

對於蘭克，有幾種看法。有些人視其為佛洛伊德傑出的同事、精神分析早期圈子的成員，憑藉他的淵博學識，如早期作品《英雄誕生的神話》（*The Myth of the Birth of the Hero*）和《亂倫動機》（*The Incest Motif*）所示，展現了精神分析如何闡釋文化歷史、神話與傳說，讓精神分析學說流傳得更廣。這些人還會說，由於蘭克從未接受過分析，他的壓抑逐漸擊敗了他，使他遠離了親近佛洛伊德所帶來的穩定、有創造力的生活。在生命晚期，他人格上的不穩定漸漸讓他不堪負荷，於是他在挫折與孤獨中過早去世。另一些人則說，蘭克過分崇拜佛洛伊德，又迫不及待想要獨樹一幟，甚至因此誇大了精神分析化約論。這樣的評斷幾乎都是根據蘭克一九二四年的《出生創傷》（*The Trauma of Birth*）一書而來，而且往往就停在此書，沒有繼續理解蘭克後來的思想。還有些人認為，在佛洛伊德身邊的人之中，蘭克才華橫溢，也是佛洛伊德極為喜愛的一位，在佛洛伊德的建議和經濟支助下完成了大學學業，而他則回報以精神分析在諸多領域的真知灼見，包括文化歷史、兒童發展、藝術心理學、文學評論、原始思想等等。簡而言之，蘭克是神童，具備多元知識，但缺乏良好組織或自我控制能力，可說是學識更高的狄奧多・芮克[11]。

但這些總結蘭克的評語都是錯的，而我們知道，它們主要源自精神分析圈子本身的神話。這個圈子的人從未原諒蘭克背離佛洛伊德，從而損及他們自己的不朽象徵（這是以蘭克的方式去理解那些人的憤恨和小心眼）。誠然，蘭克的《出生創傷》為他的批評者提供了毫不費力的口實，讓他們理直氣壯詆毀他的地位。的確，《出生創傷》是誇大、不幸的作品，損害了作者的公共形象，儘管蘭克已重新審視該書，思想也遠遠超越該書。蘭克不僅是佛洛伊德的同事，獻身給廣泛的精神分析領域，他還有自己獨特、充分縝密思考過的思想體系。對於他了解自己想從哪裡作為起點，清楚他必須透過什麼資料，以及這些資料將指向何處。對於精神分析，蘭克知之甚深。他希望超越精神分析，並且做到了。他大致明白自己思想體系的哲學意涵，但由於過早逝世而未能完成。無庸置疑，蘭克就跟阿德勒和榮格一樣，完全就是個體系建立者，思想體系跟他們的一樣優秀，甚至某些方面可能更勝一籌。我們尊敬阿德勒堅定的判斷力、單刀直入的洞察力、永不妥協的人道主義立場。我們欽佩榮格憑著勇氣和開放性同時接納了科學與宗教。然而蘭克做到更多，他的系統對社會科學的發展有著最深刻、最廣泛的影響，而這些影響才正要開始被發掘。

保羅．羅森[12]在〈佛洛伊德傳奇〉[5]一文中貼切地指出，「任何作者，假如經過很長的時間才有人糾正他的錯誤，都是……在思想史上相當重要的人物。」然而這整件事很費解，因為阿德勒、榮格和蘭克很早就糾正了佛洛伊德的大多數基本錯誤。歷史學家應該要問的毋寧是，精神分析運動與其思想的本質是什麼？大眾與學者的腦袋裡裝的是什麼，才會如此忽視這些糾正，或讓這些糾正如此脫離逐漸壯大的科學思想主流。

即使是一本涵蓋範圍廣泛的書，也必須謹慎篩選那堆積如山、使我們噎到的真理。在這本書中，許多重要的思想家只是順帶一提。例如，讀者可能會覺得奇怪，既然本書主要目的是以宗教的精神分析作結，為何如此偏重蘭克，鮮少提到榮格？其中一個原因是，榮格已經相當著名，有很多具影響力的詮釋者討論他的作品，而蘭克則不為人所知，幾乎無人闡釋其著述。另一個原因是，儘管蘭克的思想晦澀難懂，但在核心問題上卻總是正確的。榮格則不

11 狄奧多．芮克（Theodor Reik, 1888-1969），美國心理學家，佛洛伊德早期的傑出弟子之一。他曾反對佛洛伊德對於愛情總是基於某種性欲之說，認為愛與性乃截然不同的動力。——譯注

12 保羅．羅森（Paul Roazen, 1936-2005），美國政治學家、精神分析歷史學家。——編注

然，他的思想有很大一部分都在不必要的神祕主義中漫遊，導致他往往一隻手揭露出什麼，另一隻手便掩蓋了它。他那些關於煉金術的大部頭著作，在我看來，並沒有讓他的精神分析洞見更具分量。

我對人性的許多見解都來自與瑪麗・貝克爾（Marie Becker）的交流，她在這些問題上具有最為罕見的細膩與實事求是。感謝羅森的幫助（並照慣例附帶免責聲明），他以其關於佛洛伊德的廣博知識認可了本書第六章。羅伯特・貝拉[13]讀完了整本書稿，我非常感謝他提出的整體批評與具體建議。那些我能夠執行的建議確實改善了這本書，至於其他建議，恐怕給了我一個更大、更長遠的任務，那就是改變我自己。

---

[13] 羅伯特・貝拉（Robert N. Bellah, 1927-2013），美國社會學家，因其宗教社會學相關研究工作而享譽國際。——編注

獻給我親愛的父母，
他們給了我許多，也在無意間給了我最矛盾的禮物：
對英雄主義的困惑。

不笑、不悲、不罵，只為理解。

——斯賓諾莎

第一章
導言：人性和英雄主義

• • •

CHAPTER ONE
Introduction: Human Nature and the Heroic

如今，我們這樣的時代面對著巨大而迫切的壓力，需要有人提出相關的概念，幫助人們理解當下的困境。人們對於維繫生存所必需的重要思想有強烈的渴望，也渴望簡化不必要的知識複雜性。這樣迫切的壓力有時導致巨大的謊言，這謊言緩解緊張，讓人容易只依靠自己所需要的合理化作用[1]來向前邁進；不過，它也使得人們逐漸遠離各種真理，而這些真理卻能幫助人們掌控發生在自己身上的事，告訴人們問題的本質位於何處。

在早已為人熟知的重大真理中，有一項觀念是**英雄主義**。在「平常的」學術時期，我們從未想到要大肆引申、炫耀英雄主義，或將英雄主義當成核心概念。然而，世人心中始終知道英雄主義的重要性。威廉．詹姆斯（William James）——他的研究幾乎涉及一切領域——在二十世紀初指出：「人類面對現實的共同本能……始終認為這個世界根本是英雄主義的舞臺。」[1]明白這一點的人，並非只有公眾，還有各個時代的哲學家，尤其包括現代的愛默生（Ralph Waldo Emerson）和尼采——這也是他們至今仍令我們激動的原因——因為我們喜歡有人提醒我們，我們內心的召喚、我們在這個行星上的主要使命，就是英雄主義。[2]從某種角度說，自馬克思以來的社會科學和佛洛伊德以來的心理學，其總體的發展，代表了思想界對人類英雄主義問題的大規模描述與澄清。這樣的看法為我們的討論確定了嚴肅的基調：以科學為基礎，我們可以正確理解英雄主義的本質，及其在人類生活中的位置。如果「人類面對現實的共同本能」是正確的，那麼可以認為，我們已經取得了顯著的成就，能夠以科學方法揭示此一現實。

要理解人類對於英雄主義的強烈渴求，有個關鍵概念是「自戀」，佛洛姆提醒得好，「自戀」概念是佛洛伊德偉大而不朽的貢獻之一。佛洛伊德發現，我們每個人都會重現希臘神話中納西瑟斯[3]的悲劇，無可救藥地被自身吸引。我們通常優先關心自己。如同亞里斯多德所說，所謂幸運，就是弓箭射中了旁人，而不是自己。兩千五百年的漫長歷史並未改變人類的自戀本性，在現今的大多數情況下，亞里斯多德對幸運的定義仍然適用於大多數人。亞里斯多德所言乃是自戀的低劣面向之一，使我們覺得除了自己以外，幾乎每個人都可被犧牲。而正如愛默生所聲稱，哪怕完全沒有他人的存在，我們也應該有信心獨自重新創造世界。這樣的想法令我們害怕，我們無法想像如何獨自創世。然而事實上，基本的資源都有了：必要時，只要像愛默生所言般相信自己，我們自身就足以勝任。即使在情緒上我們缺乏這種信心，大多數人仍將使盡渾身解數求生，哪怕身旁已有多少人死去。儘管我們的心智會逃避這個念頭，但我們的身體已經準備獨自占領世界。在戰爭中，就是這種自戀驅使人們衝鋒陷陣，只會為身旁的人倒下而難過，內心卻未曾意識到自己會死。佛洛伊德就此解釋道，無意識（unconscious）不知死亡或時間為何物，在生理化學層次、內在組織器官深處，人類覺得自己是不朽的造物。

這些觀點並不是在暗示人類的狡詐，因為人們似乎「克制」不住自己的自私，而自私，看來是源於動物的天性。在漫長的演化過程中，生物機體必須竭力捍衛自身的生化特性，保護自身完整性，抵抗異物的入侵，即使異物是一顆能讓自己活下去的新心臟——這正是器官移植的主要困難之一。生物機體的原生質保護自己、滋養自己，抵禦世界對其完整性的侵

1 合理化作用（rationalization），心理防衛機制之一，指賦予自己的行為或態度一個看似合理的解釋或動機，說服自己這是正當的。——編注

2 在本章的討論中，我必須引用並歸納我的《意義的生與死》（*The Birth and Death of Meaning*）一書，以作為後面各章的架構。——原注

3 納西瑟斯（Narcissus），希臘神話中的美少年，在水邊顧影自憐，相思而死。——譯注

害。它看似享受著自身的脈動，也享受著自身向世界擴張並吸納世界的片段。如果賦予一個又盲又啞的生物自我意識（self-consciousness）[4]和名字，讓這個生物從自然界脫穎而出，並意識到自己的獨一無二，最終就會形成自戀。這就是人類，人類對自身生化特性的認同，對自己力量和行動的感知，都形成了意識。

在人類身上，自戀的實踐程度與自尊及基本的自我價值感密不可分。我們主要是透過阿德勒認識到：人最需要的，就是自尊中的安全感。但人並非只是一團沒有目的且盲目的原生質，而是有名字的受造（creature），人類活著的世界有符號、有夢想，而非僅有物質。人的自我價值感是一種象徵性的組成，人所珍視的自戀要以各種符號來助長、以一個自身價值的抽象概念來滋養，這樣的概念是由聲音、文字與意象所構成，存在於空氣中、縈繞在腦海裡、書寫在紙張上。這就是說，人類對於身體活動的天生渴望，以及吸納與擴張的快感，可以在符號王國裡得到無止境的餵養，從而進入不朽。人類這種生物機體不需移動四肢，就可以將自己擴展到空間與時間的維度，即使在垂死喘息之際，也能為自己帶來永恆。

從兒童期可以觀察到，兒童毫不掩飾地為自尊而努力奮戰。兒童不會為自己最強烈的需求和渴望而感到羞愧，全身都在大聲伸張他的自戀天性，讓身邊的大人活在地獄中。幾個兒童聚在一起就更糟糕，會同時競爭自我無限延伸的特權，也就是所謂的「宇宙顯著性」（cosmic significance）。這個專有名詞是此處討論的要點，不容輕忽。過去，我們總是漫不經心地談起「手足競爭」，彷彿這只是成長過程中的某種副產品——孩子受了點溺愛，尚未發展出寬宏大量的社會性，因而多少有點自私與好勝。然而，兒童的手足競爭是如此強烈與頑強，因而無法簡單歸結為偏差行為。它顯現出人類的本性：渴望出類拔萃、成為世界上獨一無二的**那個**人。當與生俱來的自戀與基本的自尊需求結合在一起，便創造出一種必須感到唯我獨尊的受造：我是宇宙最重要的人，我就代表一切。這就是為什麼兒童隨時隨地都在和兄弟姊妹爭鬥，不許任何人壓過、看低自己，更不能讓自己被忽略。「你給他最大塊的糖果！」「你給他的果汁比較多！」「那再給妳一點，可以了吧？」「現在**她**的果汁比我多！」或者「你只讓她給壁爐點火，為什麼不讓我來點！」「好吧，你來點燃這張紙。」「但這張紙比她的**小**！」如此等等。人類作為一種透過象徵來獲得價值感的動物，為確保沒人壓過自己，必須隨時與周圍的人相比。「手足競爭」是一個反映人類基本境況的關鍵問題，這並非說兒童天性邪惡、自私跋扈，而是說兒童如此直截了當地表現出人類的悲慘命運——他們不得不拚命證明自己是宇宙中的主要價值，不得不讓自己脫穎而出，成為英雄，並盡可能為世界作出最大的貢獻，顯示出自己比任何人、任何事都**重要**。

當我們理解到人的天性就是努力成為英雄，這種天性是演化的結果，深植於生理構造之中，兒童不過直接表現出這種天性，那就更讓人好奇，大多數人對這樣的天性全然無知，又如何能意識到自己真正想要、真正需要的是什麼？至少在西方文化中，特別是現代社會，英雄主義對人類來說似乎太過巨大，或者說人類在英雄主義面前太過渺小。如果告訴一名青少年，他有資格成為英雄，他將會臉紅。我們藉著增加銀行存款來掩飾我們的鬥爭，存款數字

4 英文的 self，意指個體所經驗到的「我」（I），類似於古代的「心靈」（soul）。在現代心理學中，self 同時包含意識與無意識兩種內容，可視為個體的整體，即個體的整個「自己」與其發展過程。因而，對於現代心理學諸多不同人格理論，self 都是極為重要的核心概念。Self 多譯為「自我」，與 ego 的譯法相同，後者僅僅是佛洛伊德精神分析的專有概念，不包含無意識內容，只包含特定的意識活動，如感知 self、協調個體與外部世界的關係等等。兩者中文譯法相同有礙讀者理解。考慮到目前尚無理想的解決方案，對於 self 一詞，本書一般譯為「自我」、「自己」或「自身」，而對於作為 ego 的「自我」，則標注英文以示區別。——譯注

暗中反映著我們的英雄價值感。或者，我們下意識與鄰居攀比，住宅比鄰居大一點、汽車高檔一些、孩子聰明一點就行。然而，無論我們如何用關注瑣碎事物來掩飾，那搏動的心跳之下，仍藏著宇宙特殊性（cosmic specialness）所帶來的苦痛：渴望出類拔萃，成為英雄。偶爾有人承認他認真看待自己的英雄主義，這讓我們多數人不寒而慄，就像美國國會議員里弗斯（Mendel Rivers），此人撥款購買軍事武器，自命為自凱撒大帝以來最有權力的人物。世俗英雄主義的粗魯（無論凱撒或其模仿者）或許使我們顫慄，然而錯不在他們，而在社會建構英雄體系的方式，以及社會選擇出來擔負任務的整個人群。英雄主義衝動本屬自然，承認這種衝動則屬坦率。如果我們每個人都承認這件事，可能會釋放上述那種被壓抑、對當前社會帶來毀滅性破壞的力量。

事實上，社會向來都是一個象徵性的行動系統，一個規定地位與角色、風俗習慣與行為規則的結構，設計來承載世俗英雄主義。每份劇本都有幾分獨特性，每種文化都有不同的英雄體系。就此而言，人類學家所謂的「文化相對性」，其實正是全世界所有英雄體系的相對性。每一種文化體系都是世俗英雄主義的劇本，每一體系都為不同等級的英雄主義劃分了演出的角色：從邱吉爾、毛澤東、佛陀的「上層」英雄主義，到煤礦工人、農民、普通牧師的「下層」英雄主義。勞動者胼手胝足所鍾煉出來的，是一種平凡的、日常的世俗英雄主義，引領家庭度過飢餓和疾病的威脅。

文化中的英雄體系可以是巫術的、宗教的，也可以是原始的或世俗的，抑或是科學的、文明的……無論何者，都仍是一種神話的英雄體系。人們為這樣的體系效力，是為了感受到主要價值、宇宙特殊性、最大限度的創造力，以及不可動搖的意義。為了獲得上述感受，人們開拓自然，建造宏偉的廟宇、教堂、圖騰柱、摩天大樓，維繫三代同堂的家庭……等等，所有這些努力無不反映人們的價值觀。人們希望且相信，人類及其創造的成果是重要的，他們的社會活動和創造具有永恆的價值與意義，能夠超越死亡和腐朽。布朗認為，自牛頓以來，西方社會聲稱自己如何科學、如何世俗，但本質上仍屬「宗教」社會，與其他社會並無不同。布朗的意思是，所謂「文明」社會，不過是這樣一種滿懷希望的信念和主張：科學、金錢和商品使人更有價值，凌駕其他動物之上。以此而言，人類所做的一切都是宗教的、英雄主義的，然而也處於虛幻與可能會出錯的危險中。

至此，最重要的問題已然擺在我們面前：我們對於自己做了什麼來獲得英雄的感受，具有何種程度的自覺？我認為，如果人人都坦承自己非常想成為英雄，那將是一場震撼性的真相公開。這會使得人們向文化索求自己應得的部分——亦即身為對宇宙生命作出獨特貢獻之人，理當擁有的人類根本價值感。現代社會有可能在不動搖根基的情況下，設法滿足這樣一種坦率的要求嗎？事實上，只有那些我們口中的「原始」社會，才能為成員提供上述的根本價值感。現今的工業社會裡，那些大聲疾呼自由與人性尊嚴的少數群體，其實是以笨拙的方式，要求拿回過去被騙走的原初英雄主義。這就是為什麼這些人堅持的主張如此令人困擾與不安，在今天社會建構的種種形式下，我們要怎麼去做這種「不合理」的事情？「他們要求的是不可能的事」——我們通常都用這個方式來擺脫困境。

然而，我們需要英雄主義此一事實，任何人都無法輕易承認，即使是那些希望自己的大聲疾呼獲得認可的人。這就是難題之所在。後文將指出，我們一生在自我分析上最主要的問題就是，意識到自己的何種作為才能獲得英雄感。人類害怕承認自己的舉動是為了換來自尊，精神分析和宗教神學天才發現，人類的一切痛苦與省思，都圍繞著這樣的恐懼。因此，英雄主義是盲目的內驅力，令人類耗盡自己。狂熱者喊著要求榮耀，猶如狗的嚎叫，是毫無區辨性的反射動作。社會為人們需要的英雄主義提供了一套角色，多數更加被動的平庸之人便偽裝成遵守社會規定的角色演出，兢兢業業於體制內的晉升，卑躬屈膝卻又不無牢騷——這些人穿著制服，但偶爾仍用一些安全的小伎倆讓自己變得顯眼，例如用條小緞帶或一朵紅色胸花點綴一下，但絕不會蠻橫地展現自己。

如果揭開這層巨大的偽裝，去除壓抑人們獲得榮耀的阻礙物，我們就會遇到一個可能最能令人獲得解脫的問題，這也是人類生命中的主要問題：在文化中支撐並驅動人類的英雄體系，在**實際經驗上有多真實**？前面曾提及人類追求宇宙英雄主義的卑劣面，但它顯然也有高貴的一面。人類會為了保衛國家、社會或家庭而犧牲自己的生命，會為了挽救戰友而撲到手榴彈上。人類能夠做到至高無上的慷慨與自我犧牲，但他必須相信並感受到自己所做是真正偉大、不朽的事，而且具有崇高的意義。現代社會的危機，正是在於我們的文化建立的行為規範下，年輕人再也體會不到英雄主義了。年輕人不相信英雄主義對於自己的人生與時代遭遇的諸般問題具有實證經驗的真實性。我們正生活在英雄主義的危機時期，這一危機延伸到社會生活各方面，無論在大學、商業和職業，還是政治行動上，英雄主義退出，反英雄崛起，這些反英雄以自己的方式或是曼森[5]那種特殊的「家族」方式成為英雄，他們的英雄主義飽受折磨，他們抨擊那個已無法代表公認的英雄主義的體系。無論是好是壞，青年一代已然意識到一個重大的社會歷史真相，而這也是我們這個年代的巨大迷惘與動盪：就像在不義的戰爭中會有毫無意義的自我犧牲一樣，任何社會也存在卑劣的英雄主義，那可以是希特勒在德國發起的邪惡、毀滅性英雄主義，可以是在消費商品的獲得與展示中所流露出來的、徹底墮落而愚蠢的英雄主義，也可以是金錢與特權的累積，代表了資本主義和蘇聯[6]當今整體的生活方式。

社會的危機當然也是宗教組織的危機。宗教不再是有效的英雄體系，因而受年輕人蔑視。如果傳統文化中的英雄主義遭受質疑，那麼支持傳統文化的教會自然也會喪失公信力。另一方面，教會如果決定堅持自己獨特的英雄主義，可能會發現，自己必須在關鍵的面向上反抗現行文化，招募青年成為反英雄，呼籲他們反抗自己生存的社會。這就是宗教在我們這個時代面臨的困境。

小結

藉助這篇簡短的導言，我希望指明，英雄主義是人類生活的核心問題，其深入人性的程度超過任何事物。原因是，英雄主義植根於生物機體的自戀本性，奠基於兒童賴以生存的自尊需求。社會本身是一個規範化的英雄體系。這意味著，任何社會群體都是關於人類生命意義的活生生的神話，是對意義大膽而挑釁的創造。就此而言，任何社會群體都是一種「宗教」，無論該群體是否這樣認為。蘇聯「宗教」、毛澤東「宗教」就跟科學「宗教」、消費者「宗教」一樣，無論它們如何從生活中抹去宗教與靈性的想法，並藉此偽裝自己，它們都仍是真正的宗教。正如後續章節將看到的，蘭克藉由心理學揭露了所有文化創造背後的宗教

5 查爾斯．曼森（Charles Manson）是一九六九年加州大謀殺的主謀，該案轟動一時。其意識形態由神靈主義、神祕主義、幻覺經驗、暴力主義、父權主義等等混雜而成，他所領導的邪教團體與公社約有百名成員，多數團員為年輕女性。曼森幻想人類社會和政治發生大規模的演變，所謂「家族」即曼森的組織，活躍於二十世紀六〇年代後期。本書第七章第二節還將論及曼森及其「家族」。——譯注

6 本書寫作時蘇聯尚未解體。——譯注

本質。隨後，布朗在《生與死的對抗》（*Life Against Death*）、勞勃．里夫頓（Robet Jay Lifton）在《革命性的不朽》（*Revolutionary Immortality*）一書中，皆分別重提此一思想。如果接受上述看法，我們就必須承認，人類正面對**這個**普遍的難題。就此，我們必須作好準備，盡可能以最大的真誠，深入探究這個難題。我們必須作好準備，最重要的思想帶來的自我揭露將令我們震驚。現在，讓我們帶上這一思想，與齊克果同行，並經由佛洛伊德，看看這一百五十年以來剝除了人性的偽裝後，我們會被領向何方。假設幾本真誠、穿透人性的書能夠直接改變世界，那麼上述五位作者已然動搖了這些國家的基礎。只不過，人們依舊表現得彷彿這些至關重要的人性真理尚不存在，因此，我們有必要在自我揭露那端的秤盤上再增加一塊砝碼。兩千五百年來，我們一直希望並相信，如果人類能夠向自己揭露自己，充分認識自己深藏的動機，那麼，人類就能以某種方式使事情往有利於自己的方向傾斜。

第一部
英雄主義的深度心理學

Part I
The Depth Psychology of Heroism

我飲酒，並非為了箇中之樂，也無意嘲弄信仰——不，我僅為片刻的忘我，我只是想要喝醉，僅此而已。

——奧瑪．珈音[1]

1 奧瑪．珈音（Omar Khayyam, 1048-1131），波斯詩人、數學家、天文學家，《魯拜集》作者。——譯注

第二章

死亡恐懼

• • •

CHAPTER TWO

The Terror of Death

我們難道不該承認，我們對死亡的態度已然文明化，使我們在心靈上再次力有未逮？我們難道不該承認，我們必須改革，還真理本來的面目？在本屬死亡的領域，從實際上，也從思想上，讓死亡恰如其分地占有一席之地，不是更好嗎？讓我們無意識中，迄今仍小心翼翼壓抑著的對死亡的態度，能稍微浮上檯面，不是更好嗎？這樣做的確難以視為更大的成就，反倒像是一次倒退……然而不無益處，有助於我們更加理解事情的本來面目……

——佛洛伊德[1]

關於英雄主義，首要的事情是揭露其底部，指出是什麼賦予人類英雄主義獨特的本質與動力。在這裡，我們直接引入現代思想中偉大的重新發現：對死亡的恐懼，是驅動人類的主要事情之一。達爾文之後，死亡問題此一演化問題也開始引起注意，許多思想家隨即意識到這是重大的心理學問題，[2]同時也很快明白了英雄主義的真實涵義。沙勒（Nathaniel Shaler）於二十世紀初指出：[3]英雄主義主要是對死亡恐懼的反射。一直以來，我們都最欽佩面對死亡的勇氣，並致上最高、最長久的崇敬。這樣的勇氣深深打動我們內心，因為我們無法確信自己具有同樣的勇氣。當我們目睹一個人勇敢面對生命的盡頭，會將之視為我們所能想像的最崇高的勝利，四處傳述。因而，大概自人類演化過程確切展開以來，直面死亡的英雄就一直是崇敬和讚美的對象，但可能在更早的時候，我們的靈長類祖先已然服膺特別強大的勇者，而無視那些懦夫。人類將動物式的勇敢提升到宗教崇拜的高度。

自十九世紀開始，人類學及歷史學拼湊出原始及遠古時代以來的英雄形象。英雄能夠進入鬼魂世界，即死者的世界，然後生還。在地中海東岸，英雄的後代出現在崇拜死亡與復活的祕密宗教中，這些宗教的英雄都具有神性，能夠死而復生。對古代神話和儀式的研究表明，基督宗教本身就是祕密宗教的競爭對手，它最後贏得勝利的原因之一是，它也有一位治療者，擁有死而復活的超自然力量。在復活節，基督徒欣喜宣告：「基督復活了！」慶祝偉大的勝利，這與祕密宗教的信徒在戰勝死亡的儀式上表現出的喜悅遙相呼應。斯坦利．霍爾（Granville Stanley Hal）說得好，這些祕密宗教最終全表達了相同的企圖：希望藉助「豁免權」，免於世上的極惡——死亡，以及對死亡的恐懼。[4]史上所有的宗教信仰皆針對同一問題表明自身，這個問題就是：怎樣承受生命的終結。印度教、佛教等宗教，高明地假裝宣稱無意重生，但這本質上屬於一種「負性魔法」（negative magic），在口頭上宣告放棄內心的至深渴望。[5]哲學取代宗教信仰後，也接手了宗教信仰的根本問題：從古希臘哲學到海德格，再到現代的存在主義（existentialism），死亡成了真正的「哲學繆斯」。[6]

從宗教信仰到哲學，再到達爾文以來的科學，關於死亡的著述和思想浩如煙海。要解開的難題是，如何解釋死亡，使人理解死亡的意義。對於死亡恐懼的研究與觀點已多到無法以任何簡單的方法討論和總結。僅近數十年以來，相關研究文獻的數量已相當可觀，但研究方向仍相當分歧。

「健全心智」的觀點

關於死亡問題，存在著一種「健全心智」（healthy-minded）的觀點，持此觀點的人認為，初生之時，我們並無死亡恐懼，所以死亡恐懼並非先天之物。愈來愈多的嚴謹研究探討了死亡恐懼在兒童身上的實際發展過程，[7]這些研究皆一致認為，兒童要到三至五歲之後，才會對死亡形成某種認識。孩子怎麼能懂呢？對於較早期的兒童，死亡屬於過於抽象的觀念，離他的經驗太遠。兒童世界充滿了活生生的、會動的人與物，會給他回應、餵養他、讓他快樂。他不知道生命永遠消逝意味著什麼，也無法推論生命會走向何方。他只是逐漸認識到，有一種事情叫死亡，它帶走了一些人，他們再也沒回來。兒童最終會勉強接受死亡早晚會帶走每一個人。然而，兒童可能要到九至十歲才漸漸明白人終有一死。

即使兒童對絕對否定（absolute negation）這類的抽象思想一無所知，他們也還是會有自己的焦慮。兒童完全依賴母親，母親不在身邊，就會感到孤單；被剝奪了滿足與快樂，就會感到挫折；遭遇飢餓與不適，就會煩躁惱怒，等等。如果被遺棄，他的世界會逐漸消失，而他的身體必然會在某種程度上感受到這一點，這就是所謂客體失落（object -loss）的焦慮。由此引出的問題是，客體失落的焦慮難道不是生物機體對於毀滅的自然恐懼嗎？再一次，許多人認為，這個問題乃相對而非絕對。他們認為，假如母親的照顧方式是溫暖而可靠的，那麼，兒童的自然焦慮與罪惡感會以和緩的方式發展，最終，伴隨著人格的成長，兒童會有能力穩穩地處置它們。[8]在母親的妥善照顧下，兒童發展出基本的安全感，從而免於失去依靠、被毀滅等病態恐懼。[9]如此當他在九至十歲左右開始理性地理解死亡時，死亡會被納入他的世界觀，但不會敗壞他對生命的自信。正是基於這樣的「健全心智」觀點，精神病學家萊因戈德（Joseph Cyrus Reingold）明確表示，毀滅焦慮並非兒童自然經驗的一部分，而是慣於剝奪的母親加諸在兒童身上的不良經驗所致。[10]這種理論將兒童所經歷的焦慮完全歸因於所受的養育，而非天性。另有精神病學家持較不極端的觀點，認為是父母對兒童的生命衝動抱有敵視性否定，或更廣泛地說，是社會對個體自由與自我擴張的敵意，大大加劇了死亡恐懼。[11]

後面將看到，在當前普遍講究不去壓抑生活的運動中，這種觀點是多麼廣受歡迎：強烈渴望解放天生自然的種種生物衝動，享有新自由；以新態度去面對身體的愉悅與驕傲；揚棄羞恥、罪惡及自我憎恨。從這種觀點來看，死亡恐懼是社會創造的產物，同時，社會也以此壓制人、馴化人。對於此點，精神病學家莫洛尼（J. C. Moloney）稱為「文化機制」，赫伯特·馬庫色[1]則稱為「意識形態」。[12]稍後我們將論及布朗的《生與死的對抗》，這是一本影響極大的書，在這本書中，布朗甚至說，兒童會在「二次純真」（second innocence）中擺脫死亡恐懼，從而贏得成長與新生。因為在二次純真中，自然的生命力不會遭致否定，而兒童將全然擁抱肉體生活。[13]

從上述「健全心智」的觀點不難引出這樣的推論：早期經驗不良的人，會以最病態的方式固著於死亡焦慮。如果這樣的人長大後碰巧成為哲學家，死亡就可能成為其思想中心。一如叔本華，這位哲學家先是仇恨自己的母親，繼而宣稱死亡是「哲學的繆斯」。換句話說，「健全心智」觀認為，如果一個人性格「乖戾」，或遭遇格外不幸的經驗，就會成為悲觀主義者。一位心理學家告訴我，存在主義哲學家和新教神學家引進了死亡恐懼的整套思想，他們或是身上留著歐洲經驗的傷疤，或是肩上擔著格外沉重的喀爾文主義和路德教派否定生活的新教傳統。連傑出的心理學家加德納·墨菲（Gardner Murphy）似乎也傾向於「健全心智」學派，他反問道：為什麼不能也把生活中的愛和歡樂視為真實和基本的元素？[14]墨菲的提問促使我們去研究**這樣的人**——他們表現出死亡恐懼，並把焦慮置於自身思想的中心。

[1] 馬庫色（Herbert Marcuse, 1898-1979），德裔美籍哲學家、社會學家和政治理論家，法蘭克福學派一員，主要研究資本主義和科學技術對人的異化。——編注

「病態心智」的觀點

關於死亡恐懼的問題，「健全心智」的觀點只反映了眾多研究與看法中的一面，還有另一面，不妨稱之為「病態心智」（morbidly-minded）觀點。許多抱持這種觀點的人並不反對「健全心智」觀的早期經驗觀察，並承認經驗可能加劇天生的焦慮以及繼發的恐懼。然而，持「病態心智」觀點的人也強調：儘管如此，死亡恐懼是與生俱來、人皆有之的，他們認為，死亡恐懼是一種根本的恐懼，影響其他各種恐懼。無論死亡如何偽裝，都無人得以倖免。詹姆斯即持這樣的「病態心智」觀，早早為此發表了看法。詹姆斯以一貫生動的現實主義描述，把死亡說成「深藏於核心的蛀蟲」，潛伏於人們對幸福的要求中。[15]馬克斯．謝勒[2]是研究人性的優秀學者，他認為，無論承認與否，每個人對這隻「核心的蛀蟲」都有某種明確的直覺。[16]「病態心智」觀的陣營還包括眾多權威，不乏佛洛伊德的弟子、精神分析核心圈子的許多成員，以及並非精神分析學家的重要學者等等，而本書將論及其中某些人。我們該當如何看待這各有傑出成員的兩大陣營掀起的論戰？賈克．科隆（Jacques Choron）甚至說，死亡恐懼是否有可能被確定為基本焦慮，本身就值得懷疑。[17]面對這樣的爭論，人們能做的不過就是選擇立場，並以自己認為最令人信服的權威之言為基礎，發表有說服力的論點。

坦白說，我贊成「病態心智」的觀點。事實上，這整本書涵蓋的眾多論點都是以死亡恐懼的普世性為基礎。死亡恐懼，我更喜歡稱為「恐怖」，以傳達完全直面死亡時，它消耗全副身心的強烈程度。我首先想要介紹並多加著墨的是知名精神分析學者齊爾伯格（Gregory Zilboorg）的一篇論文，它格外精闢，即使是幾十年前的作品，但以表述的簡潔和涉及領域的廣度來看，仍然相當優秀。[18] 齊爾伯格在這篇文章中指出，死亡恐懼極少露出真面目，所以不為大多數人所知。然而在種種表象之下，死亡恐懼的確無所不在：

在身處險境時的不安，以及挫折與沮喪的背後，永遠潛伏著對死亡的根本恐懼，這種恐懼經歷了最複雜的詳細闡述，並藉由眾多間接方式表現出來……無人得以免於死亡恐懼……焦慮型精神官能症、形形色色的畏懼症，甚至是為數可觀的憂鬱性自殺以及許多思覺失調症，充分證明了死亡恐懼無處不在，與已知精神病理現象中的主要心理衝突交織在一起……我們可以理所當然地認為，死亡恐懼始終存在於我們的心智功能中。[19]

同樣的意思，詹姆斯早就以他自己的方式表達過了：

讓樂觀的健康心態運用其活在當下的奇異力量，盡情發揮吧，忽視吧，遺忘吧。然而惡的背景始終真切存在，只待人想起，而在歡宴上，骷髏將會咧嘴大笑。[20]

齊爾伯格的表述幾乎晚了半個世紀，且以更真實的臨床工作為基礎，而不僅僅出於個人直覺與哲學沉思。鑑於這一事實，上面兩種表述中意象和風格的差異就不那麼重要了。但齊爾伯格也延續了詹姆斯和後達爾文主義者的發展路線，後者把死亡恐懼看作生物和演化上的

2 馬克斯．謝勒（Max Scheler, 1874-1928），現代著名基督教思想家，現象學價值倫理學的創立者，知識社會學的先驅，現代哲學人類學的奠基人——海德格曾言：「謝勒是全部現代哲學的最重要的力量。」——譯注

問題。我認為齊爾伯格的立論有著極為穩固的基礎，我特別喜歡他的論證方式。他指出，死亡恐懼其實是自我保護本能的表現，其功能在於為維繫生命提供持續的驅力，並掌控威脅生命的危險：

若非死亡恐懼如此持續不斷，我們不可能如此持續消耗心理能量去保護生命。「自我保護」一詞暗示了反抗生命崩解所做的努力，其情感表現就是恐懼，對死亡的恐懼。[21]

換句話說，死亡恐懼必然存在於我們所有正常的功能背後，使生物機體武裝起來，進入自我保護狀態。只是，死亡恐懼不可能毫不間斷地存在於心理活動之中，否則生物機體將無法正常運作。齊爾伯格繼續寫道：

如果我們不停意識到這種恐懼，會無法正常運作。死亡恐懼必須受到適當的壓抑，讓生活多少保留一點舒適。我們很清楚，壓抑不僅僅意味著把東西收起，還要忘卻那個東西已被收起及其所置放之地，壓抑也意味著心理上要持續努力，防止失控，並且內心也絕不放鬆警惕。[22]

於是，我們就能理解下述看似不可能的悖論：在我們自我保護本能的正常生理運作下，始終存在著死亡恐懼，但我們的意識對此又完全盲目：

因而，正常情況下，我們在現實世界四處奔忙，從未相信過自己會死，彷彿深信自己的肉體不朽。我們企圖掌控死亡……當然，一個人口頭上會承認，他自知終有一死；但事實上，他內心並不真的在乎。他正好好活著，不會想到死亡、也不會庸人自擾，自尋煩惱——不過，這樣的表現，僅僅屬於純粹理智上的言語坦白。在此情況下，死亡恐懼的影響是受到壓抑的。[23]

關於死亡恐懼，生物學與演化論為我們提供了基本的論據，必須認真看待。我認為，這一基本論據不該被排除在任何討論之外。動物為了生存，就不得不用恐懼反應來保護自己，這不僅與其他動物有關，也與大自然本身有關。動物必須明白自身有限力量與周遭危險環境的真正關係。哪裡有現實，哪裡就有恐懼。與動物相比，人類嬰兒的處境更易受攻擊，也更無助。因此，認為人類這種脆弱且高度敏感的物種身上不會有動物的恐懼反應，是很愚蠢的。比較合理的假設是，人類的恐懼反應會加劇，就如某些早期達爾文主義者的觀點：在原始人類中，那些最容易感到害怕的個體，其實對於自己在自然中的處境最有現實感。他們把這樣極具生存價值的現實主義傳給了後代。[24]就這樣，我們所熟知的人類登場：一種高度焦慮的動物，不斷發明形形色色焦慮的理由，即使根本是庸人自擾。

在死亡恐懼的問題上，精神分析的研究論據較少來自純粹推測，因此更應重視。精神分析揭示了我們從未意識到的兒童內心世界，亦即：兒童的內心存在愈多的恐懼，便愈不同於其他動物。我們可能認為，恐懼是由既有的本能在低等動物身上編入的指令，但沒有本能的動物，就不會有內建的恐懼。人的恐懼是由他感知世界的方式所形塑而成。那麼，兒童感知世界的方式，又具有什麼獨特性質？精神分析研究告訴我們，兒童的內心世界有兩點特性：

第一，因果關係極度混淆；第二，對自己力量的極限極度缺乏現實的認知。在人類社會中，兒童的生存完全依靠外力，而需求一旦滿足，似乎必然會以為自己擁有魔力，是真正的全能者。當兒童疼痛、飢餓或不舒服時，只需尖聲哭喊，就有溫柔慈愛的聲音來哄慰他。他就像是魔法師或通靈者，只需唸唸有詞，發揮想像，就會心想事成。

然而，這種感知方式會受到懲罰。在兒童的魔法世界裡，只需一個念頭或一臉不悅，就會帶動事情改變，任何人都可能發生任何事。當兒童從父母身上經歷到那早晚都會遭遇的真實挫折，便會對父母產生恨意和破壞性情感。只是，兒童無從得知這些惡意的情感不可能像其他願望一樣神奇地實現。精神分析學家相信，這種認知上的混亂，正是兒童期罪惡感與無助感的主因。沃爾（C. W. Wahl）以其精闢的論述概括了這一悖論：

> ……對於所有兒童而言，社會化的過程無不令人痛苦而沮喪，因此，對於其社會互動的對象，兒童必然產生敵視的死亡願望。所以，沒有任何兒童能以直接或象徵的形式免於死亡恐懼。壓抑通常……直接而有效……[25]

兒童太弱小，無法對這些破壞性的情感負責，也無法控制欲望以何等魔幻的方式實現。這就是我們所謂的不成熟的自我（ego）：兒童缺乏足夠的能力去組織他的感知及他與外在世界的關係；他無法控制自己的行為，也無法真正支配別人的行為。結果，無論是在自身內部，還是面對外在世界和他人，他都無法真正控制他所意識到的神奇因果關係——他那些破壞性的願望隨時可能爆發，父母的願望也是如此。無論內部還是外部，各種自然力量都是混亂的，對於一個弱小的自我（ego）來說，這一事實造成了大量誇大的潛在力量與額外的恐懼。結果是，至少在某些時候，兒童得與內在的混亂感共存，這是其他動物所沒有的。[26]

諷刺的是，當終於有一天，兒童發現了真正的因果關係，卻又會過度類化（generalize）這些關係，因而給自己帶來壓力。精神分析學家所謂「以牙還牙原則」就是這樣的類化。兒童撕碎昆蟲、看到貓吃老鼠、跟家人一起把可愛的兔子吃下肚……等等，藉由這些活動，他逐漸明白了現實的權力關係，只是還無法賦予它們相對價值。所以，兒童會以為，父母也可能像貓吃老鼠一樣吃掉他、讓他消失，而他也可能反過來吃掉父母。當父親眼神凶狠地用棍棒痛打老鼠，在一旁觀看的孩子可能會以為自己也將挨打，尤其如果他一直在想著魔幻的壞主意。

我並不想對我們仍不清楚的過程作具體的描述，也不想證明所有兒童都生存於相同的環境、面臨一樣的難題。此外，我也無意讓兒童的世界看來比大多數時候更駭人聽聞。但我認為，重點在於呈現出，兒童世界至少在某些時候必然會有痛苦的矛盾，也顯示出兒童生活最初幾年的世界確實相當奇妙。或許這樣會讓我們更理解齊爾伯格的說法，如前所述，他認為，死亡恐懼「經歷了最複雜的詳細闡述，並藉由眾多間接方式表現出來」。或者如沃爾完美的描述：對於兒童，死亡是一個**複雜的**象徵，而不是什麼特定、確切的事物：

> ……兒童的死亡概念由若干相互矛盾的悖論構成，並不是單一的事物……死亡本身並非只是一種狀態，而是一個複雜的象徵，其意義會因人和文化而異。[27]

藉由揭示兒童世界的矛盾，我們還可理解兒童為什麼常作噩夢，且普遍害怕昆蟲和凶惡的狗。兒童備受折磨的內心世界散發複雜的象徵，代表各種不被接受的現實，反映兒童的諸多恐懼：世界的恐怖、自身願望的恐怖、被父母報復的恐懼、對事物消失的恐懼、對任何事都缺乏控制的恐懼……等等。確實如此。任何動物都難以承受這麼多恐懼，兒童卻不得不承受。所以當兒童弱小的自我（ego）著手整合事物時，他們幾乎總是驚叫著從夢中醒來。

死亡恐懼的「消失」

然而，噩夢的頻率會愈來愈少，而某些兒童的噩夢會多於其他兒童——我們又回到一開始的討論，對那些不相信死亡恐懼很正常的人而言，噩夢是一種神經質的誇大，源於不良的早期經驗。這些人會說：否則要如何解釋大多數人看來都走出了混亂的童年噩夢時期，且繼續過著健康而或多或少稱得上樂觀的人生，不再為死亡所擾？蒙田（Michel de Montaigne）曾言，對於死亡和生活的陰暗面，農民極度無動於衷與堅忍，如果這是因為愚笨，那麼「就讓我們都向愚笨學習吧」。[28]今天的時代又比蒙田的時代進步，我們可以說「讓我們都向壓抑學習吧」。不過，兩者的意涵同樣重要：對大多數人而言，壓抑是在處理死亡的複雜象徵。

然而，死亡恐懼消失了，不等於恐懼從未存在。如果一個人相信天生的死亡恐懼具有普遍性，其論據多半是出於對壓抑效果的了解，而我們可能永遠無法對此論據下明確的決斷——一個人若聲稱某個概念因為受到壓抑而不存在，這個人就不會輸。理性而言，這不是一場公平的比賽，因為這個人總是握有王牌。正因如此，這類論據讓許多人認為精神分析不科學，其擁護者可以聲稱，一個人會拒絕某個精神分析概念，是因為他在壓抑自己，使自己意識不到箇中真理。

然而，壓抑並非用來贏得爭論的魔法用語，而是真實現象，而我們也已經能夠研究壓抑的各種作用了。這些研究讓壓抑成為有根有據的科學概念，並成為本書論據時的可靠同盟之一。一方面，愈來愈多研究試圖藉由心理測驗（如測量膚電反應），來了解被壓抑所否認的死亡意識。這些研究有力地揭明了在平靜的表面之下潛伏著普遍的焦慮，即詹姆斯所謂「深藏的蛀蟲」。[29]

另一方面，現實生活中沒有什麼比突發事件更能刺激已然鬆弛的壓抑防線。精神病學家近來報告，兒童罹患焦慮性精神官能症的人數因南加州地震而變多。這些兒童發現，生活中的確隱藏著災難性的危險，對於他們尚不完善的否認系統而言，這種發現帶來的打擊過大，於是焦慮突然爆發。從成人身上則可以觀察到，大難將至所引發的焦慮會以恐慌的形式顯現。最近有幾位乘客在飛機起飛時強行打開安全門，從機翼跳到地面，結果摔斷了腿。這起事故是由飛機引擎回火所引發。顯然，在外部世界或許無害的雜音之下，人類的內在有某種東西在隆隆作響。

不過，更重要的是壓抑如何運作。壓抑並非只是與生命能量對立的負面力量。事實上，壓抑倚靠生命能量維生，並很有創造力地運用它們。我指的是，生物機體為自我擴張而奮鬥時，自然而然會吸收恐懼。看起來，大自然已經在生物機體的內部植入一種天生的健康心態，它表現在各個面向：自身的愉悅、向世界展現能力的快樂、與世界諸事物融合，以及受到無限經驗的滋養……等等。這的確是豐富的正面體驗，而當一個強大的生物機體帶有這種天生的健康心態，就能得到滿足——這正是喬治・桑塔亞那（George Santayana）想要表達的意思：獅子必須比羚羊更加確信上帝站在自己這一邊。[3]在最基本的層面上，生物機體在生命體驗中尋求自我擴張與延續，藉此積極對抗自身的脆弱。它朝向更豐富的生命，而非退縮。不僅如此，生物機體一次只做一件事，避免在需要全神貫注的行動中無謂地分心。死亡恐懼似乎能夠以此方式小心翼翼地忽視，或者在生命的擴張過程中被真正吸收。在人類中，我們偶爾好像能看到這樣一種生機勃勃的生命機體——我想到尼可斯·卡山札基斯（Nikos Kazantzakis）的《希臘左巴》（*Zorba the Greek*）一書。左巴是一個理想形象，憑藉專心致志的日常熱情，冷靜地戰勝脆弱和死亡，並用他積極向上的熱情來淨化別人。然而，卡山札基斯本身並非左巴——這就是左巴的形象有點虛幻不真的部分原因。大多數人也都不是左巴，但是，人人都享受一定程度的自戀，縱使不像桑塔亞那的獅子一樣「自戀」。前文提到，如果兒童早期獲得健全的養育和充分的關愛，就會發展出一種神奇的全能感。一種自身堅不可摧之感，一種被證明有力量以及安全的支撐感。在他內心深處，他能想像自己是不朽的。可以說，這樣的人憑藉相當自戀的活力強化了對死亡的對抗，輕易地將自己會死的念頭給壓下來。很可能正是這種人格類型幫助佛洛伊德說出這樣的思想：無意識不知死亡為何物。無論如何，我們知道，基本的自戀會增長，只要兒童期經驗始終可靠地撐起他的生命，並且一直溫暖地增強其自我意識、增強自己真的很特別的感受，直到他覺得自己真的是造物主最好的創造。結果是，某些人具有更強大的「內在韌性」——這個貼切的描述出自精神分析家里昂·索爾（Leon J. Saul）之口。[30]內在韌性意味著面對生活的具體信心。當事人更容易度過嚴重的生活危機，甚至急遽的人格變化。內在韌性看似幾乎取代了低等動物指令式的生存本能。這讓我們不禁再次想到佛洛伊德，由於充分的母愛和有利的早期環境，他比大多數人更具內在韌性。他明白內在韌性所賦予的信心與勇氣，他自己也憑藉斯多噶式的英雄主義勇敢面對生活，對抗致命的癌症。這再次給了我們證據表明，死亡恐懼的複雜象徵在強度上相當多變，正如沃爾所下的結論，它可能「極大地取決於成長過程的本質及變化無常」。[31]

我希望自己小心一點，不要對自然活力與內在韌性著墨太多。在本書第六章，我們將看到，即使是像佛洛伊德這樣的天之驕子，竟然也終生飽受畏懼症與死亡焦慮的折磨。他開始充分認識到自然的恐怖所統治的世界。我認為，無論一個人有著怎樣強大的活力與內在韌性，死亡恐懼的複雜象徵在其生活中始終不會缺席。更有甚者，當我們聲稱這些力量讓壓抑變得比較容易和自然，也只是說出事情的一半。事實上，人們正是從壓抑中得到力量。精神病學家提出，死亡恐懼會因發展過程不同而呈現多樣性的強度，而我認為，之所以有這樣的多樣性，其中一個重要原因是：在發展過程中，死亡恐懼出現了變異。兒童的成長再順利，充其量也只是將死亡恐懼掩蓋起來。畢竟，是兒童天生對父母權力的認同（identification）才使得壓抑成為可能。倘若兒童得到的關愛很充分，這種認同作用就來得既容易又穩固，這種情況下，父母戰勝死亡的強大勝利，便自然轉化為兒童自己的勝利。還有什麼比生命中有被授予的力量更能自然地消除恐懼？如果不是放棄自己的人生籌畫（life-project），那整個成長期又意味著什麼？我將在本書中一再討論這一系列的問題，這裡僅作初步介紹，無意深入探討。在本書中，我們將會看到，人類為自己切下一塊足以應付的世界，並不加批判、不假思索地全心投入這個世界。他接受了文化規範，把臉轉向他該看的地方。他並非像巨人一樣一口吞掉世界，而是像海狸般，一口一口啃下大小適中的碎片。為此他使出渾身解數，這些手段我們稱為「人格防衛機制」：他學會隱藏自己、不引人注目，把自身嵌入其他力量中，包括具體的人、事物與文化規範。結果是，他活在自己想像的絕對正確中，以為他周遭的世界不會出錯。當他身陷困境，當他的生活都被安排在一座建好的迷宮中，他不必恐懼，只需以強迫

3 桑塔亞那（George Santayana, 1863-1952），認為「物質王國」（The realm of matter）優於一切，「物質王國」是自然客體的世界，所奉行的信條基於一種「動物信仰」（animal faith），因為所有的信條都事關生存。——譯注

性的驅力在「人世之道」中（他於兒童期習得此道，之後便用一種可怕的鎮定活在其中），奮力向前。這種可怕的鎮定就是詹姆斯所謂「活在當下、視而不見、遺忘一切的奇特力量」。蒙田筆下的農民就是因為這個更深的理由才不受死亡所擾，直到原本一直棲息於肩上的死神開始展開翅膀，或直到他過早被嚇傻，就像美國導演約翰・卡薩維蒂（John Cassavetes）電影傑作中的「丈夫們」。在這樣的時刻，意識照亮了那些被老套的、瘋癲的活動所掩蓋的東西，我們似乎從中發現被重新提煉的壓抑變異物，死亡恐懼的純粹本質浮現。

這就是為什麼當壓抑機制不再發揮作用，往前的衝力喪失，人們就會精神崩潰。此外，農民的心性遠非蒙田要我們相信的那麼不切實際。在農民的生活中，仇恨與辛酸的暗流湧動，這表現在世仇、欺凌、爭吵、家庭糾紛、心胸狹窄、自貶、迷信、嚴格的威權主義對生活的高壓控制上，這些都是真正的瘋狂，而農民的鎮定經常接受這種生活型態的洗禮，從而保護了自己。正如喬瑟夫・洛普里多[4]在最近一篇論文中的題目所提出的問題：「你想成為農民嗎？」

本書還將涉及另一重大維度：死亡的複雜象徵被人類給改變了、超越了，因為人類相信不朽、相信人的存在可以延伸到永恆。目前可以得出的結論是，壓抑以很多種方式運作，好安撫人類這種焦慮的動物，使之完全免於焦慮。

到目前為止，關於死亡恐懼，我認為我們已經調和了兩種不同的立場。「環境」（健全心智觀）和「先天」（病態心智觀）都是同一幅圖像的一部分，兩者自然交融。一切都取決於我們是從哪個角度接近這幅圖像，是從死亡恐懼的偽裝與變異這一側，抑或從表面上的不存在那一側。不過，帶著某種科學上的不安感，我承認無論哪個角度，都無法真正理解死亡恐懼。所以，我只能勉強同意科隆的意見，這場論戰，雙方都不可能完全「贏得勝利」。不過，有件極為重要的事也從中顯現：人類有各種形象供我們描繪和選擇。

一方面，人類這種動物有一部分對世事毫無所覺，當他對自身命運表現出某種淡漠、允許自己被生活驅使時，最為「尊貴」；當他最不屬於自己、安心地依靠周遭的力量而活時，最為「自由」。另一方面，我們也看到另一幅人類形象：對世界過於敏感，無法把世界擋在外面，被迫依靠自己的微薄力量，似乎最缺乏行動和活動的自由，最無尊嚴，最不屬於自己。要認同哪種形象，大多取決於我們自己。那麼，就讓我們進一步探索、闡述這些形象，看看我們能揭開什麼。

4 喬瑟夫·洛普里多（Joseph Lopreato, 1928–2015），社會生物學家、社會理論家和社會學教授。——編注

第三章
重建精神分析若干基本觀念

• • •

CHAPTER THREE
The Recasting of Some Basic Psychoanalytic Ideas

從那個五歲的孩子到我自己僅僅是一步。但是從那個新生嬰兒到那個五歲的孩子，卻是一條可怕的長途。

——托爾斯泰

既然我們已在前兩章列出論據的綱要，此刻便讓我們填入細節吧。為什麼這個世界對人類來說是如此可怕？要讓自己有勇氣直面死亡，為什麼需要付出那麼艱難的努力？這些討論把我們帶入精神分析理論的核心，以及在如今的心理學中存在主義的重生。這將以驚人的詳盡與明晰，向我們揭示人性。

人的存在困境

我們始終明白，人類內心深處有某種特殊事物使人成為人，人因此有別於其他動物。此一特殊事物直接觸及人類核心，使人類遭受自身特有命運的折磨，且無從逃避。自古以來，哲學家討論人類核心時，指的是某種「本質」，某種獨特的性質或內涵，牢牢釘在人性深處。然而我們還未發現這類東西，這就代表人的特殊性仍是一道難題。佛洛姆以卓越的論述指出，我們沒能找到那東西的原因在於世上並無本質，在於人的本質正是人的*矛盾*本性，在於人一半是動物性一半是符號性此一事實。[1] 我們將在本書第五章看到，將此一存在悖論引進現代心理學的，正是齊克果。他對亞當夏娃神話的卓越分析，無時無刻都在向西方思想強力灌輸這樣的悖論。每位學有所成的心理學家都將這一悖論當作自己思想的主要疑難，包括齊克果、榮格、佛洛姆、羅洛・梅（Rollo May）、沙赫特（Ernest Schachtel）、馬斯洛（Abraham Maslow）、瑟爾斯（Harold F. Searles）、布朗、蘿拉・皮爾斯……但與這些人相比，蘭克（我將在若干章節中專門討論他）的思索更一以貫之，也更加出色。

上述存在悖論，我們不妨稱之為**有限性內的個體性**。人類擁有符號層次的身分，這讓人類在自然界顯得與眾不同。一方面，人是符號性的自我，一個有名字的受造者，一部生命史。另一方面，人又是創造者，擁有會去思考原子和無限的心智，會運用想像將自己放在宇宙的某一點，困惑地思考自己居住的行星。這種無限擴張、聰敏、靈性、自我意識，讓人在自然界擁有神祇的地位，小小的神祇——文藝復興時期思想家眼中的人，正是如此。

然而與此同時，正如東方哲人所說，人是蛆蟲，也是蛆蟲的食物。這就形成一個悖論：人類脫離自然，又身不由己地屬於自然。人是二元的，心智可飛到星辰上，卻又被放入一具心臟跳動、呼吸喘氣的身體，這身體曾屬於一條魚，至今仍攜帶著證明這一點的鰓裂標記。[1]人的身體是有形的血肉之軀，在許多方面都與人的心智格格不入，其中最詭異、最讓人無法忍受的是：身體會疼痛、出血、腐爛並死亡。人確實會分裂成兩個部分，他知道自己出色的獨特性，以一種卓越的尊貴在自然界出類拔萃，卻又於死後回到幾公尺深的地底，無知無覺地、默默無聲地腐爛，永遠消失……這是可怕的困境，但人類無法擺脫，不得不與之共存。相比之下，較低等的動物沒有符號層次的身分，也沒有隨之而來的自我意識，所以不會感受到如此痛苦的矛盾。動物為本能所驅使，憑生理反射來行動和生活，假如有任何停頓，那也

1 包括人類在內的所有脊椎動物，其胚胎早期會有鰓裂，與魚類胚胎相同。——譯注

只是生理上的停頓。動物在自己的內在上是沒有名字的，甚至臉孔也沒有名字。動物生活在沒有時間的世界裡，循環系統在一種無言的狀態中搏動。所以，殺死一群水牛或大象是如此簡單。這些動物不知同伴正在死去，哪怕同伴就倒在身邊，仍可安詳進食。死亡的知識是思索和概念化的結果，而動物不具備這些。牠們對生及死皆無思無想：片刻的恐懼、片刻的痛苦，生命的結束對於動物不過如此。與動物相反，無論在夢中，還是在陽光最燦爛的白晝，人注定要為自己終將一死而終生惶惶不安。

唯有讓人類的存在悖論深深沉入你的思想、你的感受，你才有可能明白，這對動物而言是多麼不可思議的處境。有人推測，完全洞悉人的困境會使人發瘋，而我認為這個想法是對的，極其之對。偶爾有嬰兒生下來帶著鰓記或尾巴，但這種事不會公諸於世，而是悄悄掩蓋起來。誰會想要完全接受我們這種在無法理解的宇宙中苟延殘喘的生物？我認為，這說明了帕斯卡那讓人不寒而慄的思索：「人必然是瘋狂的，而不瘋狂是另一種形式的瘋狂。」所謂**必然**，是因為人類存在的二元狀態造就了一個難以接受的局面，一個令人痛苦的困境。所謂**瘋狂**，是因為正如我們即將看到的，人類在符號層面的世界所做的一切活動，無不試圖否認或戰勝人類荒誕的命運。人類利用社會競賽、心理詭計、個人執念等等與遠離自身現實處境的手段，讓自己陷入盲目的遺忘。這些手段正是不同形式的瘋狂——有志一同的瘋狂、人皆有之的瘋狂、偽裝的和高貴的瘋狂，全都是瘋狂。早期精神分析學者，也是佛洛伊德圈子裡的傑出人物桑多爾．費倫奇（Sandor Ferenczi）曾言：「人格特徵是隱密的精神疾病。」這並不是年輕科學家沉醉於自身的能言善道，自鳴得意隨口說出的雋語，反之，這是成熟的科學判斷，是人類在試圖理解自己時所做的自我揭露中最為石破天驚的描述。費倫奇當時就知道自己面對形形色色的面具：一言不發的面具、微笑的面具、認真的面具、滿足的面具，人們用這些面具來自欺欺人，掩蓋自己隱密的精神疾病。直到不久前，佛洛姆[2]還感到不解，為何大多數人類在面對存在的矛盾時竟然並未發瘋——人類有符號層面的自我，那讓人類在永恆的事物體系中具有無限的價值，但與此同時，人類的肉身僅值九十八美分[2]！我們要如何調和這樣的矛盾？

為理解上述二元困境的壓迫力，我們必須了解，兒童無法真正處理這二元的任何一端。兒童最大的特徵是早熟。兒童要承受整個世界，還要承受自己。從呱呱墜地開始，兒童就有一個精巧的感覺系統，這一系統迅速發展，以卓絕的精密度接收他對世界所有的感知。再加上語言和自我感的迅速發展，將這一切都加諸在一個無助的嬰兒身上，而這身體試圖準確、安全地抓住這個世界，卻只是白費力氣。結果十分可笑。兒童完全被來自身體和自我兩個領域的二元經驗所壓垮，因為兩者他都無法掌握。兒童不是自信的社會化自我，也不善於運用語言、思想、名稱、地點等符號，尤其是對他而言極端神祕的時間，他甚至不知道什麼是時鐘。他也無法像健全的成年人一樣從事勞動與生產，無法處理他所看到發生在他身邊的嚴肅事情。兒童無論如何也無法「像父親一樣做事」。相反的，他是卡在半空中的神童，不上不下，無論是自我經驗或身體經驗都無法給他依靠。儘管如此，各種印象還是不斷灌注到他身上，各種感覺不斷在他的內在噴發，湧入他的身體。他必須從中得到某種理解，建立某種優勢去控制這些印象和感覺。然而，是思想控制身體，還是身體控制思想？事情遠非如此簡單。在兒童的存在困境中，可能並沒有明確的勝利或簡單直接的答案。這是兒童幾乎從一出

2 可能是當時美國遺體火化的收費標準。——譯注

生就開始面對的難題，但他年紀小到無力處理。兒童不理解他為何需要符號，但符號不停煩擾著他，在他看來，口頭命令似乎沒有價值，而規則和秩序只是讓他無法繼續享受直接將自己的自然活力表現出來的快樂。當他試圖支配身體，假裝身體不存在，試圖表現得「像小大人」，身體卻會突然反擊，用他的嘔吐物或排泄物淹沒他。他以純符號性動物自居的企圖破滅了，於是他在絕望的眼淚中崩潰。兒童經常會故意弄髒自己或繼續尿床，以此反抗人工符號規則對他的嚴厲要求。他似乎想說：身體是他最初的現實，他希望留在更簡單的自然伊甸園，而不願被拋入一個「對或錯」的世界。

透過這種方式，我們直接而痛苦地認識到，所謂兒童人格，是兒童在經歷任何動物都必須面對的最不平等奮戰後達到的**權宜妥協**（*modus vivendi*）。兒童永遠不可能真正理解這場奮戰，因為他不知道自己身上發生了什麼事情，不知道自己為什麼會那樣反應，也不知道奮戰的真正風險。最終兒童以慘重的損失為代價，贏得這場奮戰：他取得人格，以某種面目面對世界，但那個面目掩蓋了內在的潰敗。現在，他有了姓名、家庭、住家附近的遊樂場……這一切顯然都早就在等著他。然而，他的內心世界充滿了噩夢般的記憶，關於那場不合理的奮戰，關於流血、疼痛、孤獨、黑暗的駭人焦慮，這一切又混入了他無邊的欲望，他所感知到的難以言喻的美麗、莊嚴、敬畏、神祕，以及介於以上兩者之間的混合物所帶有的幻想與錯覺，最後是，在身體和符號之間妥協的無望嘗試。我們在之後的一些段落中會看到，性如何在不久後出現並明確吸引他的注意力，讓兒童世界變得更加複雜、混亂。所謂成長，就是將睡夢中陣陣抽痛的巨大內在癒傷組織掩蓋起來。

由此我們看到了人類存在的兩大面向（身體和自我）絕不可能無縫調和，這就解釋了帕斯卡那句話的後半部分：「不瘋狂是另一種形式的瘋狂。」帕斯卡的思想證明了，遠在科學的精神分析出現之前，偉大的人性研究者就能洞察面具背後隱藏的事物。這些研究者沒有臨床文獻，卻知道最冷酷的壓抑、最確實的平靜、最由衷的自我滿足，都是成功的自欺欺人。根據精神分析的臨床文獻，我們得以全面描繪出人格的類型，對此，我們可以繼帕斯卡之後，稱之為「瘋狂的類型」。我們或許可以說，精神分析讓我們看到了，若我們否認人類的真實處境，會受到何等的複雜懲罰，這懲罰或許可以稱之為**假裝未瘋**的代價。從創世開始，人類給世界和自身招來了惡（evil），如果必須就這所有的惡作出最簡明的闡釋，那麼，這會跟人類的動物性遺傳無關，跟人類的本能與演化也無關。惡就只是人**假裝未瘋**所付出的代價——企圖否認自己的真實處境所付的代價。之後我們會進一步探討這個重大觀念。

戀肛的意義

在佛洛伊德時代，敏銳的思想家不得不過著一種煎熬的智識生活——至少他們會這樣回首自己的一生。佛洛伊德的世界觀既有如此豐富的真理，又有那麼多像是剛愎自用的觀點。佛洛伊德遺留下來的模稜兩可並不出自他的錯誤觀念，因為那些錯誤，我們都可以簡單地拋開。問題出在佛洛伊德那些真正出色的真知灼見，那些見解受限於他的表達方式，只講出了現實的其中一個面向。為了統合現實的兩個面向，我們需要進行大量的研究與釐清。實際上，我們需要一個能納入精神分析所有深刻理解的架構，如此其中的真理才能清晰而明確地浮現出來，並擺脫十九世紀佛洛伊德用來綑住這些理解的化約論、本能論以及生物決定論。存在主義正是我們所需要的架構。將佛洛伊德的精湛見解放入存在主義的脈絡中重新闡述，將讓這些見解具有充分的科學地位。近年來，布朗[3]就藉由重新闡述戀肛的觀念，以及戀肛在精神分析理論中的重要地位，出色地完成了這個任務。布朗那本書的主要歷史價值，或許就是他回收了佛洛伊德最深奧、最顛覆的思想，使之成為人文科學的財富。

大量引用布朗著作中豐富的分析是件誘人的事，但是重複他寫過的東西並無意義。此處我們只需留意戀肛問題的基本關鍵，那就是，戀肛反映了人類處境的二元性：人的自我和身體。戀肛及其問題出現在童年期，兒童驚慌地發現，自己的身體很奇怪、容易出錯，而且會下命令，會提出需求，因而全然支配了他。無論兒童如何異想天開，也必然要聽命於自己的身體。在所有的發現中，最奇怪也最丟臉的是，在身體後下方他看不見之處，有個孔洞會發出臭味，甚至從中排出惡臭的物質——所有人，甚至包括兒童自己，都討厭這件事情。

最初，兒童對自己的肛門和大便興致勃勃，喜歡把手指伸入肛門，再嗅一嗅，把大便塗在牆上，以及用肛門玩觸摸物體的遊戲等等。這是一種普遍的遊戲形式，包含一切遊戲的嚴肅作用：反映了兒童正在探索、運用身體的天然功能。肛門遊戲掌控一片奇異的領域，藉助符號和幻想，在自然界不聽命於人類意志的法則面前，建立了自己的權力和控制力。[3]藉助肛門遊戲，兒童成了思索人類處境的哲學家。只是，像所有哲學家一樣，他仍然被自身處境給限制，於是，他終身的主要任務就是否認肛門所代表的一切，也就是，從自然的角度來看，他其實就僅僅是一具身體。自然的價值是肉體價值，人類的價值是心智價值，精神可以高高飛翔，卻是建立在糞便的基礎上。精神離不開糞便，總是要回到糞便。正如蒙田所說，在世界最高的寶座上，人仍坐在自己的屁股上。這一警句常常使人發笑，因為它似乎試圖感化這世界，要世界洗去人造的驕傲和勢利，讓萬物回歸平等的價值。但是，如果我們進一步留意到，人不只坐在自己的屁股上，也坐在自己熱呼呼、臭烘烘的大便上，那就不再是玩笑了。人類二元性的悲劇，人類荒誕的處境，會就此變得太過真切。肛門及其不可思議的可怕產物，不僅代表生理的局限、生理不聽命於人類的意志，也指出身體的命運：腐朽和死亡。

現在我們能理解，精神分析學家所謂的「戀肛」或肛門人格，其實是人類用來抗議意外事件和死亡的形式。從這個角度來理解，精神分析界很大一部分最深奧難解的精闢見解就會具有新的活力和意義。說某人是「肛門」人格，就是說這個人殫精竭慮，想讓自己免於生活中的意外和死亡的危險，試圖把文化符號當作戰勝自然奧祕的可靠工具，試圖讓自己成為動物以外的任何東西。當我們梳理人類學文獻時，可以發現，無論在什麼地方，人類在文化追求的某些基本層面上始終戀肛。我們發現，原始人常常表現出最肆無忌憚的戀肛。在面對真實問題時，他們比我們更天真無邪，也不會好好隱藏他們的掩飾——對人類脆弱處境的掩飾。人類學文獻告訴我們，查加（Chagga）部落的成員終生戴著肛門塞，裝作自己已把肛門封起來，無需排泄。在表現上，這樣就戰勝了人類的區區生理性。此外，用特定的小屋來隔離經期婦女，各種圍繞著經期的禁忌等等，這樣的作法隨處可見。很顯然，人類試圖控制大自然在自己體內展現的各種神祕作用，不允許身體凌駕自己。[4]

戀肛解釋了人為什麼渴望擺脫各種矛盾和模稜兩可，為什麼人喜歡符號的純粹性，喜歡大寫的「真理」（Truth）。另一方面，當人們真的想要反抗人為的東西，當人們起身反叛文化的符號體系時，人又求助於生理的身體。人類從幻想中醒來，回到現實，怪癖也回歸到基本的化學層次。近年來有部「戀肛」電影《布魯斯特．麥克勞德》（*Brewster McCloud*），就是完

3 在學習自我控制的過程中，肛門遊戲是一種基本行為，最好不要干涉。如果成人急於制止，就會把額外的焦慮引入這一動物活動，使其更具威脅性，最終像異物一樣，遭到格外強烈的反抗和迴避。這種可怕的否認正是術語「肛門人格」所要表達的涵義。而後，「肛門」教養將以高度壓抑為媒介，形成一種恐懼，成為無比沉重的負擔，導致人的沉淪。——原注

美範例。片中有這樣一個情節：驟雨般的鳥糞從天而降，毀掉演說現場、官方徽章、閃亮的人造表面。現代電影製作人極為大膽地披露了生命和身體的根本關聯，讓世界不再虛偽。庫柏力克在電影《二〇〇一太空漫遊》中描述人類步入太空時，以猿猴在史特勞斯煽情的音樂中手舞足蹈來比擬，令觀眾大受衝擊。他在另一部電影《發條橘子》中，再次呈現未來世界某個男人隨著貝多芬充滿英雄主義超越精神的《第九交響曲》曲調展開凶殺和強姦時，可以多麼自然、心滿意足。

戀肛令人不安之處在於揭露了所有文化、所有人類開創性的生活方式，這一切的某個根本部分，是對自然現實的蓄意反抗，是對人類真實處境的否認，企圖忘記人類這種受造有多麼可悲。布朗研究中最精彩的部分，是他對強納森・斯威夫特[4]戀肛的分析。對於斯威夫特而言，世上的終極恐怖是：昇華、美與神聖，其實都脫離不了基本的動物功能。愛慕天仙的男性腦中充滿錯覺，以為天仙「只有頭和翅膀，卻沒有洩祕的臀部」。[5]在一首詩中，斯威夫特筆下一名年輕人描述了荒誕的矛盾，這矛盾令他備受折磨：[6]

> 莫怪我何以喪失理智；
> 哦！希莉婭，希莉婭，希莉婭拉屎！

這意味著，斯威夫特的腦海中有一種絕對的矛盾：「墮入情網之際，意識到了愛人的排泄功能。」[7]

早些時候，歐文・史特勞斯[5]寫出關於強迫意念的優秀專題論文[8]，同樣描述了斯威夫特有多麼厭惡身體的動物性及其骯髒和腐朽。史特勞斯提出一個更具臨床依據的判斷。他認為，斯威夫特的厭惡源於典型的強迫性世界觀：「對所有強迫症患者而言，性與結合及生育是互不相干的……透過……把生殖器與整個身體隔絕開來，性功能只給人排泄、腐敗的感受。」[9]這種程度的分裂很極端。然而，我們至少在某些時候、某種程度上也以這種強迫性眼光打量世界。正如佛洛伊德所說：「吾人誕生於屎尿之間。」[10]對此事實感到忿然的，不僅是精神官能症患者。人類的這種不協調有種恐怖性，而詩人斯威夫特發出了更痛苦的聲音，宣告人類揮之不去的普遍困境。我們應對此一困境作最後一次的總結：排泄是一種詛咒，預示了發瘋的凶兆。這是因為，排泄向人顯示他可悲的有限性和生理性，顯示他的希望和夢想可能不符合現實。但更直接的是，排泄展現了一種徹底的困惑：原來，文化創造是全然的**無意義**。人類創造出令人驚嘆的絕世容貌、耀眼的美女及其令人敬畏的神祕、名符其實的女神……人類從無之中、虛空之中創造這一切，讓這一切在正午閃耀。人們相信這樣的神話，再將更多神話放入這個神話中，這一切便發生在人類向外窺探的眼睛最深不可測的地方。這甚至使向來冷靜自持的達爾文不寒而慄——要做這一切，還要把這些跟排泄用的肛門結合起來！太過分了。造化嘲笑我們，而詩人飽受煎熬。

我試著從科學界和詩人討論戀肛問題所引發的衝擊中舉出一二，假如我以如此隨意的方式都能奏效，那麼，我們就能理解存在悖論的意涵：讓人類憂煩的，正是生命本身的不協調。依據這一觀點，本書將全面重新審視佛洛伊德的理論，除了戀肛問題，還有佛洛伊德思想的核心——伊底帕斯情結。現在讓我們再次運用布朗傑出的闡述，繼續討論這部分。

4 強納森．斯威夫特（Jonathan Swift），英國—愛爾蘭作家、詩人，著有《格列佛遊記》等書。——編注
5 歐文．史特勞斯（Erwin Straus），德裔美國現象學家和神經學家。——編注

伊底帕斯式籌畫

佛洛伊德常常會以一種可稱之為「原始」的方式來理解人的動機。有時這種傾向太過強烈，以至於像蘭克和費倫奇這樣的弟子與他分道揚鑣之際，也常常指控他把一切想得太簡單。這種指控當然荒唐可笑，然而也並非全無道理。或許，他們是針對佛洛伊德的頑固——死抱著他那刻板的性欲理論不放。無論佛洛伊德後來的生活有了多大的轉變，他始終固守精神分析的教條，不允許任何人弱化他認為是由他發現的動機理論。在後續相關章節中，我們將進一步理解他為何這麼做。

以伊底帕斯情結為例，佛洛伊德在早期著作中說過此情結是精神生活的根本動力。在他看來，男孩有著先天的性驅力，甚至企圖占有母親。同時他知道父親是他的敵手，並由於他明白父親比他強壯，公然較量只意味著失敗，而代價是閹割，所以他抑制了凶狠的挑釁。他因此害怕流血、閹割及女性生殖器，因為女性生殖器似乎是閹割的結果，證明了世上真有閹割。

佛洛伊德一生都在修改他的觀點，但從未全然拋開這些觀點，也就難怪它們能在佛洛伊德研究的個案中，以某種融洽的方式持續得到「證實」。世上的確有些事與肛門及生殖器有關，與家人的生理性有關，與家人的交配有關，這些就像古老的磐石，壓迫著精神官能症患者的心靈。佛洛伊德認為，這樣的一種重負必然可以回溯到遠古時代，回溯到人類第一個靈長類祖先出現的那一刻。他認為，我們每個人內心深處的罪惡感，都與史前幽深角落原始的弒父之罪和亂倫之罪有關，這種罪惡感非常之深，與身體、性、排泄物、父母也難分難解。佛洛伊德從未放棄他的觀點，因為這些觀點確實在根本上暗暗指出人類的基本處境——但卻不完全是佛洛伊德所理解的那個意思，或更確切的說，不是以他所提供的架構。今天我們知道，關於血與糞便、性與罪惡感的說法之所以正確，是因為這一切都反映了人對自身基本動物處境的恐懼，而非人類的弒父與亂倫衝動，也不是人類對實際生理閹割的恐懼。對於自身的基本動物處境，人類（尤其是兒童）無法理解，長大之後也不能接受。生理作用與衝動所引發的罪惡感，是「純粹」的罪惡感：壓抑的、不受自身意志左右的、渺小與局限的罪惡感。這罪惡感源於**基本動物處境**的限制，源於身體與世界的難解之謎。

自十九世紀末以來，精神分析學家一直專注於研究童年經驗。然而怪異的是，「僅僅從昨天」開始，我們才得以拼湊出一幅堪稱完整、合理且通俗易懂的圖像，說明為何兒童期對人類而言如此重要。這得歸功於許多人，尤其是被忽視的蘭克。但我認為，布朗的總結比任何人都更為犀利、確切。布朗重新定位佛洛伊德，提出伊底帕斯情結並不是佛洛伊德早期著作所提出的那種狹隘的、關於情欲與競爭的性欲難題，而是伊底帕斯式的**籌畫**，這個籌畫總結了兒童生命中的基本問題：他會否成為命運擺布的對象、他人的附屬品、世界的玩物；或他能否成為自己的中心，能否以自身的力量掌握自身命運。正如布朗所說：

> 伊底帕斯式籌畫並非如佛洛伊德早期闡述所示，是對母親天生的愛，而是如他後期著述所認定，是矛盾衝突的產物，試圖藉自戀膨脹來克服該衝突。伊底帕斯情結的本質是籌畫——變成上帝。用斯賓諾莎的話說，是**自因**[6]……同理，它清晰揭示了逃避死亡是

[6] 拉丁詞組 *causa sui* 可謂本書的重大核心概念。*causa* 的基本詞義為「原因」、「理由」、「條件」；*sui* 為「自己的」（of oneself）。全書統一譯為「自因」，亦可譯為「自表述」、「自規定」、「自訂」、「自義」等。斯賓諾莎《倫理學》第一部分「論神」開篇定義如下：「自因，我理解為這樣的東西，它的本質即包含存在，或者它的本性只能設想為存在著。」接下去明

如何扭曲幼兒期自戀……

如果兒童的主要任務是擺脫無助、躲過毀滅，那麼性就是次要和衍生問題，正如布朗所說：

這再一次表明，兒童的性心理發展，無論前生殖期還是生殖期，並不與愛欲的自然發展一致。兒童的性心理發展代表的，是特定身體功能與部位的一種超載，一種過度投注（hypercathexis），在逃避死亡的過程中，自戀的幻想引發了上述過度投注。[11]

讓我們進一步延伸這些珍貴的討論。伊底帕斯式籌畫是不再逆來順受，是躲開毀滅與不測：兒童試圖藉由成為**自己的父親**，而成為自身生命的創造者和支持者，以此戰勝死亡。我們在第二章已經看到，兒童在三歲就有了死亡的觀念，但在此之前很久，兒童就已經開始建築堡壘，防衛自身的脆弱性。這一過程會在嬰兒生命的極早階段自然而然展開，即所謂的「口腔期」。這一階段比兒童在意識中完全區分出自己與母親還要早，也早於兒童充分認識自己的身體與其功能的階段，或者，用專門的術語說，比他的身體成為他現象學領域的研究對象還要早。在口腔期，母親實際上代表孩子的生活世界，其間，母親的一切努力，無不是為了滿足孩子的願望，習慣性地緩和孩子的緊張和痛苦。然後，孩子此時「只想到自己」，他是無所畏懼的操縱者和自身世界的冠軍。他活在自己的全能感中，神奇地控制他需要用來餵養這份全能感的一切。張嘴一哭就能得到食物和溫暖，小手指向月亮就能得到有趣的搖鈴玩具。難怪我們認為這個階段的特徵是「原初自戀」（primary narcissism）：兒童藉由控制母親，成功控制了他的世界。兒童的身體是他的自戀式籌畫，他利用這身體來「吞噬世界」。「口腔期」之後，兒童的注意力開始轉向自己的身體，身體成為他現象學領域的研究對象，此時兒童就進入了「肛門期」。在「肛門期」，兒童發現了自己的身體並試圖加以控制，他的自戀式籌畫就變成了藉由自我控制來掌握和占有世界。

兒童逐步發現自身世界，逐步面對自身世界帶來的問題，在此過程中的每一階段，兒童都試圖將世界塑造成自我擴張的一部分。他必須持續感受自己的絕對權力和控制能力。為此，他必須培育某種獨立性，確信自己正在塑造自己的生活。據此，布朗和蘭克一樣，認為伊底帕斯式籌畫「必然會自行出現在兒童身上，並且針對父母展開，不論父母的行為如何」。矛盾的是，「兒童訓練自己如廁」。[12]這其中的深刻涵義是，養育兒童並無「完美」的方式，因為兒童會讓自己成為自身命運的絕對控制者，從而「養育自己」。由於這一目標不可能實現，因此在深刻的層面上，或從某種角度來說，每一種人格都虛幻不真，基本上並不完美。費倫奇就此作出精彩的總結：「從精神分析的角度來看，人格是一種異常，是將特定的反應方式機械化，相當接近強迫症的症狀。」[13]

確指出：「簡單說來，神即可稱為自因，……萬物的原因。」（賀麟譯，商務印書館一九五八年版，第一、二十五頁）那麼，《死亡否認》將 *causa sui* 用於並非上帝的人，完全可譯為「神化」，譯為「自義」也非常恰當。特別指出，當 *causa* 一詞用於人，其詞義之一「罪責」就格外引人注目，參見雷立柏（Leopold Leeb）：《拉丁語漢語簡明詞典》，世界圖書出版公司二〇一一年版。——譯注

閹割情結

換句話說，自我創造的自戀式籌畫把身體當作運作的主要基礎，命中注定要失敗。兒童發現了這一點，而由於佛洛伊德在後期著作中的思索，以及蘭克[14]和布朗的詳盡說明，我們也理解了所謂「閹割情結」的力量和意義。對閹割情結的較新理解是，兒童所回應的，不是來自父親的威脅。布朗說得好：閹割情結只發生在兒童對母親的反抗。這一現象非常關鍵，因而我們必須稍作停留，說明這是如何發生的。

問題的焦點在於下述事實：母親把持了孩子的世界。起初，母親是孩子的世界。離了母親，孩子就無法生存，然而為了控制自己的力量，他必須擺脫她。因此，對兒童而言，母親代表兩件事，而這有助於我們理解精神分析學家為何要說矛盾是整個早期成長階段的特徵。一方面，母親是快樂和滿足的純粹源頭，是可信賴的安全力量，因而母親的形象必然是美、善、勝利和力量的女神。這可以視為母親的「光明」面，讓人盲目地受到吸引。但另一方面，兒童必須努力克服這種依賴，否則他會喪失對自身力量的控制感。換句話說，母親代表牢固的生理依賴性，但正因為如此，母親也是一種根本的威脅。

當兒童開始把母親視為威脅，對抗母親的閹割情結就開始了。兒童注意到母親的身體與男性身體有顯著差異，這差異漸漸使他感到很不安。佛洛伊德從來無意減緩他的理論所造成的震驚，他把這種不安稱為「對殘缺生物的恐懼」、「被閹割的母親」、「沒有陰莖的」生殖器。對於許多人而言，佛洛伊德所引起的震驚具有諷刺漫畫的性質。這些人認為，兒童所感知到的恐怖似乎太不自然、太做作、太多鑿斧去吻合佛洛伊德所沉迷的性解釋和生物化約論。另一些人則認為，佛洛伊德的思考方式反映了他根深柢固的父權主義和強烈的男性優越感，而在這樣的思維中，女性既不具備男性生理器官，自然要低人一等。

事實是，「對殘缺生物的恐懼」是人為的，而創造這種恐懼的，正是兒童自己。精神分析學家忠實記下精神官能症患者的描述，儘管他們得費心刺探這些人究竟在表達什麼。跟大多數人一樣，令精神官能症患者苦惱的，是自己的無力感，這些人必須找個東西來對抗無力感。如果母親代表生理依賴，並讓他們陷於無能狀態，那麼就可以藉由突顯性別差異的事實，來反抗此一依賴性。如果兒童想要成為真正自因的人，那麼兒童必然要以某種方式強烈地藐視父母、超越父母，擺脫父母展現出來的威脅和誘惑。在兒童的感知世界中，生殖器是一件小東西，沒有凸起的外觀，不足以造成創傷。布朗講得非常精彩，恐怖是兒童「自己的發明，與他要成為自己的父親的這個幻想密不可分（而且，這種幻想與實際看見女性生殖器只有極小的關聯）」。[15]換句話說，兒童以戀物形式膜拜母親的身體，將母親的身體當成一種會全面威脅到他的靈物。兒童以這種方式削弱母親的影響，推翻母親在創造中的首要地位。套用史特勞斯的理論，我們可以說，兒童將母親的生殖器從她身上剝除，使母親這個原本作為愛的對象不再完整，於是母親的生殖器被視為威脅，被視為腐朽之物。

陰莖羨妒

母親的真正威脅與她全然的生理性質相關。當兒童沉迷於生理問題時，他可以就近把注意力放在母親的生殖器上。如果母親是光明女神，那麼她也是黑暗女巫。兒童看到母親與大地的連結，看到母親神祕的生理作用將她與大自然相連：乳房裡貯藏著神祕濃稠的乳汁、月經的氣味和血，生育的母親幾乎一直沉浸在自己的肉體中，最重要的是，母親在此時常會表現出神經質和無助人格，而兒童對此相當敏感。兒童猜到母親懷孕了，看到母親哺乳弟妹，凝視廁所裡的經血，而母親這位女巫似乎對流出經血無動於衷，也毫髮無傷，他會確定母親是沉浸在身體的重要性與不可靠性之中。母親必然會散發出決定論的氣息，兒童則對自己完全依賴母親脆弱的身體而感到恐懼。如此一來，我們不僅理解了男孩對男子氣概的偏愛，也理解了女孩的「陰莖羨妒」。無論男孩或女孩，都不由自主企圖逃避母親所代表的性別，[16]都不太需要誘導，就會認同父親及父親的世界。在兒童看來，父親在生理上比母親更中性、更單純有力，不像母親那樣脫離不了身體決定論。父親似乎擁有更多「符號層面的自由」，他代表了家庭之外的廣大世界，代表一個井然有序地戰勝自然的社會世界，也正是兒童所尋求的，免於遭受意外不測的世界。[7]無論男孩還是女孩，都轉身背離母親，這是一種自動化反射，指出兒童需要成長和獨立。但正如我們先前所說，兒童感受到的「恐怖、恐懼、輕蔑」[17]，是他們幻想感知的一部分，反映著兒童無法忍受的處境。這一處境不僅僅是母親所代表的生理依賴性和身體脆弱性，也駭人地揭發了兒童身體的問題。母親的身體不僅揭露了一種預告出脆弱性和依賴性的性別，也代表兩種性別的難題，並進而讓兒童面對這樣的事實：他的身體是霸道的。當然，這並不是說兒童明白每個性別就其自身而言都不「完整」，也並不是說兒童了解每個性別的特殊性都會限制其潛能，在某些方面都是在哄騙他相信生命是圓滿的。這些內容，兒童既不可能了解，也無法充分感受。再一次，這並不是關於性的問題，而是更為全面的問題，他感受到身體代表一種詛咒，會霸道地擺布他。兒童陷入這樣的一個世界：他可能生而為男性或女性，甚至也可以是貓、狗或魚，而這一切看來都涉及力量和控制，以及承受痛苦、毀滅和死亡的能力。布朗說得好，[18]性別差異的恐怖，其實是「生物學事實」的恐怖。這是從幻想跌入清醒的現實，這是對承受巨大新重擔的恐懼，關於生命與身體意義的重擔，關於人的不完整、無助與有限的重擔。

這也是對閹割情結的絕望恐懼，使人們在噩夢中戰慄。它表明了兒童意識到自己背負著一個不可能的任務，意識到自己對自因的追求不可能藉助「身體—性」（body-sexual）這一手段來實現，[19]哪怕聲明自己的身體與母親不同也無法實現。為確保自己的無窮力量，兒童用自戀來對抗世界，而自戀的基礎是身體這座堡壘。然而現在，這座堡壘像沙子一樣瓦解。這就是閹割情結所代表的悲慘失勢、被逐出天堂。兒童為了進行自生（self-generation）的伊底帕斯式籌畫，一度運用任何身體部位或性器官，然而現在，生殖器卻嘲笑他的自我充足性（self-sufficiency）。

這就引出了整個問題：性為什麼是如此普遍的難題。關於性的難題，沒有人的描述比得

7 因而，陰莖羨妒源於這樣的事實：母親的生殖器已經與她的身體分離，這將焦點匯聚到腐朽和脆弱這類問題。布羅德斯基（Bernard Brodsky）如此描述他的一位女性患者：「她認為女性是大便，這強烈刺激了她的陰莖羨妒，因為，充滿活力的勃起陰莖，是僵死、無生命的大便的反義詞。」（布羅德斯基，〈自我表徵、肛門性，以及死亡恐懼〉，《美國精神分析學會期刊》，一九五九年第七卷，第一〇二頁）兒童經驗的卓越研究者——格林納克（Phyllis Greenacre）也就兒童知覺指出了同樣的公式：陰莖＝活動，也就是生命；大便＝停滯，也就是死亡（格林納克，《創傷、成長與人格》，紐約：諾頓出版社，一九五二年，第二六四頁）。因此，陰莖羨妒是十分自然的事。格林納克甚至恰當運用了「陰莖敬畏」來概括下述複雜現象：男性巨大的生殖器會影響孩子對於父親的看法。畢竟，兒童活在身體力量支配一切的世界中，不理解抽象的力量或象徵的力量。所以在兒童眼裡，愈強大的身體就意味著愈有生命力。成年女性也有可能體驗到這樣一種身體感。身體凹陷且缺乏突起的部位，以及所有內部活動，與一種具攻擊性的擴展部位是不同的，後者必然給人較不脆弱的感覺。

布羅德斯基的患者之所以感到不安，是因為她對母親的矛盾心理有兩方面都變強了，而這兩方面就是患者對母親的需求以及母親對患者的威脅：「在患者獲取動作技能的過程中，母親的過分保護和約束，導致自我形象的發展有了缺陷。這位患者同時產生了強烈的分離焦慮和明顯的閹割焦慮。」換句話說，患者的依賴性加劇了，進而又反過來加劇了她的閹割焦慮，因為她無法掙脫一個代表著腐朽的客體。這是一個幾近準確的臨床精神官能症公式。——原注

上蘭克卓絕的隨筆評論〈性啟蒙〉（Sexual Enlightenment）[20]，因本書第八章對此將有詳細討論，此處便不贅議。只是，作為預告，在此不妨先簡略提要：性的問題，與人的存在悖論密不可分，與人的二元性密不可分。人既是一個自我，也是一具身體。「自己」究竟「在」何處？是在符號層面的內在自我中？還是在生理性的身體中？對此，我們一開始就大惑不解。兩者分屬不同的現象領域。內在自我代表思想的自由、想像的自由、符號象徵無限擴張的自由。身體代表決定論和有限性。兒童漸漸認識到，身為獨特的個體，他的自由被身體及身體上標明他是「什麼」的肢體、器官給拖住。由於這一原因，性對於成人和兒童來說都是個難題：不可能透過身體來回答「我們是誰？為什麼出現在地球上？」這樣的問題。事實上，身體是可怕的威脅。身體不會告訴我們，在內在深處，我們是什麼，有什麼獨特的天賦可以影響世界。這就說明了為什麼性行為很難不伴隨著罪惡感，罪惡感之所以產生，是因為身體向內在自由投下了陰影，人的「真實自我」經由性行為，被迫進入一個標準化的、機械的、生物的角色。更糟糕的是，在性行為中，內在自我甚至遭到徹底的拋棄，身體完全接管了整個人，這種罪惡感會令內在不停退縮，並揚言著要消失。

這就是為什麼女人會要求男人保證，他要的是「她」，而不「僅僅是她的身體」。她痛苦地意識到，在性行為中，自己獨特的內在人格會遭到拋棄，變得不再重要。事實上，男人通常真的只想要身體，而女人的整全性格（total personality）也降為純粹的動物角色。存在悖論消失了，人不再有什麼獨特的人格可以伸張。當然，對付這種局面，有條創造性出路是，任其發生，與之共處——這就是精神分析學家所謂的「為服務自我而退化」。[8]人在一段時間內只是生理的自我，從而免除了存在悖論的痛苦，以及伴隨著性而來的罪惡感。愛是這種性行為的重要關鍵，愛允許人們墮入動物的世界，墮入時不但沒有恐懼和罪惡感，還確信他獨特的內在自由不會因一時屈服於動物性而遭到否定。

原初場景

現在該來討論另一個精神分析觀點，即「原初場景的創傷」。許多人想要略過此一觀點，不願輕易相信。傳統的精神分析理論認為，當兒童目睹了父母間的性行為（原初場景），會因自己無法參與而受到深層的創傷。佛洛伊德談到「目睹父母性交而導致性興奮的刺激」。[21]他如此直言不諱，使這個概念顯得難以置信。但我們不應忘記，佛洛伊德最為自豪的，是他發現了**嬰兒**的性行為。其他精神分析學家心中的「原初場景創傷」強調的重點則稍有不同。羅海姆（Géza Róheim）認為，原初場景意味著兒童與母親重新結合的願望得到了滿足，但他發現父親占據了自己的位置，而且兒童所認出的母親也變了，不再是保護者，而是一團奮力掙扎的「劇烈動作」。[22]費倫奇熱衷於研究父母對孩子的影響，他在「原初場景創傷」的問題上提出的解釋與佛洛伊德赤裸裸的版本略有不同：

> 一至二歲的孩子已經擁有興奮的能力，但仍缺乏適當的情緒宣洩出口。如果這個年紀的孩子目睹了父母的親密性交，就可能引發幼兒精神官能症。[23]

---

8 恩斯特．克里斯（Ernst Kris, 1900-1957），精神分析學家兼藝術史學家，他提出了「為服務自我而退化」（regression in the service of the ego）的概念。——譯注

這樣看來，羅海姆和費倫奇所談的內容，與佛洛伊德談的主題，其實是完全不同的事情。羅海姆說的，是兒童對母親的認同，母親代表對兒童的全部支持，但兒童卻無法理解他所愛的客體（母親）與其他客體（如父親）的關係。費倫奇說的，是幼兒被自己無法統整的情緒給淹沒。這個部分需要更存在主義式的闡釋。兒童以自己的身體為自因籌畫，只有當兒童明白這個籌畫不可能完成之時，才會斷然放棄。對兒童而言，每個選項都是生死攸關。因而，如果我們要討論創傷，那創傷就必須源於一個人對生與死的困惑。即使我們步入成年，對於父母性交這樣的想法，大多數人仍會有些厭惡和幻滅，似乎那不是父母「該做」的事情。我認為我們之所以反感，確切原因是我們不知該如何理解父母的形象。父母在根本上代表了世界不允許你「以身體為自因籌畫」。父母代表了閹割情結，代表身體理想的破滅，以及由此產生的恐懼。更有甚者，父母本身就活生生展現了文化世界觀，兒童必須內化這一文化世界觀，才能擺脫自己與身體的僵局。如果**兒童自己**無法在最親密的關係中超越自己的身體，勢必會感受到某種焦慮的迷惑。兒童苦苦掙扎的自我（ego）要如何處理這些雙重訊息，並從中找出意義？此外，這些雙重訊息之一，是具體的哼叫、呻吟和動作，必然是兒童所無法承受，特別是因為，這恰好是兒童試圖克服的身體恐懼。如果兒童試圖退回其身體角色，並模仿父母，父母就會焦慮或憤怒。兒童會充分感受到其中的背叛：父母把身體留給最親密的關係，卻把兒童摒除在外。父母以全部的權勢打消兒童的生理性，自己卻以全心的報復親身實踐生理性。總之，「原初場景」的確會導致創傷，但原因並非兒童無法加入性行為，無法表達自己的衝動，而是因為原初場景本身是一個複雜的象徵，結合了身體的恐怖、文化超我的背叛、絕對的防堵、嚴禁兒童在他可以有所行動的情況中採取任何行動，或嚴禁他去直接理解此事。事實上，「原初場景」象徵了令人焦慮的多重束縛。

那麼，身體就是人身為動物的宿命，他不得不以某種方式與身體鬥爭。同時，身體又提供了內在符號世界所缺乏的經驗和感覺，以及具體的快樂。難怪性的難題讓人陷入困境，難怪佛洛伊德認為性在人類生活中如此重要，特別是在患者的精神官能性衝突中。生命意義無奈地分裂成兩個領域：符號（自由）和身體（宿命），人對自身的生命意義充滿困惑，而其中免不了會有性的困惑。也難怪，大多數人從未完全放棄兒童早期的企圖：把身體及其附屬當成堡壘或機器，如施魔法般脅迫世界。我們試圖從身體得到形而上的答案，但身體作為一種實質的東西，卻不可能提供這種答案。身體不過是創世的其中一種生理產物，是整體的一小部分，我們卻試圖憑藉這有限的身體經驗來解開創世的超驗神祕。這解釋了性的祕法（如在過去的法國）為何如此盛行，當然也解釋了它為何如此虛幻。性帶來的放縱與快感中有股令人放鬆的幼稚，然而，如果要用性來回答形而上的問題，只會打垮我們真實的意識與成長。接下來，性會變成一個關於現實的謊言，隔離健全意識的屏障。[24]如果成人把生活問題簡單歸咎於性，就是重演了兒童期的戀物，把關於母親的難題集中到母親的生殖器上。性因而成為隔絕恐懼的屏障，成為一種戀物——這是充分意識到生命難題的結果。

但上述討論並未徹底回答這一問題：在我們混亂的生活中，性為什麼如此突出？性也是人類進行個人自由這項籌畫的一種積極方式。畢竟，在幾乎完全社會化、幾乎完全由父母及社會形塑的生活中，性是一個人所剩無幾的真正私密領域之一。就此而言，性這項籌畫代表一個人不接受社會的標準化和壟斷。難怪人們常常自兒童期開始就以祕密手淫的形式，激烈地投入性當中，這代表了個人自我的反抗和勝利。在本書第二部我們會看到，蘭克甚至說，性的這種運用，解釋了個體所有的性衝突——「從手淫到各式各樣的性倒錯」。[25]當事人竭力以全然個人的方式運用自己的性，以便**控制**性，使性擺脫性的宿命。這等於一個人試圖藉由完全剝奪身體的自然特性來超越身體，用創造樂趣、新發明來取代自然「想要」的東西。兒童「性倒錯」讓我們清楚看到，兒童是真正的身體藝術家，把身體當成黏土，藉此聲稱他們在符號上的控制權。佛洛伊德注意到這個現象，並寫在紀錄中，將之描述為「多樣倒錯」（polymorphous perversity）。然而佛洛伊德似乎並未發現，兒童的性遊戲有極為嚴肅的意圖，旨在超越決定論，而不只是像動物一樣探索各種身體部位的快感。

個體藉性倒錯反向追尋個人的存在，這種行為會在兒童長大後定型，也會變得更為隱密。由於群體不會接受人們將自己全然個體化的企圖，這種追求只能祕密進行。[26]要戰勝人類的不完整性和有限性，那會是整個社會的籌畫而非個人籌畫。社會總想一手決定人們以什麼方式超越死亡。因而，只有當個體的自因籌畫與標準的社會籌畫相符時，社會才會容忍這一自因籌畫，否則就會出現「混亂！」的警報。人們害怕社會道德標準遭到破壞，那是變相在說他們害怕自己將不再有能力控制生死，於是種種道德偏執與審查制度應運而生。當一個人同意要「昇華」他伊底帕斯式籌畫中的「身體—性」特性時，我們會說這個人「社會化」了。[27]今天，這些委婉的說法通常意味著個體接受了社會的標準，放棄自己的籌畫，把自己的籌畫交給「父親們」，藉此努力成為自己的父親。在這種情況下，閹割情結的任務就完成了，而個體也屈服於「社會現實」。如今，他已可以壓抑自己的欲望和主張，可以安穩地在有權勢的長輩世界中享受自己的身體。他甚至可以為部落和國家捐軀，獻身給長輩神奇的保護傘與長輩的象徵。這種情況下，對個體來說，身體不再是一種危險的否定。然而，兒童面對的不可能性和成人其實並無差別。人唯一做到的，就是老練的自我欺騙，也這就是我們所謂的「成熟」人格。

第四章
人格：生命的必要謊言

• • •

CHAPTER FOUR
Human Character as a Vital Lie

打量身邊的人，你會……聽到他們以精確的措辭談論自己，以及身邊的人事物，好像他們擁有自己的見解。然而一旦加以仔細分析，就會發現他們談論的內容很少反映事實。再深入一步，還會發現他們甚至並未想過要讓想法符合事實。恰好相反，藉助這些談論，他們試圖迴避切身現實，迴避對於自己真實生活的看法。因為生活一開始就是一場混亂，他們迷失其中。他們懷疑這一點，但他們害怕面對可怕的現實，試圖以幻想的帷幔加以掩蓋，而在幻想中，萬物都一目了然。他們並不在乎自己的「想法」是否正確。他們把這些「想法」當作防衛自己生命的戰壕、驅趕現實的稻草人。[1]

——奧德嘉・賈塞特[1]

戀肛和閹割情結的問題已經讓我們取得長足的進展，更有辦法回答下面這個所有人都關注的問題：如果真正的勇氣是英雄主義的基本特徵，那麼，為什麼真正勇敢的人這麼稀少？為什麼獨立自主的人如此罕見？就連許多人懼怕的、偉大的卡萊爾[2]也宣稱自己很依賴父親，把父親比作他腳下的石柱，言下之意，如果他僅靠自己，腳下的地面或許就會塌陷。這個問題直指人類境況的核心，我們將於本書作多方面探討。我曾寫道，[2]我認為人之所以天性懦弱，是因為覺得自己無權無德無能，而這又是因為人類這種動物本質上是以下列方式塑造而成：一切意義都來自外部，來自與他者的關係，之後再成為我們的一部分。我們的「自我」（self）和超我，也來自此一過程。對與錯、好與壞、我們的名字——確切地說，我們是誰，都是由外部移植到我們身上。我們也從不覺得自己有資格獨力提供什麼東西。我們怎麼辦得到呢？我曾說過，這是因為我們在很多方面都感到內疚，自覺虧欠他人，是比他們低等的受造，連我們的出生都得感激他們。

但這只是事情最表面和最明顯的一部分。我們之所以缺乏勇氣，另有更深刻的原因。如果我們希望理解人，就必須深究這些原因。心理學家馬斯洛對重要的思想有最敏銳的領悟，他於最近不幸去世，而不久前，他才開始探討恐懼孤獨的問題。[3]馬斯洛在他的研究中廣泛運用了人本主義的觀點，他喜歡談論「潛能的實現」、「完整人性」這類概念。他把這些概念看作自然而然發展出來的衝動，好奇是什麼延遲了它們、阻礙了它們。他用存在主義式的語言，像是「害怕自己的偉大」、「逃避自己的命運」這類語彙回答這些問題。這種取向為勇氣這個難題帶來新的視野。用他的話說：

> 我們畏懼我們最大的可能性（以及最小的可能性）。我們往往害怕看見自己最完美的時刻……在這樣的高峰時刻，對於我們在自己身上看到的各種神聖的可能性，我們感到歡喜，甚至為之激動。但是在同樣的可能性面前，我們也因軟弱、敬畏和恐懼而戰慄不已。[4]

馬斯洛用了一個適當的術語來形容這種對成長的逃避、對發揮自身最大力量的恐懼，他

1 奧德嘉．賈塞特（José Ortega y Gasset, 1883-1955），西班牙哲學家和人文主義者，對二十世紀西班牙文化與文學復興有重大影響。——譯注

2 卡萊爾（Thomas Carlyle, 1795-1881），蘇格蘭散文作家、哲學家和歷史學家，他的寫作與思想對後世有極其深遠的影響，愛默生甚至被稱為「美國的卡萊爾」。他認為社會應建立於英雄崇拜上，偉人應該統治其他人。他的《論英雄、英雄精神與歷史上的英雄》（*On Heroes, Hero-Worship & the Heroic in History*）闡釋了他對英雄統治的理念。——譯注

稱之為「約拿症候群」[3]，並理解為逃避投入全副身心的生活：

> **我們就是不夠堅強**，**無法承受更多**！那實在太嚇人、太折磨人了。人們很容易在……狂喜的時刻說「太過分了」、「我受不了啦」，或者「我要死了」……人們無法長久承受極度狂亂的快樂。我們這種生物就是太脆弱，無力承受高劑量的偉大……

那麼，從這一基本觀點看來，約拿症候群「部分而言是一種合理的恐懼：害怕被撕碎，害怕失去控制，害怕被粉碎和瓦解，甚至害怕死於這樣的經驗」。這種症候群的結果，正是我們認為軟弱的生物會去做的，亦即減低生活中強烈的情感投入：

> 就某些人而言，這種對於自身成長的逃避，降低對自己的期望，害怕做自己能做到的事，自願陷入癱瘓、裝蠢、假謙虛，事實上都是為了抵禦偉大……[5][4]

歸根結柢，這些人顯然缺乏承受最高境界的力量，無法擁抱經驗的整體性（totality of experience）——威廉．詹姆斯相當理解這個概念，而近來魯道夫．奧托（Rudolf Otto）又在經典著作中以現象學術語發展此一概念。奧托談到世界的恐怖，以及在創造物面前所感受到的壓倒性敬畏、驚嘆與恐懼——這是創造物的奇蹟，每個單一事物都有著**令人畏懼又神往**的奧祕，而世界上存在著形形色色的事物。[6]奧托的描述讓人得以理解人在創造物面前，會因其巨大的超驗性而不由自主感到自卑；得以理解人在面對「存有」那足以碾壓和否定一切的神奇成就時，感受到的真實「受造感」。我們現在明白了，正是在勇氣的難題上，宗教經驗的現象學與心理學有了關聯。

我們不妨把兒童看作「天生的」懦夫：面對創造物帶來的恐怖，兒童不可能有力量支撐自己。如其所是的世界、虛空中的創造、如其所是的事物、如其所不是的事物，對我們來說是太多了，以至於無法承受。或者說得更恰當一點：這些對我們來說可能會多到無法承受，以至於假使我們想要回應這世界的活動、色彩和氣味，就會在暈眩中崩潰，如樹葉般簌簌發抖，呆若木雞。我之所以說「可能會」，是因為大多數人告別童年後便壓抑了原來的想像力，無法再領受創造物原初的神奇。我們禁錮了這種想像力，改變了它；我們不再像感受原始的經驗那樣去感受本真的世界。有時，回憶童年時期某些強烈的感知，我們或許得以重新捕捉到那個本真的世界。那些感知充滿情感與驚嘆，像是最親的祖父的容貌，少年時代的初戀……然而最終，我們改變了這些濃重的情感，正是因為我們需要以某種平靜、某種力量和直截了當，在世界中遊走。我們不能老是目瞪口呆、貪婪地用眼睛汲取一切偉大而有力的事物，被它們震撼而難以自拔。壓抑最大的好處在於，它讓人有可能堅定地活在一個全然不可思議、不可理解的世界，這個世界充滿了美、莊嚴、恐怖，而如果動物能意識到這一切，牠們將嚇到無法動彈。

然而，大自然讓低等動物具有本能，以此保護牠們。本能是內建的知覺，會引起內建的

3 約拿是《舊約聖經》中的先知，一度因缺乏信心而軟弱，與上帝的呼喚背道而馳。——譯注

4 後面會看到，在馬斯洛之前很久，已有其他思想家對「約拿症候群」表達過看法。我特別想到蘭克和佛洛伊德，前者對這個概念並未加以具體命名，後者提出「毀於成功」（Wrecked by Success）症候群此一著名發現，或許開啟了我們對這個概念的科學探索。佛洛伊德看到某些人獲得成功之後卻無法承受，成功對他們來說太吃不消了，所以他們很快就放棄或陷入崩潰。我在此並不引用佛洛伊德，是因為馬斯洛如此出色地代表了存在主義取向，我認為這大大擴展了佛洛伊德學說的眼界——雖然佛洛伊德本身早已發展了一種存在主義架構，第六章將針對此點重新闡述。——原注

反應。本能的設定很簡單：對於無法回應的事，動物無動於衷。牠們生活在狹小的世界、單薄的現實剖面。某種神經化學程式令牠們走在自己的鼻子後，對別的一切視而不見。然而，看看人類這種不可思議的動物吧！大自然在人類的內建本能上似乎相當魯莽衝動。她創造了這樣一種動物，對外部世界傳來的一切感官知覺毫不設防，這種動物願意去體驗，不僅向眼前的事物、向**周遭世界**（*umwelt*）敞開自己，也向**大千世界**（*umwelten*）敞開自己；他不僅與同物種的動物相連，也能以某種方式與其他所有物種相連；不僅思考什麼東西能吃，也思索一切會生長茁壯之物；不僅活在當下，也能將內在自我延伸到過去，將好奇心延伸到若干世紀以前，把恐懼從現在延伸至太陽衰亡的五十億年之後，讓希望從此刻延伸至永恆。他不只是活在一塊小小的領域上，甚至不只是一顆行星，而是活在一個星系、一個宇宙，以及可見宇宙之外的其他次元。人所承受的負擔，**經驗性**的負擔，是多麼駭人。就如我們在上一章所見，人甚至無法像其他動物那樣視自己的身體為理所當然。人的身體不是僅僅「在那裡」而已，不只是後腿、拖在身後的尾巴，不只是落入陷阱時理所當然用於脫逃或為了脫逃而咬斷的四肢，在發疼、妨礙行動時也很難就這麼捨棄。對人而言，身體是需要解釋的**難題**。不可思議的不僅是人的身體，還有人內在的心靈地景、夢與記憶。人的內在，亦即自我，對人自身而言相當陌生。他不知道自己是誰、為何誕生、在這個星球做什麼、應該做什麼、可以期待什麼……人無法理解自己的存在，這樣的存在就跟其他受造一樣，都是奇蹟，只是離自己更近，近得緊鄰自己跳動的心臟。但正因如此，也就更不可思議。每件事情都是難題，而任何一件人都無法拒之門外。馬斯洛說得好：「令我們感到矛盾的，讓我們著迷和恐懼的，激發我們又令我們防禦的，正是我們內在的神性。人的根本困境之一在於，我們既是蛆蟲又是神祇。」[7]又來了：有肛門的神。

佛洛伊德研究的歷史價值在於想盡辦法看透並處理人這種特殊動物，這種動物並沒有內建的本能去關閉知覺、確保自動的平靜和有力的行動。人要活在這世上，必須自己發明、創造出知覺的界限以及平靜。因而，精神動力學的核心，亦即人格[5]的形成，是在研究人的自我限制，還有這種限制所帶來的可怕代價。無論過去、現在和將來，對於精神分析的敵意，永遠都是源於拒絕承認人類是靠欺騙自己來活下去，而謊言的內容事關他自己和他的世界，這樣的人格，按費倫奇和布朗的說法，是必要的謊言。我特別喜愛馬斯洛如此總結佛洛伊德學說的貢獻：

佛洛伊德最偉大的發現為精神動力學提供了根基：大多數心理疾病的重要原因，是對自我認識的恐懼，不敢面對自身情感、衝動、記憶、能力、潛力和命運。我們已經發現，對自我認識的恐懼，與對外部世界的恐懼往往是同形且並行。

這種恐懼，害怕的正是關於我們自身力量及可能性的受造現實：

一般而言，這是一種防禦性的恐懼，也就是說，某種意義上，它保護了我們的自尊、愛與自重。我們害怕知道那些可能使我們自我輕視的事物，或那些使我們感到低人

[5] 人格（character）一詞，一般譯為「性格」。據《簡明不列顛百科全書》，美國心理學界不常用性格一詞，但在歐洲著作中性格一詞常等同於人格。又查《不列顛百科全書》一九九三年英文原版（*The New Encyclopedia Britannica*, 1993），並無 character 的相應詞條，而 character disorder 則與 personality disorder 同。綜上，本書將 character 譯為「人格」，與 personality 同譯。——譯注

一等、軟弱、無用、邪惡或羞恥的事物。我們藉由壓抑及類似的防衛機制，試圖保護自己和自己的理想形象。這些防衛機制本質上是一些技術，讓我們免於意識到不愉快或危險的真相。[8] 6 一個人如果想要體驗到溫暖的內在價值感和基本安全感，就不得不全面壓抑他整體的所有經驗。本來，藉由自動的本能程式，在生命過程的脈動裡，大自然讓每一個動物都有這種價值感與支持。然而，人這種可憐又赤裸的受造，卻不得不自己建立並贏取內在的價值感與安全感。兒童必須壓抑自己在成人世界中的渺小感，要遵守成人的命令和規則。他必須壓抑自己生理上和道德上的無能不足感，不只是善意的不足，也包括罪惡感和惡意的不足，也就是成人造成的挫折和阻礙，進而導致的恨意和死亡願望。兒童也必須壓抑父母的不足感、他們的焦慮和恐怖，因為這些會使他難以感到安全和強大。他必須壓抑自己的肛門性，壓抑他那連累了自己，使他注定終將一死並成為大自然消耗品的身體功能。除了這些與更多省略未提的壓抑之外，他還必須壓抑對外部世界的原始敬畏。

正如阿德勒早些時候的發現，很顯然，佛洛伊德在晚年開始了解，真正折磨兒童的東西，與其說是內在驅力，不如說是兒童世界的本質。佛洛伊德不再那麼常談論伊底帕斯情結的力量，而更常談論以下問題：「在可怕的自然力量面前，人的茫然與無助」、「自然的恐怖」、「痛苦的死亡之謎」、「面對危險生活的焦慮」、「命運諸般巨大的必然性，且是無可補救的」等等。[9] 此外，對於焦慮這一核心難題，佛洛伊德不再像早期那樣強調本能衝動如何壓倒兒童，而是另外提出存在主義式的表述。焦慮主要是被視為一種反應，回應的是全面的無助感、無依感以及宿命：

我因而堅持，死亡恐懼應被視為類似閹割恐懼的東西，而自我（ego）對之作出反應的情境，是被具有保護力的超我給遺棄（被命運的力量給遺棄）的狀態，這讓個體在任何危險面前都會缺乏安全感。[10]

這份表述顯示出更加開闊的觀點。再加上一兩代精神分析師的臨床研究，我們得以相當真確地理解真正令兒童憂煩的是什麼，兒童如何感到生命之重，為何不得不避開過多的想法、過多的感知、過多的生命，與此同時，兒童又怎樣不得不逃避死亡——死亡在每一次無憂無慮的遊戲背後隆隆作響，在兒童玩耍時從他們肩上窺望。如今我們知道，人類的特性就是會感受到兩大恐懼：生的恐懼與死的恐懼，而其他動物卻得以倖免。在與人類相關的科學中，是蘭克率先使這兩種恐懼獲得巨大關注。他以這兩種恐懼為基礎，建立起他的整個思想體系，並指出它們對於理解人類是何等重要。大約在蘭克寫下這些思想的同時，海德格把這兩種恐懼引入了存在主義哲學的中心。他提出，人的根本焦慮，既是關於在世存有（being-in-the-world）的根本焦慮，也是身為在世存有的焦慮。也就是說，對於生與死的恐懼，對於經驗和個體化[7]的焦慮。[11]他的世界具有一種壓倒一切的性質，他不願面對那種性質，不願面對其中真實的危險。他縮回來，以免陷入他人吞噬一切的欲望之中，逃避在他人、野獸或機器

6 真相（truth）一詞，本書一般譯為「真理」或「真相」，視具體情況而定。——譯注

7 個體化（Individuation）是由榮格所提出，當人的「自我」（ego）轉化為「自性」（self），意識與無意識逐漸整合，一個人將與他的各種人格面向都建立有意識的關係、互相涵容，達到真正的協調。個體化的目的是成為健全而又獨一無二的個體，乃是要耗費一生去完成的過程。——編注

手中失控旋轉的命運。身為動物，人知道自己被安置於一顆什麼樣的星球上，感覺得到噩夢般、魔鬼般的激狂，在這種激狂中，大自然釋放出億萬生物個體的一切欲望，更別提地震、隕石和颶風這些事物自身彷彿也有地獄般的欲望。每樣事物都一直在吞噬別的事物，為擴張自己樂此不疲。每種欲望或許都單純無辜，因為每種欲望都是自然而然出現。但是，這個星球上有各種南轅北轍的意圖，陷於其中的任何人都有可能成為這種單純無辜的犧牲品。於是人躲避生活，以免失去他自身的生命。在這個星球上，生活可以把一個人榨乾，耗盡他的精力，淹沒他，使他無法控制自己，讓他太快經歷大量的新經驗以致崩潰；生活也可以讓他從芸芸眾生中脫穎而出，置他於險境，要他付出巨大的能量來承擔眾多新責任，讓他面臨各種突發事件與機會。最重要的是，他要面對種種危險：災禍、事故、疾病，當然還有死亡、生命最後徹底的枯竭、完全的沉沒與不存在。

以科學系統化地精簡後，精神分析成為以下概念：兒童的整體早期經驗，即是企圖否認他自己生在世上的焦慮，企圖反抗因失去支持、孤弱無助而產生的恐懼。兒童的人格與其生活方式，同時也是他的手段，讓他得以利用他人的力量、利用他的文化中的事物與觀念，從意識中抹除自己天生無能的事實。他的無能不僅體現在無法逃避死亡，也包括被迫依賴他人、無法牢牢地靠自身力量獨立。面對世界的恐怖、創造物的神奇以及現實的破壞性力量，即使是老虎也不可能有可靠而無限的力量來保護自己，遑論兒童。兒童世界是個超驗的謎。即使是父母，兒童生來便能安心依賴的人，都是主要的奇蹟。事實上，父母若非奇蹟，還能以什麼面貌出現？母親是第一個令人敬畏的奇蹟，無論兒童是活在母親強大的光環下，還是反叛那光環，都終身無法擺脫這個奇蹟。兒童世界中比他高層的事物化作一張張古怪的面孔侵擾他，在他身旁微笑著，齒縫畢現，轉動詭異的眼睛，或在遠處用炯炯而凶惡的目光刺向他。兒童生存的世界充滿血肉做成的夸夸嘉夸[8]面具，嘲笑他的自滿。對兒童而言，安全對抗面具的唯一方式，就是知道自己和那些面具一樣具有神性，只是，兒童絕不可能直接且明確地知道這一點。面對鏡子裡自我審視的那張面孔，對於那股令人敬畏的神祕，人找不到穩當的答案。面孔的主人自己、他的內心，無論如何都給不出任何答案。一個人的面孔本身可能就如神祇般不可思議，只是，這個人缺乏神祇般的力量去了解這張面孔的意義、去為其出現負責。

如此我們遂得以明白，若兒童屈服於現實和經驗裡壓倒一切的性質，那麼，他就不可能以我們在非本能世界中所需要的沉著去行動。因此，兒童不得不做的第一件事，是學會「放棄狂喜」，要毫不敬畏地行動，把恐懼和戰慄拋到腦後。只有如此，當他將自己的世界歸化到整個世界中之後，他才能以某種自己也渾然不覺的自信去行動。此處所謂的「歸化」，其實指的是未歸化，是蒙蔽真相，是對隱密的人類境況感到絕望但竄改這股絕望。兒童已然瞥見這種絕望，有時是在夜晚的驚恐中瞥見，有時是在白晝的畏懼症和精神官能症中。兒童藉由建造防衛機制避開這種絕望，這些防衛機制使他得到基本的自我價值感、意義感和力量感，使他覺得他**掌握**著自己的生死，以為自己確實是作為擁有意志、自由的個體在活著，在行動；使他覺得自己擁有獨特的、自我打造的身分，覺得自己是**重要人物**，而不只是在卡萊爾稱為「末日大廳」的溫室行星上偶然出生並戰慄不安的什麼生物機體。我們說過人的生活方式是一種維持生命所必需的謊言，現在終於可以有更好的理解——為什麼說它必不可少？

[8] 夸夸嘉夸（Kwakwaka'wakw 或 Kwakiutl），北美西北部太平洋沿岸原住民族。夸夸嘉夸族非常重視面具，視其為祖先和超自然力量的示現。——譯注

因為它是關乎人自身及其整體境況的，一種**必要**而根本的不誠實。這一發現正是佛洛伊德思想革命的最終結果，也是我們至今仍然拚命反對佛洛伊德的根本原因。我們不願承認我們對於現實根本就不誠實，不願承認我們並未真正掌控自己的生活。我們不願承認自己並不獨立，不願承認自己總依賴某種超越我們的東西，像是思想與權力體系。我們被嵌進這種體系，而體系則支撐著我們。這種支撐力量並非總是顯而易見，也不需要是位明顯的神祇或強者，而可以是某種令人全心投入的活動所具有的力量、一種熱情、一種對遊戲的專注、一種生活方式。它有如一張舒適的網，將人高高托起，使人忘我，也忘記自己並沒有核心可依靠。我們全都被驅使著以一種自我忘卻的方式來獲得支撐，既不知道我們實際上汲取了哪些能量，也不知道我們為了安全寧靜的生活所編織的謊言。奧古斯丁善於分析這種情況，齊克果、謝勒和當今的田立克亦然。他們明白，人會炫耀和吹噓自己想要的一切，但他「生存的勇氣」其實是來自一位神祇、一系列的性征服、一位老大哥[9]、一面旗幟、無產階級、拜金主義，以及銀行存款的數目。

防衛機制形成人格，支撐著一個巨大的幻覺，一旦掌握這一點，我們就理解了人類全然的被驅動性（drivenness）。人受到驅動背離自己，背離自知與自省。他受到驅動去接近那些能支撐他的人格謊言、他的自發平靜的事物。但他也會被那些令他焦慮的事物所吸引，並以此方式來巧妙地繞開它們、來用焦慮考驗自己、來藉由蔑視它們來掌控它們。就如齊克果教導的：焦慮誘惑著我們，成為我們大部分積極活動的激勵因子，也就是說，我們並不認真看待自己的成長，也不誠實。這解釋了我們生命中大多數的摩擦。我們進入各種共生關係，以便得到我們所需的安全感，減輕我們的焦慮、孤獨和無助。然而，與此同時，這些關係也束縛我們，甚至更進一步奴役我們，因為它們撐起了我們塑造的謊言。於是我們轉而努力對抗它們，希望自己能更加自由。諷刺的是，我們是毫不批判地努力對抗，其本質只是我們在盔甲內的一場鬥爭。結果，我們加重了自己的被驅動性，加重了我們爭取自由時的一種二手特質。我們甚至根本沒有意識到自己輕率對待焦慮的動機是什麼。我們追求壓力、拓展自己的極限，但我們這樣做時卻**屏蔽了**絕望，而非帶著絕望，以絕望為驅動力。我們藉由股票、賽車、自動導彈、公司升遷或學術競爭來追求挑戰、拓展極限；我們陷在小家庭對話的牢獄中，藉由違背家人的意願投入婚姻、選擇家人不贊成的生活方式等等來追求挑戰、拓展極限。這說明了，我們整體的被驅動性如何以一種複雜且二手的特質存在。哪怕我們滿腔熱情，終究還是兒童，玩著替代現實世界的玩具。即使當玩具碎裂了，我們付出了失去生命及理智的代價，我們仍一如既往地自我安慰，欺騙自己說我們是生活在真實世界，而非活在自身幻想構成的嬰兒護欄內。我們仍然無法用自己的許多剛強的方式面對厄運，對抗客觀現實。我們活下去所需要的謊言，反而使我們注定要過一種永遠不真正屬於我們的生活，這是何等致命，又是何等諷刺。

直到現代精神分析開始發展，我們才能理解詩人和宗教天才早就明瞭的事情：對我們而言，人格盔甲如此必要，脫掉它，就要冒死亡或瘋狂的危險。不難推論：倘若人格是抵禦絕望的神經質機制，那麼脫下這個機制，就等於允許絕望全部湧出，等於完全意識到人類的真實處境——人類所害怕的、與之對抗的、被驅策著靠近與遠離的一切。對此，佛洛伊德作了出色的總結，他在某處評論道：精神分析治療精神官能症患者的痛苦，是為了讓患者認識生

9 老大哥（Big Brother），可指喬治·歐威爾小說《一九八四》中的獨裁者。——編注

命共同的痛苦。精神官能症是一種逃避痛苦的複雜技術，但現實就是痛苦的。正因如此，從遙遠的古代起，聖人賢哲就堅持認為，要認清現實，人必須死去，然後重生。這一死亡與重生的概念，已見於薩滿的時代、禪宗思想、斯多噶思想、莎士比亞的《李爾王》、猶太—基督宗教思想及現代的存在主義等。只是，科學的心理學問世後，我們才理解死亡與重生過程中至關重要的事情：人格是一個神經質結構，正位於人性的核心，正如皮爾斯所言：「經歷死亡並重生，並不容易。」這「不容易」正是因為，在人身上，有太多東西必須死去。

我喜歡皮爾斯設想神經質結構的方式。他把神經質結構比喻為由四層樓組成的大型建築物。上面兩層是日常層，兒童在此習得社會生存策略，利用流暢的語言獲取認同、安撫他人、讓別人跟他一起行動。這兩層充斥著油腔滑調、空話、「陳腔濫調」、角色扮演等等。許多人一生都未曾越過這兩層往下。第三層很堅硬，難以穿透，是一個「困境」，蓋住我們的空虛感和失落感，也正是我們建立人格防衛機制以試圖消除的感受。再往下即第四層，也是最令人困惑的一層：「死亡」或死亡恐懼。正如我們前面所看到的，這一層反映了我們真實而根本的動物焦慮，我們隱藏在內心深處的恐怖。皮爾斯認為，只有當我們突破第四層，才能到達所謂的「真我」（authentic self），即我們的本來面目——沒有欺騙、沒有偽裝、沒有對抗恐懼的防衛機制。[12]

複雜的防衛之環構成我們的人格，形成我們的神經質外殼，保護脈動的生命免於可畏的真相。藉助皮爾斯這個大概的描述，我們得以對心理重生有所理解——它既艱難又極為痛苦，是一段孤注一擲、不是全有便是全無的過程。只有走過心理重生，人的重生才得以開始。最糟糕的不是死，而是重生本身——困難就在這裡。對於人類來說，什麼叫「重生」？它意味著，這是人第一次被人類境況的可怕悖論所支配，因為人必定不是生而為神，而是生而為人，或生而為神—蛆，或拉屎的神。只有這一次，人脫去神經質的外殼，讓生命的模糊性全部露出。因此我們知道，每一次真正的重生，都是一次被逐出天堂的真實經歷，正如托爾斯泰、貝璣[10]等人的生活所證實的那般。堅毅的人才能重生，他們擁有自發的力量，可以說是「在被驅動性中安然無恙」。重生使其戰慄，使其哭泣——就像當年的貝璣站在巴黎車站的月臺上，嘴裡喃喃地祈禱，熱淚沿雙頰滾滾而下。

蘭克很早就承認，心理治療無法完全戰勝焦慮。他的意思是，一個人若沒有焦慮，無法經受自身境況的恐怖。而安吉亞爾[11]則直探核心地談到心理治療中重生問題的關鍵，他說，接受治療的精神官能症患者好比匿名戒酒協會的會員，永遠無法把痊癒當成理所當然。謙卑地活著，便是證明治療真正有效的最好跡象。[13]

完整的人和部分的人

上述討論帶出了一個問題：在整體心理治療的產業當中，一個尚未被廣泛提到的根本矛盾。此處僅簡單介紹，詳盡的討論留到本書結尾進行。問題很簡單：馬斯洛等人熱衷於談論「享受完整人性」，然而，如果完整人性意味著對世界根本的**不適應**，那麼這種談論意義何在？如果一個人擺脫了那四層神經質外殼，擺脫了那掩蓋人格謊言的盔甲，那麼，他如何能

[10] 貝璣（Charles Péguy, 1873-1914），法國詩人、哲學家。他將基督教、社會主義和愛國主義與深刻的個人信仰相結合，並付諸實踐。他在第一次世界大戰中作為愛國者戰死在西線戰場。——譯注

[11] 安吉亞爾（Andras Angyal, 1902-1960），匈牙利裔美國精神病學家。——編注

夠「享受」這場代價高昂的勝利？當一個人拋掉某些限制和虛幻之物，必然要直面更可怕的事物：真正的絕望。完整人性意味著完全的恐懼和戰慄，至少在某些清醒的時刻是如此。去掉依賴、去掉被他人權力所掩蓋的「自發的安全性」，進入真實的生活，便代表要承擔孤獨之苦，又能保證有什麼樣的快樂呢？在太陽灼熱的光線照射著大地上日復一日發生的屠殺、荒唐的意外、生活脆弱的本質、最有力量之人的無能為力……面對這樣的世界，心理治療的觀點能為他帶來什麼安慰？布紐爾[12]喜歡在自己的電影中放入一條瘋狗，來對應壓抑生活中的平淡日常。這一象徵意在指出：無論人怎樣偽裝，他與全然的易謬性（fallibility）之間，也不過偶然被咬一口的距離。雖然藝術家將「不一致」掩蓋起來，但他知道不一致是瘋癲狀態的脈搏。如果一個普通人充分意識到生活的荒誕，他會怎麼做？普通人塑造自己的人格，正是為了將此一人格放在自身與現實生活之間，這是他特有的**絕技**，讓他得以忽略各種不一致，用不可能性滋養自己，因盲目而生氣勃勃。他從而贏得一場古怪的勝利，亦即獲得面對恐怖還能自滿的能力。沙特把人稱為「無用的激情」，因為人是無可救藥的粗劣產物，對於自身處境是如此迷惘。人光是憑著動物的肉身與能力就想成為神祇，他們在幻想中茁壯。正如在本章引言中奧德嘉的精闢描述，人藉助自己的「想法」來驅逐現實，保護自己。這的確是一場嚴肅的遊戲，為自身存在而展開的防衛——如何撤掉他的防衛而不奪走他的快樂？

馬斯洛所談的「自我實現」和「高峰經驗」的狂喜相當有說服力。在高峰經驗中，人得以了解世界全部的威嚴與壯麗，感受自身自由的內在拓展，體驗自身存有的奇蹟。馬斯洛把這種狀態稱為「存在認知」（being cognition），即願意去感知世界的真相——為了保護我們，使我們免於無法承受的經歷，真相原本被神經質扭曲與幻象所掩蓋了。馬斯洛的這個想法既正確又出色，促使人去發展「存在認知」能力，以便衝破我們生活的單向度，衝出那囚禁我們的安全洞穴。但是，正如大多數關乎人性之事，這種勝利十分矛盾。馬斯洛談到「存在認知的危險」[14]，便是清楚看到了這一點。他的思路非常廣闊，頭腦冷靜，不會想不到「存在認知」也有陰暗面，然而他卻未能更進一步指出「存在認知」的陰暗面是怎樣的一種危險，可能從根柢上破壞當事人在這世界的整體狀態。目睹世界的本來面目，會令人恐懼，會導致毀滅性的結果，這一點無論怎樣強調也不為過。「存在認知」導致此番後果：它使日常的、自動的、安全的、自信的行動變得不可能。兒童以數年時間痛苦地建立自身人格，正是要避免這樣的結果。它使人無法繼續不假思索地生活，它任由人類這種惴惴不安的動物受整個宇宙的擺布，也受宇宙的意義這個難題所擺布。

為了表明此一人格觀並非病態存在主義的產物，而是代表佛洛伊德和後佛洛伊德心理學的融合，且讓我們暫時離題。我們對兒童早期發展的理解，發生了微妙而非常深刻的變化。這一變化可以如此簡單概括：從佛洛伊德心理學轉換到後佛洛伊德心理學，而今又重新回到清醒的佛洛伊德主義。佛洛伊德認為兒童是自身世界的對抗者，想要用自己的攻擊驅力和性驅力來影響世界。但是作為兒童，他無法處理這些驅力，因而遭受挫折，並發展出替代性滿足。這些驅力在童年期的受挫導致了怨恨和反社會心態，以至於世界總是充滿這一類人——不滿於世界對待自己的方式，以及對自己的剝奪。他們將成為卑劣的動物，打從心底覺得自己受騙了，把受壓抑的情感和欲望埋在內心深處。他們表面上可能看來還算親切，有責任感，有創造力，但表層下方卻只有一堆毫無價值的渣滓，隨時可能會爆發，稍不留神就會殃

12 布紐爾（Luis Bunuel, 1900-1983），西班牙國寶級導演。其影片風格獨特，擅長以超現實主義手法來呈現，作品往往涉及對於性、中產階級和天主教會的質疑，代表作有《安達魯之犬》、《青樓怨婦》。——譯注

及他人，也傷害自己。

無論在社會心理學領域，還是在精神分析學派自身的內部，佛洛伊德先天本能論的基礎都已被破壞了，只不過前者發生得很早，後者發生得很晚。當時開始流行一種關於兒童的新觀點，傾向於認為兒童是中性的、不受本能束縛的，而且基本上具有可塑性。除了某些未知的遺傳結構和氣質因素之外，兒童被認為是完全由環境所塑造的生物機體。這種觀點認為，父母要對兒童的壓抑負責，要對兒童所發展出的人格防衛機制負責，也要對兒童成為什麼樣的人負責，因為父母向兒童提供了環境，並依照此一環境將他塑造成形。不僅如此，由於父母反對兒童自然積極且自由地擴張，要求兒童屈從於自己的世界，所以，對於兒童人格的任何扭曲，父母應該在根本上負起責任。兒童即使沒有本能，至少也擁有豐富的自由活力，擁有身體的自然純潔性。兒童尋求持續不斷的活動和消遣，想要在自己的世界中四處遨遊，盡可能讓世界受自己驅使、為自己帶來快樂。兒童也尋求自發的表達，在身體的運作中感受到最大的滿足，透過他人獲取最極致的舒適、刺激和快樂。然而，這種無限制的擴張在現實中是不可能的，為了兒童好，他的行為必須接受審查，而父母便是兒童活動的監督者。無論兒童怎麼看待自己、自己的身體、自己的世界，這些看法都會被認為是被灌輸的，是來自他與訓練者、與身邊的一切相處的經驗。

這是後佛洛伊德學派的人格發展觀點，是對佛洛伊德本能論的一種反動。然而實際上，這又是前佛洛伊德學派的觀點，可溯及啟蒙運動，以及盧梭和馬克思。近年來，布朗對這種觀點提出了最為尖銳、思慮最為縝密的批評。[15]他在一本呼籲我們重返愛欲的書中給佛洛姆和新佛洛伊德學派的擁護者取了綽號，以這般內容的書籍而言，那樣的形容確實辛辣。但是，近數十年來為許多人所忽視的是，布朗的控訴要旨相當嚴肅：兒童的處境是難以忍受的，於是他不得不形成自己的防衛去對抗世界，不得不在世界中找到一條生存之路。正如第三章所示，兒童的存在困境給他的任務是與父母毫不相關的：兒童的那些「看法」，是源於他需要適應整個絕望的人類境況，而不只是為了順應父母的種種奇思怪想。

布朗對佛洛伊德的研究極為透徹，研究他思想的人勢必會好奇，如果布朗也同樣透徹地理解阿德勒和蘭克，那麼，以他的才智，會寫出怎樣的著作？畢竟，阿德勒和蘭克理解兒童的絕望處境，既沒有掉入佛洛伊德內在本能的陷阱，也沒有落入簡單的環境論。正如蘭克某次的斷言，對於未來所有的精神分析學家和人類的研究者而言：

> 人類所有成員都是……同等不自由的，我們……從自由中創造出來的，是牢獄……[16]

蘭克批評盧梭的觀點，後者認為人生而自由，是後來才被社會、被訓練戴上了枷鎖。蘭克明白，面對世界令人無法承受的壓倒性，兒童不可能自行徵召必要的毅力和權威，以無邊無際的知覺和經驗，活出廣闊的生命。

在這裡，精神分析學說的發展來到了獨特階段。阿德勒和蘭克的研究成果堪與佛洛伊德媲美，藉由結合兩人的論點，現代的精神分析得以保持大師理論的豐富和清醒，避開嚴格的佛洛伊德主義的那些錯誤、極端公式化與刻板教條。在我看來，布朗的著作表明了一件事：最早期的精神分析學說及最新的理論與臨床研究這兩者完全能前後呼應，沒有佚失任何重要的內容。即便關於思覺失調症（就此可有最充分的理由譴責父母未能培養出具有適應性的子女），強調的重點也發生了顯著變化。一種關於人類生活悲劇面的全新意識已然形成，針對這點，瑟爾斯作出了最好的總結，我想在此大幅引用他敏銳、可靠的說明，因為這段說明具有極重要的歷史意義：

> 在栗林鄉舍[13]，每週兩次、每次一小時的病例討論會通常與思覺失調症患者有關……大約十二年前我在那裡時，報告這些病例的治療師（包括我本人）往往試圖將患者童年期的家庭關係描繪成一團黑暗或近乎一團黑暗。討論會給人的感覺是對父母的譴責壓倒了一切。隨著時間推移，我發現，報告中的責備愈來愈少，而對患者生活悲劇的揭露卻愈來愈多——這種悲劇很大程度上是我們生命所共有的一部分，因而，這樣的討論會對報告者和聽眾而言，常常都是充滿深切悲傷的經驗。我們都感到，病例討論會上終於有了更真實的患者生活描繪，只是，這種描繪比過去常帶著責備色彩的描述更令人不安。[17]

瑟爾斯所說的生命悲劇，正是我們已經討論過的悲劇：人的有限性，人對死亡和生命壓倒性的恐懼。對此，思覺失調症患者的感受比其他人更深切，因為他沒有能力像正常人一樣建造自信的防衛體系來否認這些。患者的不幸在於，他背負了額外的焦慮、罪惡感和無助，他所處的環境甚至更不可預測、更缺乏支持。患者並未穩穩安住在自己的身體內，沒有穩固的基礎可讓他據以藐視和否認世界的真實本質。父母使他淪為無能的生命體。他不得不在這世上設法發明一些格外巧妙、格外狂暴的生活方式，防止自己被經驗撕碎，因為他的內在幾乎已經分崩離析。我們看到，下面這樣的觀點再次被證實：由於世界的真實本質，人格是對抗絕望的防衛機制，是逃避瘋狂的嘗試。瑟爾斯正是把思覺失調症視為無法擺脫恐怖的結果，視為一種始終與恐怖共存的、絕望的生活方式。坦白說，關於這種症候群，我不知道還有什麼看法比以下表述更有說服力：思覺失調症是未能完成人性化（humanization），這意味著無法**自信地否認**自己在這世上的真實處境。對於我們在此持續闡述的人格與現實理論，思覺失調症是一種極限的檢驗案例：無法建立可靠的人格防衛機制，就會被迫面對現實的真正本質。這在科學上是無可置疑的。在人類的光譜上，靠近思覺失調症那端的人所擁有的創造性，是源於沒有能力接受一件事：標準文化否認了經驗的真正本質。人們早已了解，這種幾乎「超乎人類」（extra human）的創造力，其代價是生活在瘋狂的邊緣。在這種幾乎「超乎人類」的意義上，思覺失調症患者之所以極富創造性，是因為他離動物狀態最遠：他缺乏低等動物保護性的本能程式，也缺乏一般人保護性的文化程式。難怪患者在普通人眼裡是「瘋狂的」，因為他不屬於任何世界。[14]

結論

有關人格功能的漫長討論，讓我們同時列出兩篇偉大的詩作與其洞見來作結。兩首詩相距幾乎三個世紀，出自兩位詩人之手，第一位是湯瑪斯．特拉赫恩[15]，他以美麗動人的語

13 栗林鄉舍（Chestnut Lodge），美國馬里蘭州羅克維爾的一座歷史建築，其前身為酒店，但後來改造為精神病院，有很長一段時期都是研究精神疾病的重鎮，治療方針主要是以精神分析作為依據理論的談話治療。瑟爾斯與芙芮達．佛洛姆—賴克曼等人都在此服務。——編注

14 關於思覺失調症的問題，更完整的總結請見本書第十章。——原注

15 特拉赫恩（Thomas Traherne, 1631-1674），英國聖公會最後一位神祕派詩人。其「幸福」哲學基於基督教生活的歷練，對兒時歡樂和奇蹟記憶猶新，並渴望以成熟的形式重返其中。——譯注

言，描述了兒童尚未形成自動反應的知覺世界。特拉赫恩如此描述兒童時期的原始知覺：

眼前的一切都是新的，起初都很奇異。難以言喻的稀罕、吸引人和美麗……玉米是光輝奪目的不死小麥，永遠不應收割，也不該由人栽種。我覺得玉米就一直站在那裡，從亙古到永遠。街上的塵土和石頭都珍貴如金子，那些門扉，一開始就像世界的盡頭。當我最初透過一扇門扉瞥見綠樹，不禁忘乎所以，那種芳香和美麗非凡，令我心狂跳，近乎狂喜。這一切是何等奇異、美好！喔，人們！老者看來那麼莊嚴可敬，是不朽的智天使！而年輕人是閃爍發光的天使，少女是奇異、純潔的生命，是美！男孩女孩在街上打鬧嬉戲，宛如滾動的寶石。在我眼中，這些人非生非死……這座城市就像屹立在伊甸園……

如此景象，不妨稱之為壓抑前的樂園。但是，特拉赫恩接著描述了他從伊甸園墜入世間，然後是發展文化知覺，以及否認世界的原始特質。就如同早期栗林鄉舍的現代精神分析學者一般，特拉赫恩為這樣的墜落指控父母，把一切歸咎於父母：

思想對於思想而言是最實在的東西，也是最有影響力的東西。我的心靈只適合偉大的事物，只朝向偉大的事物，然而，心靈對心靈，就如蘋果對蘋果，一顆爛了，另一顆也會爛。當我開始說話、走路時，父母除了他們的思想，再沒有別的什麼可以向我展示。父母向我展示的方式，就像別人向他們展示的方式……父母未談及的事物，就全然不存在。於是，我也學會了向玩伴誇耀一面鼓、一件漂亮外衣、一枚硬幣、一本燙金的書等等……至於那些天堂、太陽、星辰，統統消失了，對我來說不過是光禿禿的牆。人們發明的奇異財富完全超越了自然的豐盛。要理解自然得更加費力了，它已然被貶到次要的位置。[18]

這篇精彩的描述是關於兒童從自然知覺墜入文化世界的人為狀態中，其中漏掉了什麼呢？那就是前面所引用的，後佛洛伊德學說與人類性格的偉大結合，特拉赫恩在這個過程扮演的共謀角色。為了成長，為了沒有焦慮地行動，為了保護自己不受太陽、星辰和天堂的傷害，特拉赫恩需要從伊甸園的恩典中墜落。特拉赫恩沒有記錄其他的原始反應，例如，當「玩伴」割傷了手，跌破了鼻子或嘴唇，詭異而溫熱的一大片紅色鮮血向他濺去，使他打從內心感到恐怖時，他對玩伴的高聲尖叫作何反應。他說他不知道玩伴會死，他們似乎全是不朽的存在——然而，難道是父母把死亡引入了世界？不，這是深埋在他心靈的腐朽，但這腐朽並非來自父母，而是來自世界，來自「自然的豐盛」。死亡作為一種象徵，以某些複雜的方式慢慢進入他的知覺，使他的心靈不寒而慄，而為了趕走生命的嚴酷事實，特拉赫恩不得不重塑他的天堂，甚至跟我們一樣，在記憶中撒謊。不錯，正如特拉赫恩所描繪的，地球曾是神祕的美麗之地，就如同後來，卡萊爾同意地球是「一座神殿」，不過與此同時，它也是特拉赫恩童年回憶中拒絕承認的「末日大廳」。

對於我們而言，人類境況的全貌是如此難以把握。人希望自己的世界安全而愉快，想要將自身命運歸咎於他人。與特拉赫恩相對照，有位現代詩人意識到人類境況的完整樣貌。瑪西婭·李·安德森[16]精闢地指出，我們如何不得不生活於末日大廳，又需要做些什麼來保護自己：

我們為了歡樂而繁衍疾病，
編造可怕的需求，可恥的懷疑，
肆意放縱，在暗夜養息，
使內在喧鬧——再不走出。
我們何以至此？剝下微妙的複雜性，
誰能仰望太陽而心無畏懼？
這是避難所，讓我們躲過沉思，
唯一的庇護，免於明白與明確。
誰願從暗夜中爬出，
在陽光下毫無防禦？
沒有什麼曖昧的恐懼
能跟絕望那種最明亮的恐懼一樣確實穩固
我們最深切的需要是多麼簡單，
多麼尖銳，且多麼不可能滿足。[19]

人類境況的諷刺在於：最深切的需要是擺脫死亡和毀滅的焦慮。但是，正是生命本身喚醒了這種需要，這就意味著，我們必須從完全活著的狀態退縮。安德森的詩不僅涵蓋了特拉赫恩的描述，而且也涵蓋了馬斯洛、人本主義精神分析學家，甚至佛洛伊德主義者布朗本人的觀點。在這個世界上，完全無壓抑、以身體和精神都完全擴展的狀態活著，意味著什麼？那只能意味著在瘋狂中重生。布朗強調，他堅定地信奉費倫奇的洞見：「人格特徵，可以這樣說，是隱密的精神疾病。」[20]藉由這樣的強調，布朗提醒我們注意：他對佛洛伊德的解讀是全然基進的。費倫奇的洞見是驚人的科學真理，對此我們也跟布朗一樣表示同意。如果在佛洛伊德的時代，人們難以認同這種真理，那麼，總有一天人們會接受，而且毫無保留。

但是，在此一真理背後的冷酷現實，甚至令人更為不安。而且無論現在和將來，我們似乎對此無能為力：我的意思是，如果**沒有**人格特徵，就會出現完全的、赤裸裸的精神疾病。布朗曾探討沒有人格防衛機制的新人類，提出在「二次純真」中重生的希望。本書結尾時，我將試圖概括布朗這個論點的根本矛盾，而現在，作為本章的結語，再次引用安德森徹底的科學表述便已足夠：「剝下微妙的複雜性（換句話說，剝光人格防衛——對現實的壓抑、否認及誤解），誰能仰望太陽而心無畏懼？」

16 瑪西婭．李．安德森（Marcia Lee Anderson），美國女詩人，認為「詩是盾牌、堡壘、永遠的快樂」（poetry has been a shield, and a fortress, and always a joy）。約於一九二〇年前後生於芝加哥，父親是古典文學教授，母親是鋼琴家。安德森一九三六年畢業於布林莫爾學院，後於杜克大學獲英語藝術碩士與哲學博士學位。本書所引詩篇，題為〈診斷〉，約發表於一九四五年。——譯注

第五章
精神分析學家齊克果

• • •

CHAPTER FIVE
The Psychoanalyst Kierkegaard

事物的全部秩序把痛苦注入我內心，從瑣碎的煩惱到道成肉身的神祕，所有一切於我都不可理喻——特別是我自己。我的悲哀巨大無邊，除上帝之外無人知曉，但上帝卻不會因此而憐憫。

——齊克果[1]

今天，我們可稱齊克果為「精神分析學家」而不必擔心遭人笑話，相反，嘲笑者本身肯定是孤陋寡聞。過去幾十年，人們重新發現了齊克果，這一發現具有歷史性的意義，因為它讓齊克果與現代人文學科整體的知識結構相互連結。我們過去往往認為，科學和信仰是截然不同的，精神醫學和宗教也因而相去甚遠。但今天我們發現，兩者對現實的理解有著密切關聯。一方面，正如後面將看到的，在歷史上，兩者促進彼此發展；另一方面，對於現今更為重要的是，兩者也強化了彼此。事實上，精神醫學的經驗和宗教信仰的經驗，無論是在當事人自己的主觀感受上，或是在客觀的人格發展理論上，都無法分開來看。

宗教和精神醫學這兩個領域的融合，在齊克果的著作中表現得最為顯著。對於任何我們所能設想到的人類處境，他作出了最佳的經驗性分析。然而諷刺的是，直到科學無神論者佛洛伊德的時代，我們才得以明白神學家齊克果的科學地位；直到那時，齊克果才得到臨床證據的支持。二十年前，著名心理學家莫勒（Orval Hobart Mowrer）已完美地總結如下：「在齊克果的早期研究得到正確的理解和評價之前，佛洛伊德只能等待。」[2]人們一直試圖找出齊克果如何預測出現代臨床心理學資料，且有幾次不錯的嘗試。大多數歐洲的存在主義學者，以及像田立克這樣的神學家，對此都有自己的見解。[3]上述研究的意義在於劃出一個範圍，把精神醫學與宗教圈到一起，並顯示出，對於人類處境，最卓越的存在主義分析會直接導向上帝和信仰的問題，而這正是齊克果的主張。

我不打算重複和詮釋齊克果對人類處境所作的驚人透徹且往往晦澀難解的分析，只想概述他心理學研究的主要論點，並盡我所能地犀利與謹慎，使讀者能「扼要」了解齊克果的用意。如果我能做到這一點，不因著迷於齊克果的天才而帶入過多細節，那麼，讀者應該會被結果打動。齊克果那套理解人類的架構，幾乎完全就是**重點摘述本書前四章所勾勒的現代人臨床圖像**。因此，讀者能夠自行判斷，在某些基本要點上，兩幅圖像是何等一致（儘管我並未呈現齊克果研究的驚人細節），從而也能理解，今天何以要將齊克果在心理學中的地位比作佛洛伊德，以及在人類境況方面，我和其他人為何將齊克果稱為堪比佛洛伊德的偉大研究者。事實是，儘管他早在一八四〇年代便寫下自己的思想，但他的確是後佛洛伊德主義者，此事本身已顯示出天才永恆的非凡神奇。

作為心理學和信仰起點的存在悖論

齊克果人性觀的基石是墮落的神話，是亞當與夏娃被逐出伊甸園的故事。我們看到，這個神話包含了自古以來根本的心理學洞見：人是對立面的結合，是自我意識和身體的結合。人類突破低等動物的本能，脫離無思想的行動，開始了對自身處境的反思。人得以意識到自身的個體性，意識到自己在創造物中所擁有的部分神性，意識到自己面容與名字的美和獨一無二。與此同時，人另外意識到世界的恐怖，以及對自身死亡和腐朽的恐懼。在人類歷史和社會的所有階段，上述悖論才是人類身上真正恆常的事物，因而正如佛洛姆所說，它是人真正的「本質」。我們看到，現代心理學的代表人物紛紛以此悖論作為理解的基礎。但齊克果早已如此勸告他們：「心理學不可能超越這個悖論，走得更遠……而且在心理學對人類生活的觀察中，會一次又一次證實這個悖論。」[4]

人類因墮入自我意識、脫離原本舒適的無知而受到莫大懲罰：由此產生畏懼或焦慮。齊克果說，野獸沒有畏懼，「這完全是因為，野獸本質上不具備精神的資格」。[5]「精神」（spirit）解釋為「自我」（self），也可理解為象徵性內在同一，兩者皆不為野獸所有。齊克果又說，野獸是無知的，因而是無辜的，而人卻是一種「靈魂和肉體的綜合」，[6]並因此體驗了焦慮。此處的「靈魂」，也必須解釋成「自我意識」。

> 如果人是野獸或天使，他將沒有畏懼的能力。〔也就是，如果他完全沒有自我意識或完全非野獸〕。但他是一個綜合體，因而能夠畏懼……人自己產生畏懼。[7]

人有著徹底的模糊性，且完全無力克服這種模糊性，無力直截了當地成為野獸或天使，這導致了人的焦慮。人無法在生活中不顧自身命運，也無法跳出人類處境去確切地控制和戰勝這個命運：

> 精神不可能殺死自己〔換句話說，自我意識不可能消失〕……人也不可能沉入無知無覺的生活〔換句話說，完全成為獸〕……人不可能擺脫畏懼。[8]

但是，真正令人畏懼的並非模糊性本身，而是人類受審判的結果：上帝告訴亞當，如果吃了知識之樹的果子，那麼，「你必定得死」。換句話說，自我意識最後的恐怖是關於自身死亡的知識，在動物王國中，唯獨人類面臨這份特別的判決。伊甸園神話以及現代心理學對此神話的重新發現，意味著死亡是人類特有的、最大的焦慮。[2]

齊克果的人格學

齊克果對於人格的整體理解如下：人格是一個結構，該結構的建立是為了逃避「與每個人比鄰而居的恐怖、永劫地獄〔和〕徹底毀滅的知覺」。[9]齊克果對於心理學的理解與當代精神分析學家是一致的：心理學的任務是去發現人們用什麼策略逃避焦慮。人在生活中用什麼方式來展開自動化且毫不批判的運轉？這種方式如何妨礙他真正的成長，以及行動和選擇的自由？或者，以幾乎是齊克果的原話來說：一個人如何被他關於自己的人格謊言所奴役？

齊克果對這些方式所作的卓越描述，如今看來顯得不可思議，他使用的詞彙囊括了大部分關於人格防衛機制的精神分析理論。如今我們談論諸如壓抑與否認這樣的「防衛機制」，而齊克果則用不同的措辭來談同一件事。他提到下述事實：大多數人都活在一種對自身處境的「半模糊」狀態，[10]他們處於「閉鎖」（shut-upness）中，隔絕自己對現實的感知。[11]齊克

---

1 引文中的方括號及其內容為本書作者所加。——譯注

2 現代基督教思想中，關於人的二元性和模糊性，其中兩項最優秀的運用與分析是來自尼布爾（Reinhold Niebuhr）的《人的本性與命運》（*The Nature and Destiny of Man*）第一卷；還有來自田立克的《系統神學》（*Systematic Theology*）第二卷第一章。這兩項研究無可辯駁地證明了齊克果的結論：關於人類處境的心理學分析和宗教分析，究其根本，是不可分割的。——原注

果理解強迫性人格，理解這種人的僵化是為了對抗焦慮而被迫建立極端厚實的防衛機制——一副厚重的人格盔甲。齊克果如此描述這種人：

> 最僵化、最堅決的正典派支持者……他通曉一切，在神聖面前俯首膜拜。真理於他是一整套儀式，他談到在上帝的寶座前表現自己必須俯首折腰多少次。他以小學生的方式了解每樣事情，這樣的小學生能用字母A、B、C證明數學定理，卻無法改用D、E、F做同樣的事。因此，每當事物以新的秩序出現，他就感到畏懼。[12]

毫無疑問，齊克果用「閉鎖」表達了現代心理學的「壓抑」。他討論的正是「封閉性人格」，這種人格在童年期就封閉自己，不以行動嘗試自己的力量，無法從容而自由地發掘自己與自己的世界。如果兒童的行動沒有被父母過度壓制、沒有被父母的焦慮過度影響，他本來還能以不那麼全面壟斷的方式去發展其防衛機制，人格也會比較開放而有彈性。他會更傾向於依據自身的行動和實驗去測試現實，更少依靠他人授權、預設判斷或預設感知來行事。齊克果藉由區分「崇高的」閉鎖和「錯誤的」閉鎖來理解這種差異，並提出盧梭式的訓誡，提醒大家，養育孩子時應為孩子培養正確的人格傾向：

> 以這種崇高的閉鎖〔節制〕概念來培養兒童，避免他們走向錯誤的閉鎖，這點無比重要。從外在看來，人們不難領悟應在何時讓孩子獨立行走……這種藝術就是始終保持既在場又不在場、允許兒童自我發展，然而同時又努力留意一切的狀態。這種藝術就是在最高限度、最大可能性上讓兒童自行其是，是表現出明確的放手，同時默默將一切看

在眼裡。當兒童被託付給父親，即使父親教育他或為他做各種事，但若沒有阻止他變得閉鎖，那麼，父親要負起很大的責任。[13]

跟盧梭和杜威一樣，齊克果提醒父母要讓兒童自己去探索世界，發展兒童確切的實驗能力。他知道兒童必然需要保護以免於危險，因而父母的警覺性極為重要，但他又不希望父母硬把自己的焦慮強加於兒童，還不到必要之時就阻止兒童行動。如今我們知道，光是這種養育方式就賦予兒童一種經驗上的自信；反之，要是兒童被過分看管，他就無法具有這種自信。這份自信的經驗賦予兒童「內在支持」，而正是這種內在支持，讓兒童能夠發展崇高的閉鎖性，或節制，也就是說，憑藉一種易於對經驗採取較為開放態度的性格，從而能對世界產生自制與自信的評價。與此相反，錯誤的閉鎖性卻是起因於過分阻礙、過多焦慮，或窮於應付新經驗——當一個人已經不堪負荷，對自己的控制力變弱時，便會如此。這意味著，本質上封閉的人格會更自動地壓抑自己。因此，對齊克果來說，「善」是樂於迎接新的可能性與選擇，以及應付焦慮的能力；而惡則是相反的封閉狀態，使人拒絕新事物，拒絕更廣闊的感知與經驗，屏蔽真相，在個人及其自身處境之間拉起一道帷幔。[14]理想情況下，這些都應該要清晰易見，但對於封閉的人來說，卻晦暗不清。

不難看出，閉鎖性正是我們所謂的「人格謊言」，而齊克果也認為兩者是同一件事：

> 很明顯，閉鎖性的原意即為謊言，或說不真實。然而不真實就是不自由……自由的彈性被封閉的自我保守機制給消耗……所謂封閉的自我保守，是個體性中自我（ego）被否定性所削弱的結果。[15]

這是一份完美的當代精神分析描述，揭示了壓抑對整全性格造成的後果。即使本書已略去齊克果其他更為詳盡且富穿透力的論述，包括：壓抑怎樣讓人的內在變得支離破碎；與現實相關的真實感知是怎樣隱藏在表面下，如此靠近，隨時準備打破壓抑、突圍而出；壓抑怎樣讓人格看似完整，看似以一個整體連續不斷地運作，但這種連續性又是怎樣破裂開來；人格實際上是怎樣受到壓抑所表現出的不連續性所擺布。[16]對於受過臨床訓練的現代人來說，這樣的分析非常了不起。

齊克果知道人格謊言之所以形成，是因為兒童需要適應世界、父母及自身的存在困境。在兒童有機會以開放和自由的方式了解自己之前，人格謊言就已經形成。因此，人格防衛機制具有自動和無意識的特徵。問題在於，兒童變得依賴這些謊言，並藏身於自身的人格盔甲裡，無法自由地看見超越自我牢獄的事物，或自由地了解自己、看見自己使用的防衛手段以及導致自身不自由的事物。[17]兒童可望達成的最好結果，就是他的閉鎖性不是「錯誤」或過度的類型，因為在錯誤或過度的閉鎖性中，他的人格會過於懼怕世界，導致無法向可能的經驗敞開自己。但是，正如齊克果所知，這種情況很大程度上取決於父母與外部偶發事件。大多數人都有「必須負起極大責任」的父母，因此他們被迫將可能性阻絕在外。

齊克果描繪了否定可能性的幾種類型，亦即人格謊言的不同類型——兩者原本就是同一件事。他試圖描繪我們今天所謂「不真實」的人，這種人不願意發展自己的獨特性，他們遵循一種自動化、沒有批判能力的生活方式。在這種生活方式中，他們像兒童一樣受限。他們的「不真實」在於他們不屬於自己，不是「他們自己的」人，不從自己的內心展開行動，不去看現實的真正面貌；他們是單向度的人，完全沉浸於社會的虛假遊戲之中，無法超越社會制約——西方的企業人士、東方的官僚主義者、部落裡恪守傳統的人，無論表現形式如何，其特徵都是不理解為自己思考的意義，就算有誰理解，也會因為這樣做過於大膽和暴露而退縮。對此，齊克果作了如下描述：

> **直接性**的人（the *immediate* man）……他的自我（his self）或他自己（he himself），是與「他者」一起鑲嵌在時間與世界的範疇中。……因而其自我（the self）立即附著於「他者」上，並產生希望、欲望、快樂等等，然而他是被動的；……他努力模仿別人，留心別人的生活方式，以便模仿其中一種。在信仰基督宗教的地區，他也是基督徒，每個禮拜天上教堂，聽牧師講道，理解牧師，是的，他們理解彼此。他辭世之際，牧師以十美元的價格把他引入永恆，但卻是一個他所不是的自我，一個他未能成為的自我……因為，直接性的人認不出他的自我，只能根據自身衣著來認出自己，……或者說，他只能靠外表來意識到他擁有自我。[18]

這完美描述了「自動化的文化人」——這種人被文化給幽禁，成為文化的奴隸，想像自己只要付了保險費就會得到一種身分。他認為發動跑車和打開電動牙刷就算控制了自己的生活。數十年前，馬克思主義和存在主義開始分析社會體制對人的奴役，時至今日，不真實的人或直接性的人已然成為眾人熟知的類型。但在齊克果的時代，把歐洲市民視為庸人[3]，必然令人吃驚。對於齊克果而言，「庸俗」就是瑣碎事物，人們因社會的例行事務而感到平

[3] 庸人（Philistine），原指沒有上過大學之人，後引申為無文化修養的庸人。但在十九世紀的歐洲，受過教育的中產階級在齊克果眼中代表庸俗的群眾，只會遵循社會教條，人云亦云。——編注

靜、為日常事務提供的享受感到滿足。時至今日，這些享受就是汽車、購物中心、為期兩週的暑假等等。人被社會提供的安全和有限選擇所保護，如果不從自身的道路上抬頭瞻望，就會在某種沉悶的安全感中度過一生：

> 庸人由於總是缺乏想像力，因而生活於特定的瑣碎經驗領域，只關心事情怎樣進行，可能發生什麼，通常會發生什麼……庸俗安於瑣碎之事……[19]

人為什麼要接受瑣碎的生活？當然是因為經驗的全景有其危險，這才是庸俗更深層的動機，它為了戰勝可能性、戰勝自由而慶祝。庸俗知道誰是真正的敵人：自由。自由是相當危險的敵人。如果你太願意追隨自由，就有墜入虛空的危險；如果你太全面放棄自由，就成為必然性的俘虜。最安全的事情莫過於嚴格遵循社會允許的標準。齊克果的看法，我認為意義就在此：

> 因為庸俗的心智認為它控制了可能性，它認為，當它把這種巨大的彈性誘騙到或然性（probability）的領域，或誘騙到瘋人院中，它就控制了這種可能性。它將可能性關在機率的籠子裡四處展示……[20]

作為精神疾病理論家的齊克果

然而，現在我們的討論中出現了新的內容。齊克果談到把自由的巨大彈性誘騙「到瘋人院中」囚禁。但是，透過這幅扼要畫面，齊克果想說明什麼？我認為他想指出的是：生活的巨大危險之一，正是**太多的可能性**。而我們發現瘋人院裡的人就是被這種危險擊垮。在此，齊克果表明了自己不僅精熟「常態文化病理學」，也是異常病理學或精神疾病方面的理論家。他知道精神疾病是推到極致的精神官能症。至少我個人是如此理解他在書中「從有限／無限的層面觀察絕望」一節的諸多觀察。[21]那麼，讓我們在此停下來思索，因為假如我的解讀是正確的，這將有助於我們進一步明白，心智錯亂最極端的型態是如何笨拙地努力掌控生命的基本問題。

關於人類失敗的類型，齊克果為我們描繪了一幅廣泛又極其豐富的圖像。在這些失敗類型中，人被生活和世界壓垮、擊敗，原因在於人無法正視自身處境中跟存在有關的真相，亦即他是一個內在的象徵自我，代表某種自由，但被一具有限的身體所束縛，這具身體限制了上述自由。試圖忽視人類處境的任一面向，無論是壓抑可能性或否認必然性，都代表人將活在謊言中，無法認識自己的真實本質，是「世界上最可憐的東西」。然而人並非總是如此幸運，就算只是想要可憐地勉強撐下去，也不見得總是能如願。他想要努力活在謊言中，但假如謊言與現實有太劇烈的衝突，他就可能失去一切。這就是我們所謂的精神疾病，即人格結構完全、徹底地崩潰。如果說齊克果是人類處境的分析專家，那麼，他就必須向我們顯示，他理解人類處境的極端狀態，一如他理解文化中產階級的日常生活。

齊克果的確討論了兩種極端狀態：太多可能性與太少可能性。太多可能性是指當事人高估了符號自我的力量。這反映出當事人試圖放大人類二元性中的其中一元，代價是犧牲了另一元。在此意義上，所謂的思覺失調症便是試圖以符號自我否認有限身體的種種局限，這使得整個人失去平衡並崩毀。這似乎意味著，身體無法容納那源於符號自我的創造性自由，人因此四分五裂。我們現今對思覺失調症的理解便是如此，亦即自我和身體的分裂。在這種分裂中，自我漂浮不定、不受限制，日常生活不足以束縛它，可靠的身體行為也不足以容納它。[22]對於這個難題，以下是齊克果的理解：

> 自我是一種綜合體，在其中，有限是限制因素，而無限是擴張因素。因而，無限的絕望即為荒誕不經、不受限制的狀態。[23]4

齊克果所謂「無限的絕望」指的是人格的病態，也就是健全的對立面。在這種情況下，人因為陷入不受限制的狀態而罹病，他的符號自我脫離了身體，脫離了日常真實經歷中可靠的基礎，變得「荒誕不經」——思覺失調症正是如此。充分發展的思覺失調症是抽象的、虛幻的、不真實的。患者跌跌撞撞地越出了世俗的時空範疇，飄離了他的身體，進入永恆的此刻，再也不受死亡和毀滅的支配。他在幻想中戰勝了這些東西，或者更好，他在實際上放棄了自己的身體，擺脫了肉身羈絆。齊克果的描述不僅有說服力，也完全符合臨床情況：

> 一般說來，使人進入無限的荒誕狀態，無非是使人離開自己，並阻止他回到自己。因此，當感覺變得荒誕奇異，自我便開始揮發消散，且日益嚴重……自我因而進入荒誕

的存在狀態裡，在追逐無限的抽象嘗試中，或抽象的孤獨中，自我一直是不足的，並就此離自己愈來愈遠。

這與R．D．連恩[5]《分裂的自我》（*The Divided Self*）完全是同一個說法，只不過齊克果早了一個世紀。再一次：

如果可能性凌駕了必然性，自我從自身脫離，遂不再有回歸的必要——這就是可能性帶來的絕望〔疾病〕。自我變成了抽象的可能性，試圖〔原文如此，疑為「筋疲力盡地」之誤〕掙扎著離開可能發生的一切，但既未從所在位置離開半步，也未到達任何地方，因為必然性就是那個所在位置，所謂的成為自己，正是在那個位置上的一個動作。[24]

齊克果在此所說的是，個人發展是從人格深處的一個固定中心出發，這一中心統合了存在二元性當中的自我和身體兩個面向。但這種發展需要的正是對自身現實的認識，也就是認清現實中個人的種種局限：

4 齊克果對「自我」（self）的運用或許讓人有點困惑，他使用這份概念來囊括符號性的自我和生理性的身體，實際上就是「整全性格」的同義詞。這份概念超越了人的範疇，還包含我們今天所謂的「靈魂」或「存有的基礎」——也就是人類作為受造的源頭。不過，這個問題對於此處的討論並不重要，除非涉及下述思想：整體的人是有限與無限的二元體。——原注

5 R．D．連恩（Ronald David Laing, 1927-1989），蘇格蘭精神科醫師，他極力反對當時的主流精神醫學，包括對精神病患進行隔離約束、腦白質切除術、胰島素昏迷治療、電痙攣等強制性療法，被後世認為是反精神醫學的先鋒。——編注

現在，自我所缺乏的無疑是現實——人們通常會這麼說，好比在說一個人已然變得不真實。然而，更仔細審視後，會發現這個人所缺乏的其實是必然性……他真正缺乏的能力是……向自身的必然屈服，向可稱為個人極限的事物屈服。因此，一個人的不幸，並不在於這樣的自我在這個世上微不足道。不，不幸乃是在於此人未能意識到他自己，未能意識到他的自我是某種完全明確的事物，因而也是必然的事物。與此相反，他失去了自己，因為這個自我是在可能性的荒誕映射中被看見。[25]

當然了，這段描述既涉及普通人，又涉及思覺失調症的極端情況。這正是齊克果分析的中肯之處——兩者可以置於同一連續向度：

當事人不是把可能性召回必然性之中，而是去追逐可能性——最後再也無法找到返回自己的路。[26]

下列引文同樣具有普遍性，適用於描述某些普通人，這些人活在內在能量和幻想洶湧翻騰的簡單世界中，華特．米提[6]就是一例，或是我們今天所稱的「有走動力之思覺失調症狀的」(ambulatory schizophrenic)——這類患者的自我與身體的關係非常薄弱，但仍勉力維繫，不讓自己被自身內部的能量與情感淹沒，不被自身幻想出來且無法遏制的畫面、聲音、恐懼與希望淹沒：

儘管一個人以這種方式變得荒誕不經，然而……他完全能夠好好地活下去，從表面上看，他為俗事奔忙，結婚、養育孩子、贏得榮譽和尊重——而很可能沒有人注意到，在更深層的意義上，他缺乏自我。[27]

換句話說，他缺乏穩固整合的自我與身體去以受他控制的自我之能量為中心，真實地面對自身處境，以及他身上種種局限與可能之本質——不過，一如我們將看到的，這正是齊克果認為的理想健全狀態，要達到這種狀態非常困難。

如果分裂性精神病是位於一個內在的幻想和象徵可能性皆正常膨脹的連續向度上，那麼，類似情況應該也適用於憂鬱性精神病。這就是齊克果所描繪的圖像，在這個連續向度上，憂鬱性精神病位於**必然性過剩**的那一極端，意味著過多的有限性，當事人在現實生活中的身體和行為導致了過多限制，而內在的自我和象徵可能性卻得不到足夠的自由。這便是我們如今對憂鬱性精神病的理解：個體被他人的要求所局限，被家庭、工作和日常責任的狹窄視野所束縛，身陷泥淖。此時，個體感覺不到也看不到別的出路，無法想像生活有任何選擇或替代方式，無法從承擔各項義務的層層網絡中自我釋放，即使這些義務責任都再也無法給他自尊、基本價值感、感覺自己對世界有英雄般的貢獻，就算他在家庭與工作方面皆恪盡職守，也是一樣。正如我曾推測的，[28]分裂性精神病是與自身世界結合的程度不夠深——齊克果稱為無限之病。與此相反，憂鬱性精神病則是太過堅牢、太過全面與自身世界結合。齊克

6 華特．米提（Walter Mitty）是美國作家、幽默卡通畫家詹姆斯．瑟伯（James Thurber, 1894-1961）短篇小說《華特．米提的祕密生活》（*The Secret Life of Walter Mitty*）中的主人翁，由保護欲過剩的母親養育成人，好做白日夢，渴望冒險生活，最大的幻想就是成為英雄，結果惹出許多令人啼笑皆非的荒唐事情。該短篇小說被多次搬上銀幕，至今廣受歡迎。——譯注

果就此表述如下：

> 但是，儘管有一種絕望是野蠻地闖入無限並失去自己，但有第二種絕望是允許自己被「別人」欺騙，藉由看到殊異的諸眾、投入諸般世俗之事、變得愈益精於世故，這樣的人忘記了自己……他不敢相信自己，他發現成為自己是一件過於冒險的事情，而變得像別人一樣，成為人群中的一個仿製品、一個數字、一組密碼，卻容易和安全得多。[29]

這精彩地刻畫出「文化上正常」的人。這種人不敢維護自身所代表的意義，因為這代表太多危險、太多暴露。最好不要成為自己，最好藏身於他人之間，將自己嵌入社會文化中各種責任義務的安全框架。

這種特徵也必須理解成前述連續向度的一個極端，屬於憂鬱性精神病的一種。這種人非常害怕成為自己，非常畏懼去努力發揮自己的個體性，不敢堅持個人代表的意義、他的生存條件，以至於顯得**愚笨**。他無法理解切身處境，無法超越自己的恐懼，無法理解自己為何陷入困境。齊克果對此作了出色的描寫：

> 如果把人肆意探索可能性的傾向與兒童努力發出清晰的音相比，那麼，缺乏可能性就像啞了似的……因為，如果沒有可能性，一個人就無法呼吸。[30]

這完全是憂鬱症的情況，在此狀態下，人既無法呼吸又無法動彈。憂鬱症患者為了理解自身處境，會依賴一些無意識策略，其中之一便是把自己看得毫無價值，而且是有罪的。這的確是了不起的「發明」，因為這讓患者得以擺脫自己的瘖啞狀態，並將切身處境化成某種概念，從中得到某種道理。即使他給別人帶來諸多不必要的不幸，必須承擔全部罪責，也依然故我。齊克果不經意觀察到的，正是上述充滿想像力的策略：

某些時候，人類想像力的發明能力足以引發可能性……[31]

在各種情況下，憂鬱狀態都可能會導致「發明能力」，這會創造出可能性、意義或行動等等的幻覺，但並未提供任何真正的可能性。對此，齊克果總結道：

可能性的喪失意味著，若非凡事皆必然，便是一切皆瑣碎。[32]

實際上，在憂鬱性精神病的極端，我們似乎看到了下列兩者的結合：每件事情都同時變得必然與瑣碎——這導致完全的絕望。帶有虛幻意義的必然性可以是人的最高成就，但一旦一切都變得瑣碎，生活就沒什麼道理了。

為什麼一個人寧願讓自己被指責有罪、無價值、無能力，甚至遭受羞辱和背叛，也不願選擇真實的可能性？這看來似乎不是一種選擇，但它確實是。憂鬱症患者同時要面對兩個問題：一方面是完全的自我輕視、屈服於「他者」、否認任何個人尊嚴和自由；另一方面是自由與獨立、擺脫他人、掙脫家庭和社會責任。這就是憂鬱症患者實際面臨的選擇，也是他藉由內疚自責而部分逃避了的選擇。答案不難看出：憂鬱症患者之所以逃避獨立、放棄更多生活的可能性，正是因為這兩者都讓自己感受到毀滅和死亡的威脅。儘管人際關係網絡中充斥著不堪承受的責任，以及貶抑輕視的互動，他仍緊緊抓住了關係中奴役他的人，正因為這些人是**他的庇護所**、他的力量、他抵禦世界的保護傘。就像大多數人一樣，憂鬱症患者是懦夫，無法獨自站在自己的中心，無法從自身的內心汲取必要的力量去面對生命。所以他把自己置身於他人之中，藏身於必然之事物，並甘於接受這種保護。但是，如此一來，悲劇就顯而易見：他的**必然性**變得**瑣碎**，因此，他那奴隸般依附他人、喪失個性的生命就失去了意義。置身於這種困境是非常可怕的。為了得到安全和意義，人選擇為奴，接著卻失去了這樣做的意義，又沒有勇氣擺脫這種生活。他實際上已經死去，身體卻必須留在這個世界。被失敗所淹沒，又仍要為失敗辯解，繼續從中得出生命的意義——這正是憂鬱性精神病如此痛苦的原因。[7]

常態精神官能症

當然，大多數人都避開了存在困境導致的這兩條死巷，有幸留在「庸俗」的中間地帶。崩潰的原因若非是可能性太多，便是可能性太少。正如我們先前所觀察的，庸俗知道誰是真正的敵人，並力圖安全謹慎地與自由打交道。在此，除了分裂性精神病與憂鬱性精神病之外，齊克果描述了人的第三種情形：

> 肆意探索可能性的人，帶著絕望的大膽翱翔於天際；反之，生命的一切都變成必然的人，竭盡全力抵抗存在，卻被絕望壓垮。然而，庸俗木然慶祝自己的勝利……它想像自己是主人，卻未能覺察自己正因如此而囚禁了自己，如同了無生氣的奴隸，成為世上

最不幸者。[33]

齊克果所謂的「庸俗」，換句話說，正是我們今日所謂的「常態精神官能症」。大多數人都知道如何安全地活在一套既定的社會準則下。庸人相信，把個人生命強度維持在較低的程度，就可以避免被諸多經歷拉到失去平衡。正如齊克果所說，庸俗「安於瑣碎之物」，遂得以發揮作用。齊克果寫下他的分析近一世紀之後，佛洛伊德才開始談論「社會精神官能症」的可能原因和「文化群體病理學」。[34]

其他對自由的衝動

齊克果揭示的三種類型並非人格類型的全部。他知道，並非所有人都如此「直接」或淺薄、如此自動地融入其文化、如此牢固地嵌入其他人事物、如此忠實地反映他們的世界。此外，最終走向精神疾病此一極端狀態的人並不多。有些人還獲得了某種程度的自我實現，並未陷入完全木然，也沒有淪為奴隸。在此，齊克果作出了最有力的分析。某些人似乎成功地成為真實、完整且真正的人，他們的生活看來並非謊言，而齊克果試圖將他們從生活的謊言中逐出。

有一類人十分蔑視「直接性」，這類人試圖培養自己的內心世界，以更深刻和內在的事

7 我將在第十章繼續討論這些內容，但此處將多加著墨，以便呈現它們在齊克果自己的理解中是多麼基本的一部分，以及齊克果如何用自己的思想語言來表述。——原注

物為榮，與普通人保持一段距離。齊克果稱其為「內向者」（introvert）。這樣的人比較關心身為一個具有個體性與獨特性的人究竟代表什麼。他們喜歡孤獨，會定期抽離以進行反思，也許是為了更加了解自己的神祕自我可能是什麼。畢竟，這是生命真正的難題，也是唯一值得人類念茲在茲的事情：什麼是人的真實才能、神祕天賦、真正天命？一個人何時才擁有真正的獨特性？他要怎樣才能實現這種獨特性，並賦予它具體形式，將之奉獻給自身之外的世界？他要如何才能利用他個人內在的存有，他在內心、情感和渴望中感受到的偉大神祕性，透過它們使自己活得更與眾不同，藉由自身的特殊才能來豐富自己和人類的生活？在青春期，我們大多數人都曾因此一困境而陣陣作痛，並用文字、思想或簡單的鈍痛與渴望來表達這種困境。然而，生活往往把我們捲入各種標準化的活動。我們誕生在社會英雄體系中，這個體系為我們指出英雄主義之路——我們所遵循的道路。在這些道路上，我們將自己塑造成他人期望的模樣，以此取悅他人。我們不再關注內心的祕密，而是慢慢掩蓋它、忘記它，與此同時，我們成為純粹的外向者，熟練地玩著標準化的英雄遊戲——我們藉由偶發事件、家庭關係、反射式的愛國主義，或進食的單純需求和生育的衝動，落入這場遊戲。

我並不是說，齊克果所謂的「內向者」會積極或有意識地進行上述的內在探索。我只是說，相較於直接性的人（這些人已經被吞沒），「內向者」多少代表一個隱約意識到的問題。他感到自己與世界有所不同，擁有世界無法反映的內心事物，這些事物在世界的直接性與淺薄中無法受到珍視，他因而與那樣的世界多少保持距離。然而，別走得太遠，別離開得太徹底——成為自己所希望成為的人，完成自身使命，實現真正的天賦……這些全都很美好，但也很危險，可能會徹底顛覆他的世界。畢竟，他基本上是軟弱的，處於妥協的境地：他不是直接性的人，但也並非真實的人，雖然他看來像是真實的人。對此，齊克果說道：

……在外表上，他完全是「真實的人」。他是大學生、丈夫和父親，甚至是特別能幹的公務員，令人尊敬的父親，對妻子極盡溫柔，對孩子關懷備至。他是基督徒嗎？嗯，沒錯，某種程度上他算是；不過，他很得體地避免談論這個問題……他很少去教堂，因為在他看來，大多數牧師並不明白自己在說什麼——除了某位特定的牧師。他承認這位牧師知道自己在說什麼，然而，出於別的原因，他並不想傾聽，因為他害怕這可能會把他帶到太遠的地方。[35]

之所以說「太遠」，是因為他並不真的希望全面正視自身的獨特性：

在內心至深之處，他向自己承認自身的軟弱，除了天生的善良和責任感之外，正是這份坦白，使他成為溫柔體貼的丈夫、無微不至的父親。[36]

因此，他以一種「隱姓埋名」（incognito）的方式活著。在週期性的孤獨中，隨便想想自己可能真是什麼樣的人，就滿足了。堅持「細微的差別」，就滿足了。隱約感到優越，就自豪了。

但是，人不容易平靜地維持這種狀態。齊克果認為，這種狀態極難持續。一旦提出「生而為人有何意義」的問題，無論是默默思索，還是軟弱地提問，抑或想像自己與別人不同、帶著些微的自豪提出這個問題，都可能陷入危機。內向性是一種無能為力，然而，某種程度上是一種有自覺的無能為力，因而可能帶來麻煩。這可能會讓人氣惱自己太依賴家庭與工作，他可能會因為自己牢牢嵌入社會而感受到侵蝕般的啃嚙，也可能覺得自己是被安全處境困住的奴隸。對強者而言，這可能是難以忍受的，他會努力突圍，有時是自殺，有時是絕望地被生活與經驗的急流淹沒。

這為我們帶來最後一種類型的人。這種人從軟弱中起而抵抗，試圖成為自己的上帝，成為自己命運的主人，一個自我創造的人。他不會甘作他人和社會的走卒，也不會是被動的受苦之人或祕密的夢想家，在被遺忘的孤獨中守護內心之火。他會投入生活：

> 藉由投身偉大志業來分散注意力，他將成為不安的靈魂……那靈魂希望忘卻……或者他就在感官享受中，抑或在淫逸放蕩中，尋求忘卻……[37]

在極端情況下，反抗性的自我創造可以達到狂熱的地步，進入齊克果所謂「著魔般憤怒」的激情，這是對生活的全面反擊——反抗生活膽敢加諸於自己身上的一切，反抗存在本身。

在當今時代，很容易辨認各種反抗性的自我創造，並清楚看到它們在個人和社會層面的影響。我們目睹了感官聲色受到全新追捧，那看起來像是古羅馬的性自然主義捲土重來。這是一種今朝有酒今朝醉的生活，沉溺於身體以及直接的感官與體驗中，還有撫觸、飽滿肉體、味道與氣息帶來的激烈感受中，目的是否認自己毫無力量、無法控制生活的各種事件，否認在一個急遽轉向腐朽和死亡的機械化世界裡，自己身為一個人，卻面目模糊。在現代世界，人類重新發現和確立了自己作為動物的根本活力，而我並不是在指責這種傾向。我想說的是，歸根結柢，現代世界要的是對人的否認，甚至是對其身體的否認，否認人從動物中心散發出來的一切。現代社會大眾想要的，是把人變成完全去人性化的抽象概念。但是，人類保留著人猿般的身體，而且發現這多毛的肉身可以用來作為自我主張的基地——也可以用來咒罵官僚主義。唯一可能有損尊嚴的，是身體極其拙於反思。身體這名反抗者不具反思性，因此也並非全然為自我所占有。

在社會層面，我們也目睹了一種基本上無害的、反抗式的普羅米修斯主義[8]。它以信心十足的力量把人送上月球，使人在某種程度上擺脫對地球的全然依賴和限制——至少在想像中是這樣。然而，這種普羅米修斯主義的陰暗面在於缺乏思考，無知地沉浸於技術帶來的滿足中，不思索目的或意義，所以人類才會在月球上表演打高爾夫球，看著球因為沒有大氣而不會轉向。那是一頭具有多種技能的人猿在技術上的勝利，正如電影《二〇〇一太空漫遊》的導演庫柏力克所傳達的冷酷訊息。在更為不利的層面上，一如稍後將論及的，現代人對事故、邪惡和死亡的反抗，竟然表現在消費品和軍用品激增的產量上。這種反抗達到了惡魔般的極端，帶給我們希特勒和越戰：這是一股對自身無能為力的憤怒，一種對我們動物般處境的反抗，對我們可悲的、作為受造的各種局限的反抗。如果無法像諸神一樣全能，我們至少能像諸神一樣毀滅。

人的意義

齊克果無需活在今日，也能理解上述問題。正如雅各．布克哈特[9]，他明白自我欺騙的

8 普羅米修斯主義是把地球作為一種供人類取用的資源，以人類的需求與利益為優先的主張。——編注

代價，因此在自己的時代看到了未來的預示。到目前為止，齊克果描繪的各種人格類型，都代表與現實人類處境相關的自我欺騙，只是程度不同。這是極為困難的研究，其精細幽微令人難以置信，而他投入這份工作只是為了一個理由：他希望最終能作出具有權威的結論——人**如果不說謊**，可能會成為什麼樣的人？齊克果希望指出，當人把自己隔離於自身處境的現實之外，生命會以許多方式沉淪和失敗。或者，當一個人試圖藉由自我封閉的生活來實現自己的本性，他只能淪為多麼沒有尊嚴和可悲的受造。而如今，齊克果提出了所有艱鉅工作的寶貴成果，讓我們看到人類**真正的可能性**，而不是無能、自我中心和自我毀滅的死巷。

齊克果終歸不是那種不近人情的科學家。他提出自己的心理學描述，是因為他隱約看見人類的自由。他是理論家，思索著開放人格和人類的可能性。在這方面的研究上，當代精神醫學遠遠落於其後。齊克果對於「健全」是什麼並沒有簡單的想法，但他知道健全不是什麼：健全不是常態的適應。絕對不是。齊克果煞費苦心的分析向我們揭示了這一點。對於齊克果來說，做一個「常態文化人」就意味著病態，不管當事人是否知道「世上有一種東西叫虛構的健全」。[38]後來尼采提出了同樣的想法，「精神病學家面臨的一個問題是，健全的精神官能症是否可能存在？」然而，與尼采相比，齊克果不僅提出了問題，還回答了問題。如果健全不是「文化常態」，那它一定是指別的東西，且一定超越日常的人類處境和習以為常的想法。總之，心理健全並非典型，而是理想的典型（ideal-typical）。心理健全是某種遠遠超越我們的東西，是一種需要實現並為之奮鬥的目標，能帶領我們超越自己。所謂「健全」人格，是真實的個體，是自我實現的靈魂；所謂「真實」的人，是**已經超越**自己的人。[39]

然而，人怎樣超越自己？怎樣向新的可能性敞開自己？這意味著認識自身處境的真相，驅除自身人格的謊言，將精神從制約的牢獄中釋放出來。對於齊克果和佛洛伊德而言，敵人就是伊底帕斯情結。面對自身處境的恐怖，兒童建立起保衛自尊的戰術。這些戰術成為盔甲，將人禁錮起來。人用以維持自信和自尊的防衛機制，反過來變成自己終身的陷阱。為了超越自己，人必須打破為了活下去所需要的事物。他必須像李爾王一樣扔掉所有「借來的文化衣著」，赤身裸體站立在生命的暴風雨中。齊克果對於人類追求自由的渴望不抱任何幻想，他知道人們待在人格防衛機制的牢獄中有多麼舒服。就像許多囚犯一樣，受限的、穩固的例行事務讓他們感到舒適，而想到假釋出獄，進入充滿機會、意外和選擇的廣闊世界，就感到恐懼。只需回顧本章引言中齊克果的自白，即可明白箇中原因。在人格的牢獄中，人可以假裝並覺得自己是**某號人物**，認為生活不難應對，感到生命自有其理由，行動也具有現成的正當性。自動而不加批判地活著，至少確保會獲得最低限度的文化英雄氣概——我們不妨稱之為「監獄英雄主義」：「知情」的囚禁者的沾沾自喜。

齊克果了解世界的真實樣貌與身為受造者的處境有關，而這份了解直接導致他的痛苦。精心建造的人格牢獄只為否認一件事，即人的受造性（creatureliness）。受造性就是恐怖之所在。一旦承認自己是會排泄的受造，就是在邀請受造焦慮的原始海洋來淹沒自己。而且，我們所遭遇的不只是受造焦慮，還有人的焦慮，源於人特有的困境：人作為動物，意識到自身的動物局限性。覺察自身處境的真相後，便會產生焦慮。**有自我意識的動物**，這意味著什麼？這種想法如果不荒誕，也實屬可笑。它意味著知道自己是蛆蟲的食物。恐怖在於，人從空無中誕生，隨之擁有名字、自我意識、深刻的內在感受、內心對生活和自我表達的極度渴

9 雅各・布克哈特（Jacob Burckhardt, 1818-1897），傑出的瑞士文化藝術史學家，在其歷史研究中表現出對人類命運的深刻關注，著有《義大利文藝復興時代的文化》（*The Civilization of the Renaissance in Italy*）。——譯注

望——然而，儘管有了這一切，人最終不免一死。事情看來是一場騙局，正因為如此，某種類型的文化人才會公然反抗「上帝」的觀念。什麼樣的神祇會為蛆蟲創造如此複雜奇特的食物？希臘人說，那一定是玩世不恭的神祇，以人的痛苦為樂。

在這裡，齊克果似乎把我們引入了僵局，一種難以面對的處境。他告訴我們，藉由認識我們的真實處境，我們便能超越自己。然而另一方面，他又告訴我們，我們的真實處境就是我們全然、卑賤的受造性，在自我實現的等級上，這似乎把我們降得更低，低得遠離任何自我超越的可能性。然而，這只是表面上的矛盾。事實上，焦慮的洪流並非人類的末日，而是一所「學校」，為人類提供最極致的教育，讓人走向最終的成熟。齊克果說，[40]焦慮是比現實更好的老師，因為現實可以用謊言來搪塞和扭曲，可以用文化認知和壓抑的詭計來馴服。但是，焦慮卻非謊言所能搪塞。一旦面對焦慮，它就會揭露你的真實處境。唯有理解這一真相，才有機會為自己開創新的可能。

> 接受畏懼〔焦慮〕的教育，就是接受可能性的教育。因此，如果一個人在這所可能性的學校學成離去，且比孩子理解字母更加透徹地理解自己對生命沒有任何要求，還理解到恐怖、永劫地獄、徹底毀滅等與每人比鄰而居的事物，並已學到相當有用的一課，即每種使人憂慮的畏懼都可能在下一刻成為事實，那麼，他將以不同的眼光來詮釋現實……[41]

毫無疑問，焦慮這所「學校」的全部課程，是要人捨棄先前學會的壓抑，而壓抑就代表從童年起便教導自己去否認，以便用最低限度的動物式平靜去行動的一切。齊克果因此被歸入奧古斯丁—路德教派的傳統中，在這種傳統看來，教育之於人，代表著正視自己與生俱來的無能和死亡。[42]正如路德敦促我們的：「我說，死吧，也就是，品嘗死亡，彷彿它就在眼前。」只有用活生生的嘴唇去「品嘗」死亡，你才能在情感上深深懂得自己是終將死去的受造。換句話說，齊克果的觀點是，**唯有摧毀**活下去必需的人格謊言，焦慮學校才得以讓人走向可能性。這看來是一種終極的自我挫敗，理應避免，因為這麼做會讓人真的一無所有。然而齊克果要我們放心，他說：「方向很正常……自我必須先被打破，才能成為自我……」[43]對於此一路德教派的思想傳統，詹姆斯作了下述的精闢總結：

> 這是路德教派神學透過自我絕望而實現的救贖，是為了達到真正的誕生而死去，這是雅各．波墨[10]所描寫的通向**空無**之路。要達到這一目的，通常必須越過一個關卡，完成轉向中的轉向。某些東西必須讓路，某種與生俱來的堅硬必須被打碎和融化……[44]

我們在上一章已經看到，這便是摧毀情感性人格的盔甲，這種摧毀，在李爾王、禪宗佛教徒、現代心理治療上都發生過，事實上，任何時代的自我實現也都經歷過。奧德嘉這顆偉大的心靈就此作出極為有力的表述，讀起來幾乎完全是齊克果式的：

> 頭腦清醒的人能擺脫那些荒誕的「思想」（即關於現實的人格謊言），能直面生

---

[10] 雅各．波墨（Jacob Boehme, 1575-1624），德國基督教神祕主義神學家和哲學家。——譯注

活，認知生活中的一切都有問題，並感到自己的迷惘。活著就是去感覺自己的迷惘，這是簡明的真理。接受這個真理的人已經開始找到自己，有堅定的立場。就像遭遇災難一樣，他會本能地環顧四周，尋找可以依靠的東西，而他那悲痛、堅決的一瞥是絕對真誠的，因為這關乎他能否得救。這真誠的眼光將把秩序帶入混亂的生活中。唯有關於遭受毀滅的思想，才是真實的思想，其餘一切都是花言巧語、做作和鬧劇。未能真正感受到自身迷惘的人不會得到解脫，也就是說，他從未找到自己，從未被迫與自己的現實相遇。[45]

透過直面生之恐懼所引發的焦慮來摧毀自我，可達到新的可能性、新的現實。自我必須先被摧毀，成為空無，方能進行自我超越。隨後，自我就能把自己與超越自己的力量連結起來。自我必須在自身的有限性中拚命掙扎，必須「死去」，這是為了質疑有限性，並看到有限性以外的東西。然而這樣做又是為了什麼？齊克果回答：為了無限性，為了達到絕對的超越，為了「至高的創造力量」，正是這力量創造出有限的受造之物。現代對精神動力理論的理解，證明下述進展非常合乎邏輯：若承認自己受造的身分，就完成了一個基本任務，即拆除自身一切無意識的力量連結或支持。此處值得重複上一章相關內容：所有兒童都把超越自身的某種力量當作自己的基礎。通常，這種力量結合了他的父母、所屬社會群體，以及國家和民族象徵。這是不假思索的支持網絡，讓兒童能夠相信自己，因為他的運作有賴這些力量所提供的自動化保護。他當然不會向自己承認他是靠這些借來的力量而活，那會導致他懷疑自身行動的穩當性，從而質疑必不可少的自信。兒童會想像自己擁有穩當的力量，藉此否認自己的受造性，而這種穩當的力量，則是透過無意識地依賴自身社會中的人和事而獲得。一旦揭露自己根本的軟弱、空虛和無助，人就會被迫重新審視力量的各種連結的整個難題，不得不思索如何重新締造這些連結，將之連向創造力和生產力的真正泉源。正是在這一點上，人開始將自己的受造性與造物主相比。造物主是所有受造之物的第一因[11]，而非僅是創造出社會的二手、間接創造者。造物主不是父母，也不是文化英雄的全套防護，這些不過是社會和文化的基本成分，本身也是受造物，被嵌入別人的力量之網。

人一旦著眼於他與至高力量和無限的關係，著手重新打造力量連結——從身外之物轉向至高力量，他就向自己敞開了無限可能性、真正自由的視野。這就是齊克果希望告訴我們的事情，也是他思想的頂點。匯成這一頂點的，正是之前他的一整套論述：人格的末路、關於健全的理想、教導焦慮的學校、真正的可能性與自由的本質。人經歷這一切，到達了一種信仰：人的受造性對造物主而言具有一定的意義。哪怕這個人的確很渺小、軟弱、終將一死，在某種終極意義上，他的存在是有意義的。因為他存在於事物永恆而無限的體系內，而該體系透過某種創造性的力量，為了神的某種設計而產生並維持下去。齊克果在其著作中反覆強調此一基本信仰公式：人是無用的受造，然而，人的存在面對著一位活生生的上帝；對祂而言，「一切皆有可能。」

至此，齊克果的整體論述變得極為清晰，因為信仰的基石為其理論架構加冕。我們得以明白為什麼焦慮「是自由的可能性」，因為焦慮摧毀了「所有有限的目標」，使得「被可能

---

[11] 第一因（First cause），哲學與神學術語，首先提出此概念的是亞里斯多德，他認為自然萬物皆有其因，無論變動或發生，都由某種原因（亦即其他事物）所推動，而這些原因組成了一條因果鏈，若溯源而上，必有一個最初的推動之因，便是上帝。但後世對此各有詮釋，啟蒙時代之後，休謨便提出質疑，認為第一因並不必然是上帝。——編注

性教導過的人，同時也根據自己的無限性接受教導」。[46]可能性若不導致信仰，就必然導致虛無。可能性是中間階段，介於文化制約、人格謊言和無限性的開放之間，而藉由信仰，人得以與無限性相連。但是如果沒有躍入信仰，那麼，剝去一個人的人格盔甲將會帶來新的無助，讓人處於純粹的恐怖。這代表人活著卻沒有人格保護機制，暴露於孤獨無助和持續的焦慮中。用齊克果的話來說：

> 在這種情況下，對可能性的畏懼使他成為可能性的獵物，直到可能性將他救到信仰手中為止。除此之外，他沒有別處可以找到安寧……他完成了可能性所教授的關於不幸的課程，就此失去一切，徹底的一切。相比之下，現實中沒有人以這種方式失去所有。在這種情境中，只要他沒有對可能性做出錯誤的事，只要他談到將能拯救他的畏懼時，不試圖講些不著邊際的話，那麼，他會重獲一切，現實中沒有人曾經有此遭遇，哪怕有誰曾獲得十倍之物，因為，可能性的學生獲得了無限……[47]

如果我們依據我們對英雄主義可能性的論述來表達這整個過程，就會像以下這樣：人類打破了純粹文化英雄主義的束縛，摧毀了那讓他在日常社會的事物體系中扮演英雄的人格謊言，他用這些來迎向無限性，迎向宇宙英雄主義的可能性，來服事上帝。他的生活因而獲得終極的價值，取代了過去那些僅屬社會、文化和歷史的價值。現在，他把他祕密的內在自我、本真的天賦、至深的獨特情感、對絕對意義的內在渴望等，都連向世界的根基。在破碎的文化自我殘存的廢墟之外，依然藏有私密的、不可見的、內在自我的神祕，渴望著終極意義，渴望著宇宙英雄主義。所有受造的內心深處都有這種無形的神祕，世界的核心也有無形的神祕，現在，前者藉由確認與後者的連結，獲得了宇宙顯著性——這就是信仰的意義。與此同時，在齊克果的思想中心，心理學與宗教的融合也具有同樣的意義。一個真正開放的人，脫去了人格盔甲，擺脫存活所需的謊言。這樣的人，不論是任何純粹的「科學」，或社會對健全的任何標準，對他都無濟於事。齊克果說，這樣的人是絕對孤獨的人，在湮沒的邊緣惴惴其慄——那同時也是無限性的邊緣。齊克果說，對於這樣的人，為了提供他所需要的新支撐，「唯有信仰方能」賦予他「無畏地棄絕畏懼的勇氣……」這並非輕鬆的出路，也不是治療人類處境的萬靈丹——齊克果絕不會如此膚淺。他提出了以下的優美思想：

〔信仰〕並未徹底摧毀畏懼，而是維持永遠年輕，在畏懼消亡前的垂死掙扎中不斷發展自身。[48]

換句話說，如果人自身是模稜兩可的受造，就絕無可能戰勝焦慮。相反，他可以把焦慮當作永恆的泉源，讓自己得以成長，進入思想和信心的全新境界。信仰向他提出一個新的生命任務，一趟迎向多向度現實的冒險。

我們現在終於明白，為什麼齊克果僅用以下寥寥數語來為自己關於焦慮的偉大研究作結，這寥寥數語，具有絕對真實的論點的重量：

真正的自修者〔即自行藉由焦慮學校而獲致信仰的人〕正是受上帝啟示的人……心理學一旦不再需要畏懼，就只能把畏懼交給教義學。[49]

在齊克果看來，心理學與宗教、哲學與科學、詩歌與真理，在受造的深切渴望中完全融為一體。[50]

現在，讓我們轉向心理學史上另一位傑出人物，他同樣有著深切的渴望，但對他而言，心理學與宗教、哲學與科學、詩歌與真理，並未有意識地相互融合。為什麼這兩位最偉大的人類研究者，對信仰的真實性會有如此截然對立的觀點？

第六章

佛洛伊德人格問題再探

• • •

CHAPTER SIX

The Problem of Freud's Character, Noch Einmal

> 人類出現直立姿勢及不那麼依賴嗅覺的演化適應後，形成的器官壓抑讓全部性欲（而不僅僅是肛門愛欲）面對淪為犧牲品的威脅……所有的精神官能症患者和眾多人對「生命誕生於屎尿之間」此一事實感到氣憤……演化出直立姿勢後，這種新的生命形式有何生物防衛機制？我們應設法找出答案，因為這是與文化並行的性壓抑最深的根源。
>
> ——佛洛伊德[1]

我在上一章試圖說明，早在臨床心理學出現之前，齊克果已然以不可思議的天才敏銳度理解了人格和成長的難題。他不僅預見精神分析理論的某些基礎，還將精神分析理論推向信仰問題，從而最深刻地理解人類。上述主張需要有人為其辯護，這就是本書的任務之一。無可避免，辯護論點的一部分，在我看來，必然是關於佛洛伊德人格問題的某種概略性描述。佛洛伊德也將精神分析理論推到極限，然而卻沒有進入宗教信仰領域，他的人格應該至少可以告訴我們某些原因。

精神分析這門關於人之受造性的學說

關於佛洛伊德引起的思想革命，最顯著的事情之一，就是我們仍然無法消化這場思想革命，也無法置之不理。佛洛伊德主義宛如指責的幽靈，監視並對抗著當代人類。在這種意義上，如許多人所說，佛洛伊德好比《聖經》中的先知、提倡打破宗教聖像的信徒，說出無人想聽也無人會聽的真理。這項真理的重點正如布朗的提醒，在於佛洛伊德對人根本的受造性並不抱幻想，他甚至引用了奧古斯丁的話。[2]在人類根本的受造性這個問題上，佛洛伊德顯然覺得自己和一個他其實評價並不高（這還算委婉的說法）的宗教甚為投合。佛洛伊德對任何宗教都沒有很高的評價，然而，一旦涉及人的本質這麼基本的事情，我們便能將他與受到聖奧古斯丁修道會影響的齊克果並列。

這個問題很關鍵，說明了佛洛伊德的悲觀主義和犬儒主義為何仍是他思想中最具當代性的部分——這種悲觀主義扎根於現實與科學真理之上。不過它說明的還不止這些。佛洛伊德頑固地強調人的受造性，這一點本身幾乎完全解釋了他何以要強調人的本能，換言之，它解釋了精神分析理論的**錯誤**之處。與此同時，這項理論只要稍加改動，正如蘭克率先提出的調整（如今是布朗），精神分析對受造性的強調就會成為對人格最不朽的洞見。

第一點，佛洛伊德堅持受造性是本能的行為，對此，榮格自傳所揭露的是截至目前為止最好的內容。榮格回憶了一九〇七年和一九一〇年的兩個場合，當時榮格發現自己再也不能與佛洛伊德為友，因為他永遠無法贊同佛洛伊德性理論中的偏見。我引用一段榮格自己的文字，向各位描述一九一〇年維也納會議期間這場精神分析理論史上的重要會面：

> 我依舊清楚記得佛洛伊德對我說：「我親愛的榮格，答應我，絕不要放棄性理論。這是最重要的事情。瞧，我們必須讓它成為定論，一座不可動搖的堡壘。」他相當激動，以父親般的語調對我說道：「我親愛的孩子，答應我另一件事，今後每週日都上教堂做禮拜。」我驚訝地問他：「堡壘？要防禦什麼？」他答道：「防禦黑泥的潮流。」他猶豫了一刻，然後補充說：「神祕學[1]的潮流。」……看來，他當時所謂的「神祕學」，其實就是哲學和宗教以及正在崛起的超心理學這門當代科學對心靈的一切研究。

關於一九〇七年那場較早的碰面，榮格透露道：

最重要的是，我極為懷疑佛洛伊德對精神的態度。無論在個體上或藝術品上，到處都有精神性的表達（在智性而非超自然的意義上）。佛洛伊德覺得這一點很可疑，暗示這是被壓抑的性欲。任何不能直接詮釋成性欲的東西，他都歸之為「性心理」。我反對這個假設，認為它的邏輯結論將導致對文化的毀滅性評判。文化會顯得像是一場純粹的鬧劇，是壓抑性欲的病態產物。佛洛伊德表示同意，「不錯，事實就是如此，而這正是命運的詛咒，對此我們無能為力。」……毫無疑問，佛洛伊德在自己的性理論上投入的情感之深，非比尋常。只要談到這個理論，他的語調就會變得熱切，近乎焦慮……一種奇特的、深深被打動的表情浮現在他臉上……[3]

榮格不能接受這種態度，因為這不科學。他認為佛洛伊德放棄了自己一貫的批判和懷疑：

對我而言，性理論就跟許多純屬推測的看法一樣神祕難解，也就是說，它如同未經證實的假設。在我看來，科學真理是一種假設，在某段時期可能暫時適用，但不應當作永遠的信念而一直保存下來。[4]

佛洛伊德的這一面使榮格感到困惑和反感，但如今，我們十分清楚問題的關鍵。顯然，佛洛伊德有一條最強烈的信念：他真正的才能、他最隱密且最珍視的自我形象，以及他的才能所肩負的使命，乃是說出人類境況中無法言喻的真相。在他看來，這就是性本能，包括為其服務的攻擊本能。一九〇九年，當他們在紐約觀望天際線時，佛洛伊德向榮格高聲說道：「當他們聽到我們要對他們說的內容，會多麼震驚！」[5]所謂「神祕」，是關於人類根本受造性的謊言，是所有企圖讓人成為崇高的、精神性的創造者，把人與動物從本質上劃分開來的東西。這種自欺和自大的「神祕學」深深根植於人的精神中，形成一種自以為是的社會共識，盤踞在一切風氣上。不論在世俗或宗教的講壇上，神祕學已經被宣揚得太久了，掩蓋了人的真實動機。直到現在，只能靠精神分析來攻擊這副古老的面具，用穩穩安坐於堅固的堡壘上、與神祕學對立的教條，將面具擊個粉碎。只有這麼堅定的教條，才能打敗人類的自我欺騙這個古老又難以對付的敵人。所以，我們得以理解佛洛伊德早年懇求榮格時的情緒，也理解他後期著作中嚴肅而慎重的科學揭露（如本章引言）。佛洛伊德終生的認同只有一個，且堅不可摧。

時至今日，我們也很清楚，關於上述信條，正如榮格和阿德勒一開始就看出的，佛洛伊德錯了。人類並沒有天生的性本能和攻擊本能。新佛洛伊德主義正出現在我們的時代，如今我們更加了解，他努力不懈地致力於揭示人的受造性，這方面他並沒有錯；他投入了情感，這也沒有問題。這反映了真正的天才直覺，哪怕與情感相對應的特定智性部分——性理論，已被證明是錯的。人的身體的確是「命運的詛咒」，文化也的確是建立在壓抑上，但並非如佛洛伊德所設想的那般，是因為人只追求性欲、享樂、生命和擴張，而是因為人在根本上也

1 神祕學（occultism）正是榮格後來重要的研究領域，主要研究對象為奧祕知識，尤其靈界和未知宇宙力量，以此為背景的理論、習俗和禮儀，包括煉金術、占星術、巫術，等等。——編注

逃避死亡。**死亡意識**是原初壓抑（primary repression），而性不是。正如蘭克用一部部著作相繼呈現的，亦如布朗最近再次提出的論點，在精神分析的新觀點中，「死亡壓抑」才是關鍵概念。[6]**死亡壓抑**就是人的受造性，這也是具有自我意識的動物獨有的壓抑，文化就是建立在這種壓抑上。佛洛伊德看出了命運的詛咒，並以他所能掌握的所有力量，將一生奉獻於揭開這個詛咒。然而，諷刺的是，他錯失了以準確的科學推理解釋詛咒。

佛洛伊德的一生就是一場跟自己的對話，探討的是人性動機的主要動力，他之所以如此，上述的錯失正是原因之一。他努力研究，試圖讓真理更為清晰明顯地浮現，但真理似乎總是愈發模糊、複雜、難以捉摸。我們欽佩佛洛伊德的認真奉獻、願意收回自己的觀點、某些主張的試驗性、終生都在審查自己鍾愛的概念。[2]我們讚賞他的迂迴、疑慮、閃爍其詞，因為這些態度似乎使他成為更為誠實的科學家，真實反映現實的無限多樣性。只不過，我們此處的讚美，是出自反面的理由。佛洛伊德畢生的糾結有一個根本性的原因：他從未徹底放下自己對於性的信條，從未清楚看出或承認死亡恐懼才是根本的壓抑。

佛洛伊德第一大抗拒：死亡的觀念

若要依據佛洛伊德自身的著作來追溯上述難題，情況會變得太過複雜。前面曾提到，佛洛伊德在後期研究中拋下伊底帕斯情結那種一切都關乎性的狹隘構想，轉而更加關注生命自身的本質，以及人類存在的普遍問題。我們可以說，他從「畏懼父親」這種文化式的理論，轉移至「恐怖大自然」的版本。[7]但是，他一如既往地閃爍其詞。他從未直接成為存在主義者，而是繼續堅持本能理論。

看來，佛洛伊德內心似乎有某種不情願。我並不打算深入研究他的著作，但我認為可以藉助一個關鍵概念來揭開這種不情願。在他的後期著作中，這個概念占有最重要的地位，也就是「死亡本能」。讀完他在《超越唯樂原則》（*Beyond the Pleasure Principle*）一書中對此概念的介紹後，我得到了明確的結論，佛洛伊德用「死亡本能」來修補他不願放棄的本能理論，也就是原欲（libido）理論，然而，本能理論在解釋人類動機時會變得十分累贅，也很可疑。要堅持夢的理論中的決疑論變得愈發困難，亦即認為所有的夢，甚至焦慮的夢，都是願望的滿足。[8]要堅持精神分析的基本主張，斷言人類純粹是一種追求快樂的動物，也變得更為艱困。[9]同樣的，人的恐怖、人與自己和人與他人之間的掙扎，都不容易解釋為性欲與攻擊這兩者間的本能衝突，尤其當我們認為個體的活力是源於愛欲、原欲或追求自身滿足與擴張的原始生之欲力，就更難解釋。[10]在這種情況下，佛洛伊德提出「死亡本能」的新想法，讓他得以完整保留早期的本能理論，把人類的邪惡歸因於更深層的生物性底層，而不僅僅是與性欲相互衝突的自我。他現在所持的論點是，人內建了對生命的渴望，同樣也內建了對死亡的渴望。由此，他便能在新的（但仍是既有的生物學）框架之內，解釋人的暴力攻擊性、仇恨和邪惡：人的攻擊性是生存本能與死亡本能融合的產物。死亡本能代表著人的死亡衝動，不過，人可以改變這一衝動的方向，使其指向外部，進而將自己從死亡衝動中拯救出來。接著，對毀滅的渴望取代了對死亡的渴望，人藉由毀滅他人而戰勝自己的死亡本能。這條思路形成一個簡單的新二元論，整理了原欲理論，因而讓佛洛伊德得以繼續以原欲理論為堡壘，

2 不過請參閱保羅．羅森敏銳而深入的觀察，他指出佛洛伊德在其思想和研究風格上的自信。見《動物兄弟：佛洛伊德和托斯克的故事》（*Brother Animal: The Story of Freud and Tausk*），第九十二—九十三頁。——原注

捍衛他主要的先知任務。他要宣告：人根深柢固屬於動物王國。佛洛伊德仍然能夠堅持對生理學、化學、生物學的基本忠誠，並對一門全面而簡單的心理學化約論保持希望。[11]

無可否認，在討論人類怎樣以毀滅他人來緩和死亡本能的過程中，佛洛伊德確實發現了人類自相殘殺的關係。然而，他為此付出的代價，卻是不斷把本能強加於人類行為的各種解釋上。我們又一次看到，錯誤的解釋與真知灼見如何互相混合，使佛洛伊德的謎團如此難以解開。他的解釋看來始終無法真正直接觸及存在主義的層面，無法基於人對死亡的**反抗**（而非人對死亡的內建衝動）來證實人的連續性，以及人與低等動物的差異。人為什麼具有可怕的攻擊性，被愛欲所控制的人類為什麼能輕易地殘殺其他生物，可由某個更簡明、直接的理論加以闡釋。[12]殺戮是象徵性的解方，用於處理身為生物的限制，它產生於生物層面（動物焦慮）與人類的符號層面（死亡恐懼）的融合。我們將於下一節看到，蘭克對此動力機制作出了迄今最傑出的解釋，他認為：「屠殺和犧牲他人減輕了自我的死亡恐懼。藉由他人之死，人讓自己免於被殺、死亡的懲罰。」[13]

佛洛伊德對死亡本能拐彎抹角的構想，如今可以毫無疑慮地拋進歷史的垃圾筒。它們的重要之處只在於，為了維持其基本信條在知識上的完整無缺，獻身於學說的先知付出了多麼高明的心血。不過，從佛洛伊德對死亡難題的研究，我們得出了第二個重要得多的結論。儘管佛洛伊德在死亡概念、兒童的絕望處境、外在世界的真實恐怖等相關領域上有豐富學識，但他不需要將它們置於自身思想的中心。他也不必修改自己對於人的觀點，從人基本上是追求性愉悅的動物，轉為人是恐懼的、逃避死亡的動物。他只需指出，人在無意識中將死亡作為其生物性的一部分。佛洛伊德把死亡想像為「本能」，讓他能夠把死亡的恐怖當成「自我掌控」這個人類的原始問題，並排除在他的構想之外。如果人在生命過程中自然而然背負著死亡，那麼他就不必說死亡受到了壓抑。[14]在佛洛伊德的構想中，死亡並非普遍的人性難題，更不是原初的人性難題，而是正如蘭克的簡要描述：「死亡從一個人類並不想要的必然結果，神奇地轉化為人類渴望的本能目標。」蘭克還補充：「這一意識形態的安慰性本質，無論在邏輯上還是經驗上，都禁不起長久考驗。」[15]他接著指出，佛洛伊德摒棄了「死亡難題」，使之變成「死亡本能」：

……甚至當他終於撞上了不可避免的死亡難題，他仍然試圖賦予它新的意義，這也與他的願望一致，因為他談的是死亡本能而非死亡恐懼。同時，他把恐懼轉移到別處，使其不那麼具有威脅性……〔他〕把普遍的恐懼變成了特殊的性恐懼（閹割恐懼）……〔接著又試圖〕藉助釋放性欲來治療這種恐懼。[16]

直到今天，這仍然是對佛洛伊德精神分析的精彩批判。蘭克嘆道：

假如一個人堅持抓著這個現象不放，他就不可能理解，關於死亡衝動的討論如何能像精神分析文獻所示，如此無視普遍的、基本的死亡恐懼。[17]

直到三〇年代後期和第二次世界大戰，精神分析文獻幾乎都沒有提到死亡恐懼的問題。理由正如蘭克所說：精神分析治療怎麼可能以科學方式治療生存和死亡的恐懼？不過它倒是可以治療各種自己提出的關於性的難題。[18]

然而，我們的討論更關切「死亡本能」這份想像是否揭露了佛洛伊德個人對現實的態度。蘭克認為的確如此，他提到死亡恐懼的「威脅」本質——當然，它所威脅的並非只是佛洛伊德的理論體系。另一位作者也認為，把死亡作為生存的自然目標，這種想法很可能為佛洛伊德帶來某種內心的安寧。[19]因此，我們將回頭討論佛洛伊德的人格，以及可能從中獲得的啟示，尤其是關於人類生活中最基本、最可怕的難題。

很幸運的，主要多虧了歐內斯特・瓊斯[3]心懷敬愛費心撰寫的傳記，我們得以擁有豐富資料描繪出來的佛洛伊德完整圖像。我們知道佛洛伊德終身為偏頭痛、鼻竇炎、前列腺疾病、長期便祕所苦，並對雪茄上癮。我們可以看到他是如何猜疑身邊的人，多麼希望別人對他保持忠誠，並認同他作為思想家的資歷與重要地位。我們也了解到，當他面對阿德勒、榮格及蘭克這樣與他意見相左的人，他的心胸有多麼狹窄。他對於阿德勒之死的著名評語是如此譏誚和刻薄：

> 對於一個出生於維也納郊外的猶太男孩，死於亞伯丁（Aberdeen）本身就是一種聞所未聞的經歷，也是他走得很遠的證明。對於他反駁精神分析學說的功勞，這世界的確給予了豐富的回報。[4]

佛洛伊德是工作狂，早年尤其是。這種狂熱需要某種特定的工作氛圍，而佛洛伊德毫不猶豫地以自己的工作為中心，透過一種確實的父權方式來建立家庭關係。在精神分析晤談結束之後的午餐會上，他奉行嚴格的噤聲，卻又要求人人出席。如果有人缺席，他會用叉子向妻子瑪莎（Martha）示意詢問。女兒安娜（Anna）對他的絕對痴迷和順服，甚至連他自己也感到不安，因而把安娜送去接受精神分析，彷彿察覺不到自己在家中上演的偉大形象必然會迷住身邊的人。我們知道他會跟兄弟一起出遊度長假，但從未讓妻子相伴，並且用多種能反映他的使命感和歷史天命的方式安排他的生活。

這一切皆無特別之處，不過是偉人的趣聞軼事。我提及這些，只是想顯示出佛洛伊德與別人相比，既不更好也不更壞。他看似比大多數人更自戀，但他的母親就是這樣養育他——特別關注他，對他寄予厚望，一生都稱他為「我的黃金西吉[5]」。他的整體生活作風以及旁人一直以來對待他的方式，都是部戲劇作品。當然，正如他自己所指出，母親的態度賦予他某種額外的力量。他罹患無法治癒的口腔癌，以令人欽佩的尊嚴和耐性承受可怕的痛苦。但是同樣的，這真有那麼特殊嗎？有人曾向他讚揚羅森茨威格[6]勇敢承受全身癱瘓，佛洛伊德回答：「他還能怎麼樣？」這句評語同樣可以用在他身上，正如也可以用在所有遭受疾病折磨的人身上。至於佛洛伊德對工作的投入、他那種儘管痛苦卻盡量服用最少的止痛藥並堅持寫作直至去世的精神，齊美爾[7]不也如此，他不也罹患癌症卻堅持到底，並同樣因為藥物會

3 歐內斯特．瓊斯（Ernest Jones, 1879-1958），英國神經學家，也是英語世界第一位精神分析學家。——編注

4 瓊斯為佛洛伊德寫的傳記揭露了許多真實的細節，為佛洛伊德量身定做了一個英雄形象。然而今天普遍認為，這本傳記很難為佛洛伊德其人蓋棺定論。佛洛姆在《佛洛伊德的使命：佛洛伊德人格和影響之分析》（*Sigmund Freund's Mission: An Analysis of His Personality and Influence*）一書中極為尖銳地表明了這份觀點。最近羅森運用其他更多發現重新檢視了瓊斯的記載，並為我們提供了佛洛伊德較為全面的「人」的形象。請參考他的重要著作《動物兄弟》，特別應將佛洛伊德對托斯克的評論（第一四〇頁）與此處對阿德勒的評論相比較。後面將介紹更多羅森對佛洛伊德性格的看法。關於佛洛伊德的另一傑出描述，請見龐納（Helen Walker Puner）優秀的評傳：《佛洛伊德的生活和精神》（*Freud, His Life and His Mind*）。——原注

5 「西吉」（Sigi），佛洛伊德名字「西格蒙德」（Sigmund）的暱稱。——譯注

6 羅森茨威格（Franz Rosenzweig, 1886-1929），德國猶太神學家、哲學家和翻譯家。——編注

7 齊美爾（Georg Simmel, 1858-1918），德國社會學家、哲學家，著有《貨幣哲學》（*Philosophie des Geldes*）。——編注

導致思慮遲鈍而拒絕服用？然而，沒有人認為齊美爾的性格特別堅強。對於那些自視為歷史人物的人，這類勇氣實屬尋常。工作使他們不朽，而這樣的工作所需投入的心血，是由他們的自我形象徵召而來。除此之外還有什麼痛苦？我認為，我們可以公允地總結出，在這一切之中，佛洛伊德沒有任何異於常人之處。自我中心的佛洛伊德，在家中發號施令、使家庭繞著他的工作和野心轉動的佛洛伊德，在人際關係生活中試圖影響和控制別人的佛洛伊德，想得到特別尊敬與忠誠的佛洛伊德，不信任別人、以尖刻言語打擊他人的佛洛伊德——這一切都說明佛洛伊德是普通人，至少可以說，是有才幹、有做事方法，能夠完成心中劇本的普通人。

但是，佛洛伊德完全不是那種「直接性」的人，他並沒有毫不思索地一頭栽進生活。在上述描繪的各種面向中，他是普通人，但是在一個重要的點上，他卻不同凡響，正是這一點直接滋養了他的創造力：他非常擅長自我分析、揭開自身壓抑的帷幕，直到生命最後一刻，他都還在試圖解讀自己最深層的動機。前面曾提及死亡本能對佛洛伊德個人而言可能有何意義，而這個題目人人皆知。與大多數人不同的是，佛洛伊德意識到死亡是非常個人、非常私密的問題。他終身為死亡焦慮所困擾，承認自己無時無刻不在思考死亡。這對一般人來說顯然並不尋常，而我認為正是在這件事情上，我們有正當的理由去搜尋有哪些事情暗示出佛洛伊德對現實的特殊取向，以及他獨一無二的「問題」。如果能找到關於這個問題的線索，我們就能據以說明佛洛伊德研究的整體架構，以及可能的局限。

佛洛伊德的經歷似乎顯示出他對死亡問題的兩種取徑。第一種可能可以看成相當慣常的強迫行為，一種關於死亡的魔法遊戲。例如，他似乎終身都在想著自己的死期。他的朋友弗利斯[8]研究數字的神祕性，而佛洛伊德相信他那一套。弗利斯根據計算，預言佛洛伊德將死於五十一歲，於是佛洛伊德就「認為自己很有可能在四十多歲時死於心臟破裂」。[20]平安度過五十一歲之後，「佛洛伊德接受了另一個迷信：他將死於一九一八年的二月。」[21]佛洛伊德常常寫信給門生談及自己的衰老，聲稱自己死期已近。他特別害怕比母親早死，想到母親會聽到自己的死訊，他就感到恐懼，因為那會使她心碎。他對於比父親早死也有同樣的恐懼。甚至在年輕的時候，與朋友道別時他就習慣說：「再見！你也許再也見不到我了！」

我們該如何理解這一切？我認為這是人們在處理死亡難題時，一種相當慣常而表淺的方式。上述例子均可概括為「魔法般的控制遊戲」。佛洛伊德對母親的擔心看似是明顯的轉移和合理化作用[9]：「我並不怕死，我怕的是我的死將使她悲痛。」人們害怕空白，那是自己消失之後留下的缺口。人們無法從容面對那空白，但可以面對他人對於自己消失的傷慟。人們並不是感受到失去自己（自己是正在消失的客體）的極度恐懼，反而緊緊依附在別人的悲痛畫面上。佛洛伊德使用的這些心理手段並不特別複雜。

然而，佛洛伊德對死亡難題的反應還有讓人困惑的另一面。根據佛洛伊德傳記作者瓊斯的說法，佛洛伊德患有週期性的焦慮，這種焦慮主要是對死亡和鐵路旅行的真實畏懼。[22]當死亡恐懼襲來時，他會想像自己死亡和訣別的場面。[23]這與上述強迫性的、魔法般的死亡遊戲截然不同。在這些反應中，佛洛伊德看來並沒有壓抑自己正在消逝的想法，並以充分的焦慮來回應。當然，對火車的焦慮是一種輕微的轉移，但不像瓊斯所說的，並沒有到畏懼症那

8 弗利斯（Wilhelm Fliess, 1858-1928），德國猶太耳鼻喉科醫師，在柏林執業。其最為人所熟知的是他與佛洛伊德親密的友誼以及理論上的合作，這也是精神分析史上備受爭議的一個篇章。——編注
9 兩者皆屬於防衛機制的一種，轉移（displacement）亦可譯為「替代」。——編注

樣不可控制的程度。[24]

上述推測立即讓我們看出問題。今天，我們是憑印刷文字、隔著時空距離面對這些事情，而非面對活生生的人，因此不可能清楚了解。更何況我們無法確切知道人類跟情緒有關的心智是如何運作的，也不知道在處理現實和壓抑時，文字可以達到怎樣的深度。有時僅僅在意識中承認某個想法，就等於生動地體驗了這一想法；而在另一些時候，就算承認某種深刻的焦慮，也可能並沒有實際感受到焦慮，至少感受不像為其他事情憂煩時那麼深刻。像佛洛伊德這樣的精神分析學家，談論焦慮而未受影響，承認死亡焦慮卻沒有更深層次的體驗，這可能嗎？一方面是想像死亡和訣別的畫面，另一方面是絕對無力抵抗死亡的真實感受，兩者可能一樣深刻嗎？甚至，對於最深的焦慮，部分的合理化作用能達到什麼程度的效果？或者說，上述這些關係也會依不同的生命階段、承受不同的壓力而異？

關於佛洛伊德的這些問題，不可能清楚解開。佛洛伊德對死亡難題的不同反應，瓊斯自己也大惑不解——一方面，是焦慮發作；另一方面，是英雄般的無奈。瓊斯企圖理解這些事情，他認為：

> 佛洛伊德總是以完全的勇氣直面生活中任何一種真正的危險，這表明對死亡神經質般的恐懼除了字面意思之外，必然還有其他涵義。[25]

這倒未必。一個人可以像佛洛伊德那樣直面已知疾病的真實危險，是因為疾病給人一個**目標**、一個敵人，一個可以鼓起勇氣抵抗的東西。疾病和臨終是**活著**的過程，當事人仍會參與其中。然而，生命逝去，在世界上留下一個缺口，最後徹底消散，卻完全是另一回事。

不過，瓊斯的描述為我們提供了一個關於佛洛伊德的真正線索，因為在我看來，他是在說，死亡的事實和死亡的合理性是不同的。當人的整個生命是一種方式或一部劇本，人試圖藉此拒絕徹底消散，並以象徵的方式超越死亡，此時，人常常對自己的死亡這項事實無動於衷，因為他能夠用更大的意義包圍死亡。基於這樣的區分，我們就能用明白易懂的方式討論佛洛伊德的死亡焦慮。試著從他更大範圍的生活方式中尋找線索，而非徒勞地推測其思考和情感有多深的聯繫，藉此努力，我們或許能發現他所憂煩的事情。

佛洛伊德的第二大抗拒

關於佛洛伊德對現實的立場，首先可以清楚看到，他和許多人一樣，很難屈服。他不會屈從於世界或他人。他努力維持自身的重心，而非放開自己、讓重心移到別處——這從他與學生、反對者及各種外界威脅之間的關係都能清楚看出。納粹占領期間，他女兒問為何一家人不可以選擇自殺，對此，佛洛伊德回以他典型的評語：「因為那正是他們要我們做的事情。」

然而，關於屈服這件事，佛洛伊德的態度又是矛盾的。許多線索表明，他一度考慮過屈服。有件軼事特別能說明這一點：一九一八年二月，佛洛伊德安然度過他出於迷信為自己設定的死期，當時他說了這番話：「這表示，超自然的事物不太可靠。」[26]這是絕佳的例子，顯示出一個考慮要向更高定律和力量順服的人，可以如何只在大腦中不坦率地考慮，情感上則是冷漠的、不讓步的。然而，另有紀錄表明，佛洛伊德不僅考慮過屈服，事實上還渴望能將自己的中心轉移到別處。在一次關於精神現象的討論中，瓊斯說：「如果飄忽的心理歷程是可信的，那麼，人就可以進一步相信天使了。」這時，佛洛伊德以如下評語來結束討論：「就是如此，甚至包括親愛的上帝。」瓊斯指出，佛洛伊德那樣說時是帶著玩笑、略為探詢的語氣。這位大師提出信仰上帝的問題，但不帶堅決否定的立場，這顯然令瓊斯相當反感，他寫道：「……當時他的眼光中，還有某種探究的意味，而我卻不太愉快地離開了，以防還有什麼更嚴重的暗示。」[27]

另一次，佛洛伊德遇到一位已故患者的妹妹，她與死去的哥哥極為相似，這時佛洛伊德腦中不由自主掠過這樣的想法：「所以不管怎麼說，死者確能生還。」齊爾伯格在一次他關於佛洛伊德與宗教的重要討論中，為這段插曲以及佛洛伊德對超自然主義的整體矛盾立場作了下述評述：

儘管佛洛伊德告訴我們，他一有這種想法，便馬上感到羞恥，但下列事實仍然不可否認：他內心有一種強烈的情感「稟性」，時而偏向迷信，時而偏向相信人在這個世界具有生理上的不死性。

可以明顯看出，佛洛伊德刻意竭力對抗他自身內部的某些精神傾向……他似乎一直在探究著什麼，內在有痛苦的衝突，在那裡，實證主義的學者（意識）和潛在的信徒（無意識）進行著公開的戰鬥。[28]

齊爾伯格接著作出關於這些精神傾向的結論，他的結論支持我們的看法：佛洛伊德矛盾地想過要順服於超驗力量，因為那個方向對他極有誘惑力。齊爾伯格說：

> 這些精神傾向藉由扭曲（distortion）、潤飾（secondary elaboration）這兩種眾所周知的機制來確立自己，佛洛伊德將之描述為無意識和夢的特徵。這些傾向的表現形式是一種焦慮的輕度迷信，一種不由自主和非理性的信仰，信仰的對象是俗稱的唯靈論（spiritualism）。[29]

換句話說，佛洛伊德在人格允許的情況下，盡可能宣洩了上述的精神傾向，而不需要重新打造他人格的基礎。他能做的，最多就是向常見的迷信屈服。我認為，光憑瓊斯的記述，這個結論就無可爭議，何況佛洛伊德本人顯然也承認了這一點：「我的迷信其來有自，那就是被壓抑的追求（不朽）……。」[30]也就是說，佛洛伊德的迷信源自於超越死亡這個確切的精神難題。對佛洛伊德而言，這是典型的**追求**與奮鬥的難題，而不是依賴或順服的難題。

接下來，合乎邏輯且至關重要的問題就是：對於佛洛伊德來說，為什麼順服會如此充滿矛盾、困難重重？答案對所有人都是一樣的：**順服**就是讓自己的支持中心潰散，就是放棄防範、撤除自己的人格盔甲，就是承認自己缺乏**自我充足性**。而這支持中心、這防範、這盔甲、這假定的自我充足性，正是從童年到成年時期的一整套成熟籌畫的內容。在這裡，我們得回顧第三章的討論：人為自己打造的根本任務，就是努力成為自己的父親，對此布朗貼切地稱為「伊底帕斯式籌畫」。自因熱情（*causa sui* passion）是一種富有活力的幻想，掩蓋了人**根本的受造性所發出的不滿**，或者，我們現在能更為確切地稱之為一種無可救藥的欠缺，**未能真正以他自身的能量為中心，確保生命是勝利的**。沒有任何受造能確保生命是勝利的，人只能在自己的幻想中試圖辦到這件事。自因籌畫中的矛盾，根植於始終存在、窺伺在側的現實威脅。人無時無刻不在懷疑自己基本上是無助與無能的，但又必須反對這一點。父母總是會投下陰影。那麼，順服的難題是什麼？事實上，順服所代表的不是別的，正是對自因籌畫的放棄，是最深切、最完全地在整體情感上承認，自身內部沒有力量去承受過多的經驗。順服就是承認支持只能來自個體的外部，而個體的生命之所以能正當地存在，完全只是來自某一張超越自身之網，而個體同意將自己懸掛在那張網上，像孩子在搖籃裡無助地瞪著雙眼，仰賴母親咿咿呀呀的誇獎。

如果說，自因籌畫是太難承認的謊言，那是因為它讓人重回搖籃。若有人試圖逃避現實，這謊言必然會要他付出代價。這件事帶我們進入了佛洛伊德人格討論的核心。如今，我們能夠明確地討論佛洛伊德是如何實施他的自因籌畫，並將此事連結到佛洛伊德對於險惡現實的絕對否認，當然，我指的就是佛洛伊德的兩次昏厥。正如我們所知，昏厥代表最重大的否認，意味著在威脅面前拒絕或無法保持意識清醒。在這兩次事件中，一位偉人完全無法控制自己，其中必然包含了某些跟這人生命難題的核心有關的某種關鍵資訊。幸運的是，我們擁有榮格關於這兩次事件的第一手報導，而我會在此完整引用。

第一次昏厥發生於一九〇九年的布萊梅，當時佛洛伊德和榮格正在赴美講授其研究的途中。榮格說，他對「沼屍」的興趣間接引發了此次事件：

我知道，德國北部某些地區發現了這些所謂的沼屍，這些都是史前人類的屍體，或淹死或葬於沼澤。沼澤的水含有腐植酸，消蝕了骨骼，同時卻鞣制了皮膚，皮膚以及頭髮因而得以完整保存下來……

我閱讀過這些沼屍的資料，在布萊梅想了起來，但卻出了一點差錯，把沼屍與這座城市保存在鉛窖裡的木乃伊混淆了。我對沼屍的興趣使佛洛伊德神經緊張。他好幾次問我：「你為何這麼在意沼屍？」整件事令他極度惱火。某次用餐時刻，我們又談到沼屍，他突然昏厥過去。後來他對我說，他確信，我喋喋不休聊著沼屍，意味著我對他懷有死亡願望。[31]

第二次昏厥發生於一九一二年，當時佛洛伊德和他的一些追隨者在慕尼黑召開一次特殊的策略會議。榮格深入描述該起事件：

有人把話題轉向阿曼諾費斯四世（阿肯那頓）[10]，對話的重點是，阿肯那頓否定自己的父親，進而毀壞父親的紀念石柱。他創造了一神教，然而，在這偉大的宗教功績後面，潛伏著一種與父親相關的情結。這個話題惹惱了我，我試圖辯駁阿肯那頓是具有開創性的宗教人士，思想深邃，他的行動不能解釋為他對父親的個人反抗。與此相反，他懷著敬意緬懷父親，他熱切想要摧毀的，是阿蒙神[11]之名，因此他四處摧毀阿蒙神的名字，而其父阿蒙霍特普的王名框也刻有阿蒙神之名[12]，自然會被鑿除。此外，別的法老用自己的名字取代他們的俗世或神祇祖先的紀念碑和雕像，覺得既然都是同一位神的化身，自己當然有權這樣做。然而，我指出，他們既未引領新風格，也並未開創新宗教。

這時，佛洛伊德滑下座椅，昏了過去。[32]

10 阿曼諾費斯四世，古埃及法老王，西元前一三七九年至西元前一三六二年在位，屬第十八王朝。——譯注
11 阿蒙神（Amon），埃及主神，被奉為眾神之王。——譯注
12 阿蒙霍特普的真名為 Amon-hotep，意思是阿蒙神的僕人。——編注

與佛洛伊德生命難題相關的兩次昏厥

關於這兩次昏厥的意義，許多對佛洛伊德生平十分敏銳的研究者已然提出很多詮釋，佛洛伊德和榮格也各自作出解釋。我之所以在這個主題上打轉，不僅是因為這兩次昏厥可以解開佛洛伊德的人格難題，更重要的是，我認為這兩次昏厥最能證實本書前五章所描述的後佛洛伊德學說對人的整體理解。我們一旦在偉人的生命這面活生生的鏡子上映照出某些抽象概念，便能獲得最清晰的理解。

羅森在自己近來的傑出闡釋中，揭開了佛洛伊德兩次昏厥著魔的主要涵義。[33]一如蘭克，羅森明白，整個精神分析運動都是佛洛伊德獨特的自因籌畫，是他的工具，用來實現英雄主義，以及超越自身的脆弱與人類的種種局限。我們會在後面幾章看到，蘭克指出真正的天才會擁有一個別人所沒有的巨大難題。他必須從工作中贏得自己生而為人的價值，這代表他的工作必須承擔一項重負：證明他生命的正當性。對人來說，「證明其正當性」意味著什麼？意味著透過取得不朽的資格去超越死亡。天才重複著兒童自戀性的自大膨脹，幻想藉由工作的「整體成果」去控制生死和命運。天才的獨特性也斬斷了他的根。天才是無法預期的現象，他似乎毫無受惠於他人的跡象，自發地從大自然中冒出。我們可以說，他有著「最純粹」的自因籌畫：他的確沒有家庭，也是自身的父親。正如羅森所指出，佛洛伊德已飛翔到遠遠超出其原生家庭的高度，因此他執迷於自我創造的幻想之中，這一點也不令人訝異：「佛洛伊德一次又一次回到一個幻想：在沒有父親的狀態下成長。」[34]羅森說得好，人要直到能夠擁有自己的兒子，才能夠成為自身的父親。天生的兒子就不是這樣了，因為他們沒有「天才的不朽素質」。[35]這是完美的形成過程。因此，佛洛伊德不得不創造一個完整的新家：精神分析運動，這可以成為他獨特的不朽載體。當他溘然長逝，這一運動的天才特質將確保他永遠被記住，也確保他將在人們心中、在作品的遺澤中永垂不朽。

但是，現在我們面臨著天才的**自因**籌畫。在一般的伊底帕斯式籌畫中，人內化父母和父母所體現的超我——整體來說就是文化。但是天才卻無法進行這種內化，因為他的籌畫是獨特的，不可能藉助父母或文化來實現。天才的籌畫，是經由棄絕父母而特別創造出來的——棄絕父母所代表的東西，甚至棄絕父母本身（至少在幻想中），因為父母身上似乎並沒有什麼東西能促成天才。在這裡，我們看到天才承擔著格外沉重的罪惡感，因為他在精神上和生理上都棄絕了父親。這一舉動帶給他額外的焦慮，因為現在輪到他變得脆弱了，他無依無靠，在自己的自由中形單影隻。正如蘭克所說，罪惡感是恐懼的函數。

那麼，佛洛伊德會對弒父的想法特別敏銳，就一點都不令人驚訝了。可以想像，對他來說，弒父是情結的象徵，其中包含獨自處於脆弱中的沉重罪惡感，包含他為人父的這個身分所遭受的攻擊，也包含精神分析運動所遭受的攻擊——精神分析運動是他的自因載體，所以，也等於攻擊他的不朽。一言以蔽之，弒父意味著他身為受造是何等微不足道。昏厥事件所顯示的，正是這樣的一種涵義。一九一二年前後，精神分析運動的未來成為一個問題。佛洛伊德正在尋找繼承人，而那正是榮格，被他自豪地選為精神的接班人，將要成為他的「孩子」，會保證精神分析運動的成功和延續。佛洛伊德的確對榮格寄予希望和期待，榮格在他人生籌畫中的位置是那麼突出。[36]不難理解，單單是榮格脫離了這場運動，就喚起了弒父的象徵，並代表佛洛伊德的死亡，[37]這完全合乎邏輯。

難怪第一次昏厥事件後，佛洛伊德指控榮格對他懷有「死亡願望」，而榮格也無疑會感到無辜，因為他完全沒有這種願望。他說「這種解讀令他驚訝不已」。[38]對他來說，這是佛洛伊德的幻想，不過，是極為強烈的幻想，「強烈到可能導致佛洛伊德昏厥。」關於第二次昏厥，榮格說，當時整個氣氛極為緊張。無論是否還有其他原因，顯然都包含了弒父的幻想。事實上，當時整個午餐會一直籠罩著針鋒相對的氣氛。這是一場策略會議，精神分析隊伍隨時可能爆發爭論。瓊斯在描述一九一二年昏厥事件時傳達了這一點：

> ……當時我們正要結束午餐……〔佛洛伊德〕開始指責兩位瑞士人——榮格和瑞克林（Franz Riklin），說他們在瑞士某期刊上發表文章闡述精神分析，卻未提及他的姓名。榮格回答說，他們認為沒有必要這樣做，因為精神分析和他的關係已是眾所周知。然而，佛洛伊德似乎已預感到一年後的首次爭端，他堅持自己的看法。我記得我認為他把這件事情看得太針對個人。突然間，我們震驚地看到他倒在地板上昏了過去。[39]

至於榮格，他態度得體地否認他與佛洛伊德的較勁，也不甚坦率地解釋那篇瑞士期刊上的文章為何沒有提到佛洛伊德的姓名，但都不怎麼有說服力。他否認對佛洛伊德懷有死亡願望，但甚至在否認的用字遣詞中，也清楚表現了他的競爭意識。

> 我為什麼要希望他死去？我是來學習的。他並未阻礙我的道路。他在維也納，我在蘇黎世。[40]

榮格一方面承認自己與佛洛伊德的師生關係，另一方面又企圖證明自己是獨立的，是和佛洛伊德平起平坐的。佛洛伊德當然感受到這威脅了他的優越地位，實際上對他而言，這相當於逆子謀反。[41]榮格當時正與佛洛伊德漸行漸遠，隱隱有與瑞士的精神分析學派分支分庭抗禮之勢。那麼，「父親」及其所代表的一切，會有什麼反應？當時的實際情況，是榮格在阿曼諾費斯四世創立埃及新宗教這件事情上表現得不顧尊卑，而佛洛伊德恰好就在那一刻昏厥過去。此事威脅到他終生視為使命的工作。在佛洛伊德的諮詢室，也是他內心深處的聖所，牆上掛著一幅斯芬克斯和金字塔的照片。這對他而言既非浪漫的想像，也非考古學的愛好。埃及代表人類整個神祕和黑暗的過去，是精神分析破譯的對象。[42]羅森說，在二十世紀的精神分析與古埃及學之間、在阿曼諾費斯除去石柱上的父親名字及榮格在瑞士期刊上除去佛洛伊德的名字之間，有著直接的關聯。榮格在攻擊佛洛伊德的不朽。

但是，佛洛伊德眼中的攻擊，在榮格眼中未必如此。榮格談論沼屍（此事引起佛洛伊德第一次昏厥），或許僅充分反映了榮格自己的存在焦慮。榮格著迷於死亡的概念。我們很容易想像，年輕的榮格（他也為赴美之行感到焦慮）在景仰的佛洛伊德面前談論沼屍問題，可能是因為他想跟這位或許能跟他一起思索的思想家討論他著迷的東西，或許對方能幫助他更加洞悉屍體、死亡和命運的謎團。另一方面，佛洛姆（他不是榮格迷）則診斷榮格擁有戀屍人格。佛洛姆分析了榮格與佛洛伊德關係破裂期間的一個夢境，並相信榮格對佛洛伊德的確存在無意識的死亡願望。[43]

不過，關於榮格的推測並非此處的重點。我們希望討論的，是佛洛伊德自己的覺察和難題。就此觀點來看，第一次昏厥中的某件事情具有重大意義，亦即榮格因為對屍體的困惑而談到了木乃伊。佛洛伊德**兩次**昏厥中的焦慮都與同一主題有關，那就是埃及和抹滅父親。在這次歷史性的旅程中，還有一件同樣重要的事：榮格能受邀赴美講學，是因為他自己的研究，而不盡然是因為他與佛洛伊德的關係。對佛洛伊德而言，榮格的確是公開的競爭者。

瓊斯和佛洛伊德的詮釋

佛洛伊德也試圖理解自己身上發生的事，我們審視這一點，就能進一步「深入」探究佛洛伊德覺察到什麼。關於第一次昏厥，瓊斯與榮格的描述多少有些出入。瓊斯認為，一九〇九年的事件主要是佛洛伊德在爭論結束之後說服榮格於午餐席間飲酒，從而打斷了榮格正熱衷進行的禁欲節食[13]。「就在那之後」，佛洛伊德昏倒了。[44]後來在一九一二年的會議上，也發生類似的事。榮格和佛洛伊德的關係原本有點緊張，但在一次「慈父般的訓誡」之後，榮格「極為內疚，接受了佛洛伊德的全部批評」，並「答應改正」。佛洛伊德極為興奮，因為他又戰勝了榮格。瓊斯總結道，這兩次事件的特點，都是佛洛伊德戰勝了榮格。[45]

勝利和昏厥有何關聯？只有藉助佛洛伊德自己的理論，經由那些非凡見解，兩者的關係才能得到有意義的解釋。我們在本書第四章看到，正是佛洛伊德發現了「毀於成功」的概念：[14]當一個人真正達到最高勝利，往往會感到一種無法忍受的沉重負荷，因為這意味著他在與父親的競爭中贏得了勝利、超越了父親。這也就難怪佛洛伊德事後分析自己的兩次昏厥時，可以本著一種追根究柢的、毫不留情的誠實，向自己的理論求助。佛洛伊德解釋道，在幼兒時代，他常常希望還是嬰兒的弟弟朱利葉斯（Julius）死去，而朱利葉斯在佛洛伊德一歲七個月時真的死了，此事給佛洛伊德留下了可怕的罪惡感。瓊斯評論說：

因而如此看來，佛洛伊德自己就是他稱為「毀於成功」的例子，但性質較輕微。在這次事件中，他成功擊敗了對手（榮格），而他弟弟朱利葉斯如他所願死去，則是這種成功的最早案例。有人認為這與佛洛伊德一九〇四年在雅典衛城強烈感受到某種奇異的困惑有關，佛洛伊德八十一歲時分析了該次經驗，並追溯到一件事：他心中那個贏過父親的禁忌願望已經實現。事實上，佛洛伊德自己也提到，那次經驗與我們所討論的反應類型有若干相似之處。[46]

換句話說，贏過包括自己父親在內的所有競爭者，重新喚醒了勝利的罪惡感，觸發了無力承受的反應。為了理解焦慮的影響以及人為什麼會昏厥，我們必須理解，「勝利」在佛洛伊德的世界觀中意味著什麼。從經典的伊底帕斯情結中的動力來看，我們找到了解釋：勝利的「獎品」當然是孩子夢寐以求的母親，而勝過父親的同時，也意味著除掉他。如果孩子失敗了，報復將十分可怕；如果他勝利了，罪惡感自然撲天蓋地而來。

對於勝利恐懼的某些案例，經典的伊底帕斯情結的確給出了確鑿無疑的解釋。然而後來，至少在佛洛伊德自己的案例上，他卻放棄以嚴格的性動力來解釋。他在人生晚期坦率承認，他不願超越父親，因為他對父親懷著「崇敬」。[47]這就是瓊斯提到的，佛洛伊德在衛城經歷了強烈困惑的意義。今日，正如某些作者所提出的，我們猜測佛洛伊德可能對父親懷有其他情感，並藉助「崇敬」一詞委婉表達出來：父親的軟弱的確令佛洛伊德不安，並讓佛洛伊德自己的力量蒙上了陰影，為此，當他想到自己的成功，便會感到焦慮，覺得自己赤裸無防備。

因此，要解釋勝利之所以無法承受，我們就有了更為廣闊、更具有存在主義意義的基

---

13 這意味著榮格放棄了對昔日老師布魯勒（Eugen Bleuler）的忠誠。——譯注

14 參見本書第四章的注解4。——譯注

礎。十九個月大的佛洛伊德何以能夠如此精確地分析自己的經驗，從而責備自己的嫉妒和邪惡願望，認為那導致弟弟朱利葉斯夭折，對於這一點，已有兩代研究者提出懷疑，佛洛伊德在自己的著作中也不太相信那時他有這種程度的意識。他說，那麼小的孩子幾乎不可能嫉妒家庭的新成員。瓊斯記錄了這一切，但顯然也無法從中得出什麼意義。[48]

對於自身昏厥，佛洛伊德的分析是「毀於成功」。對此，瓊斯認為，兩次昏厥之際都發生了有關死亡願望的爭論，證實了佛洛伊德的自我分析。這完全屬實，但並不是以佛洛伊德想要呈現的那種方式，亦即將之連向勝利的力量。極有可能的是，佛洛伊德又犯了一個他常犯的錯誤：企圖過分精確地定義某個東西，但那東西實際上只是某個情結象徵、某個巨大問題的一部分。我所指的，當然就是壓倒性經驗所帶來的感覺、被捲入十分陌生的領域的感覺、無力支撐自身巔峰狀態的感覺。除了榮格在場的特定因素之外，這種感覺才是兩次昏厥的特徵。壓在佛洛伊德心頭的，除了他對榮格的反應之外，還有別的東西，這樣的解釋是相當合理的。畢竟，他肩上扛著一場偉大且反傳統的人類思想運動。他要對抗各種競爭、敵意、詆毀，與其他更加「靈性」(「神祕」)、人類看得如此神聖的意義，以及所有思索著如此崇高的思想、堅持著那麼普遍公認的真理、在各個時代都享有大量支持和讚揚的才人智士。這實在太沉重，佛洛伊德的生物機體在最深層確實有理由感到無法負荷，並在愉快的昏迷中沉到下方。難以想像，如果沒有超人的力量可依靠，人如何輕易扛起這高高在上的一切？如何看待這些非個人的、歷史上的超越，以及個人的、具體的、生理上的超越，那些金字塔、沼屍、自己的新宗教？這就彷彿一個人的整副身體都在宣布：「我受不了，我沒有力量承受了。」無可否認，榮格是有原創性的獨立思想家，甚至能說服、反抗佛洛伊德，而他強大的形象令一切雪上加霜。不過，榮格的存在只是整體權力問題的其中一個面向。在這個意義上，對佛洛伊德而言，即使最終戰勝榮格，也只意味著把精神分析運動的全部重擔直接扛在肩上罷了。我們看到，「毀於成功」的洞見雖然不是依據佛洛伊德所想的特定動力，卻那麼貼切地解釋了他的狀態。

自因的情感矛盾

我們整個討論的關鍵，就在佛洛伊德某次對卡爾・亞伯拉罕[15]的自白中。佛洛伊德承認，無助是他一直以來最憎恨的兩件事之一[49]（另一件是貧窮，因為貧窮意味著無助）。佛洛伊德憎恨無助，並與之搏鬥。然而，實際經歷時，徹底的無助卻令他難以承受，他試圖控制的依賴性陰暗面也就此肆意為虐。假設一個人躋身佛洛伊德這樣的領袖地位，這種持續的自我塑造必然消耗巨大的能量。也難怪佛洛伊德從第二次昏厥醒來之際，有人聽到他說：「死亡一定真的很甜美！」[50]同樣的，我們也沒有理由懷疑榮格對那一刻的記述：

> 我扶著他時，他已經半醒，我永遠忘不了他看我的眼神，就好像我是他的父親。[51]

卸下主宰自己、塑造自己的巨大生命重擔，放開對自身中心的控制，被動地順服於崇高的力量和權威之下，那感覺必定真的很甜美。這樣的順服，該有多麼快樂——舒適、信任、

15 卡爾・亞伯拉罕（Karl Abraham, 1877-1925），一位有影響力的德國精神分析師，也是佛洛伊德的合作者，被佛洛伊德稱為「最佳學生」。——編注

不再緊繃的胸口與肩頭、心中的放鬆。感覺某種更強大、更正確的東西在支撐自己。由於自身特有的難題，人成為唯一一種往往自願擁抱死亡的動物，哪怕知道這意味著徹底消散。

但是，佛洛伊德（就如同我們）陷入某種矛盾之中。的確，任自己毫無戒心地融入父親或父親的替代物，甚至偉大的天父，就是放棄自因籌畫，放棄成為自身父親的企圖。而一旦放棄，你就會變得微小，命運不再屬於自己，你將永遠是孩子，在長者的世界中前進。然而，如果你把自己獨特的東西，全新的、改寫世界歷史的、革命性的東西帶入世界，那麼，世界會是什麼樣子？因此，佛洛伊德必須冒著失去全部認同的危險，與順服搏鬥。他既然要織自己的網，又怎能讓自己懸在別人的網中？蘭克比任何人都更理解人類的難題：不過是凡胎肉身，卻扛著天才的作品，能到哪裡為自己大膽、超越前人的創造尋求支持？我們將在下一章看到蘭克的觀點，但此處已然很清楚，佛洛伊德選擇實現他的自因籌畫，藉由把自己的研究和組織（精神分析運動）當作鏡子，**將力量反射回自己身上**。前面已經指出，自因籌畫是必然要付出代價的謊言，而現在我們才明白，那是情感上的代價，且必定總是伴隨著兩種東西：忍不住想要承認自己無可救藥的依賴性，以及對這種承認的反抗。人活著，要有一定程度的決心嚴守祕密。[16]

佛洛伊德與弗利斯長達十五年的關係進一步支持了上述觀點。文森．布羅姆[17]認為佛洛伊德和弗利斯之間是一種情感關係，比過去任何傳記作家所認定的都更為強烈。布羅姆引用了佛洛伊德的自白，他說他對於弗利斯有非常深刻且「晦澀的」情感。數年前，佛洛伊德與弗利斯的關係在他身上引發了一些症狀，而他與榮格的關係也引發了類似的症狀，且兩次都是在一九一二年那場會議的那一家旅館的同一個房間發作，如此一來，此事就不只是巧合。在早期，症狀沒有那麼強烈，且並不是指向強壯的對手，而是病弱的弗利斯。佛洛伊德自我分析的結果是「在問題的根源中，有某種難以控制的同性戀情感」。瓊斯則說，佛洛伊德好幾次指出「他性格中女性的一面」。[52]

儘管佛洛伊德的自我分析誠實得異乎尋常，我們仍不得不半信半疑。任何人都可能具有特定的同性戀衝動，佛洛伊德也不例外。然而，有鑒於佛洛伊德一生都把模糊的焦慮情感歸結為特定的性動機，我們有權假定，他「難以控制的」衝動可能只代表了互相衝突的各種依賴性需求。瓊斯在評價佛洛伊德的人格時，也誠實將同性戀問題納入考量，而我認為他給了同性戀問題恰當的分量。瓊斯說，這是佛洛伊德依賴性的陰暗面，這種依賴，讓佛洛伊德在幾個方面上誤入歧途，例如他對某些人評價過高，像是布雷爾[18]，特別是弗利斯，還有榮格。瓊斯甚至認為佛洛伊德的這一面源自「自信心受損」。[53]當然，佛洛伊德厭惡自身人格中的這一面，當他因為軟弱而流露出部分的「同性戀」依賴性，他便努力依賴自己，也樂見自己這麼做。一九〇九年十月六日，他寫信給費倫奇，說他已克服了他在弗利斯面前的順從，他不再需要去徹底揭露自己的人格了：

> 自弗利斯事件以來……這種需求現在消失了。同性（精神）能量之挹注有一部分已經消退，並被用於擴大我的自我。[54]

16 佛洛姆在關於佛洛伊德人格的重要討論中，跟瓊斯一樣，也鎖定佛洛伊德的無助和依賴性，認為那是佛洛伊德的陰暗面，但我認為他過分強調那是佛洛伊德童年與母親關係的一種矛盾反射，我傾向於視其為一種普遍現象，是針對其獨特的英雄追求與重擔的反應。參見佛洛姆《佛洛伊德的使命》第五章。——原注

17 文森．布羅姆（Vincent Brome, 1910-2004），英國作家，曾為佛洛伊德及其他政治家、作家撰寫傳記。——編注

18 布雷爾（Josef Breuer, 1842-1925），維也納著名精神科醫師、佛洛伊德的老師。——編注

問題就在自我（ego）。自我本身即賦予人自治能力，這種能力讓人擁有一定的行動和選擇自由，讓人能夠盡可能地塑造自己的命運。今天，同性戀被普遍視為一種問題，包含無能、認同不明確、被動、無助，總之，無法對生活採取強力的態度。[19]在這種意義上，瓊斯認為佛洛伊德的自信受損，無疑是正確的見解，無論是對堅強的榮格，還是對病弱的弗利斯，佛洛伊德都表現出這種自信受損。這兩種情況都代表有額外負擔威脅到自身力量。

另一方面，我們對同性戀的現代理解，甚至進入問題的更深層面——亦即不朽和英雄主義，這在前面關於佛洛伊德及天才的章節中已大致討論過。蘭克對這個主題有精妙的闡述，本書第十章將討論他的研究。不過，在此我們需要先多談一點這個與佛洛伊德特別相關的主題。前面曾指出，真正聰慧的、自由的精神，在進行一種獨特的繁衍時會試圖繞過家庭。於是，假如這位天才要嚴格遵循自因籌畫，就必然會遇到一個巨大的誘惑：繞過女性以及自己身體的物種角色。這位天才也許會作出如下推論：「我之所以存在，不是為了物種利益而被當作生理上的繁殖工具。我的個體性是完整而不可分割的，所以我的身體也該包含在我的自因籌畫中。」因此，這位天才透過與聰慧的年輕人連結，在心靈上繁衍自己，按照自己的形象創造他們，把自己的天才精神傳給他們。這就好比試著去精確地複製自己，無論複製的是心靈或身體。畢竟，任何妨礙一個人的精神天分自由飛翔的事物，都是在貶低那個人的價值。對男人的生理性而言，女人已經是種威脅，避免與女人交媾只是一小步。透過這種方式，當事人得以保護自己小心翼翼圍起的中心，使其免於消解，不被不明確的意義所侵蝕。大多數男人都藉由避免婚外不忠來牢牢掌握自身的意義，並對此感到滿足。然而，可以這麼說，一個人可以藉由抑制「異性戀不忠」來更加自戀地保護好自身的意義。

從這種觀點看來，佛洛伊德在談論「他性格中女性的一面」時，同樣也只是從自我的力量而非自我的弱點出發，換言之，是以他專心一意的決心，去精心經營自己的不朽。眾所周知，佛洛伊德對家庭絕對忠誠，但從四十一歲左右就中止與妻子的性關係。這麼做，完全與他的自因籌畫一致，是自戀性質的自我膨脹，拒絕依賴女性身體與他的物種角色，試圖控制並保持自身個體性的力量與意義。正如羅森指出的，佛洛伊德描述了自己心目中的英雄：

……他的性需求和性活動降低到非比尋常的程度，彷彿有種更高的抱負使他超越了人類普遍的動物需求。[55]

佛洛伊德顯然將他全部的熱情傾注於精神分析運動與自己的不朽性。這兩者就是他「更高的抱負」，這種抱負也合理地包含精神上的同性戀，一種對人並無威脅的「動物需求」。

自因的概念矛盾

到此為止，我們討論了自因過程中的情感矛盾，然而，自因過程還有概念上的矛盾。正視和承認人類在日漸凋零時的情緒反應是一回事，為這種凋零辯護又是另一回事。佛洛伊德可以承認自己的無助和依賴，然而問題是，他要如何讓自身之死具有意義？他要嘛必須從他的自因籌畫內部（即精神分析運動）出發來辯護，要嘛某種程度上從該籌畫外部出發。這就

19 本書原著出版於一九七三年，當時的美國社會雖已開始注意到同性戀者的人權問題，同年，美國精神醫學會也將同性戀從DSM第二版中的精神疾病清單中刪除，但大眾仍視其為某種偏差與錯誤。——編注

是自因過程在概念層面上的矛盾：一個人要如何信賴任何非人為的意義？只有人為的意義，才是我們能確切知道的。但大自然看來對此完全無動於衷，甚至對於人的意義充滿惡毒的敵意。而我們竭力想把可依賴的意義帶入世界，並據此奮鬥。但是，人的意義脆弱而短暫，總是因歷史事件和自然災害而變得可疑。單單一個希特勒就能抹煞幾個世紀累積的科學和宗教意義，一場地震就否定了上百萬人的生命意義。人類始終試圖從外部來確保人類的意義。如果不訴諸更高層次的理由，如果沒有某種超驗世界的概念來支撐我們的生命意義，我們最大的努力似乎顯得完全不可靠。由於這個信念必須吸收人類根本的恐懼，因此不可能僅僅是抽象事物，而必須植根於情感，植根於某種內在感覺——讓我們感覺自己安然置身於比自己的力量和生命更強大、更重要的事物之上。這就好比一個人在說：「我的生命脈動日漸衰退，我在遺忘中逐漸消逝，然而『上帝』（或『它』）依然存在，甚至因我的生命奉獻而更加榮耀。」至少，對於個體而言，這種感覺在作用最強大時，就成了信念。

一個人的生命得抵達多遠的地方，才能獲得英雄的確實意義？這問題顯然一直困擾著佛洛伊德。根據精神分析理論，兒童要先確立自己的全能感，再將文化道德當作不朽的工具，並在這個過程中經歷生命的恐懼，以及孤獨。長大後，這份昂然的、被授予的不朽成為重要的防衛機制，使我們在危險面前保持鎮靜。要讓人們走向戰場相當容易，其中一個主要原因便在於：每個人內心深處都會為身邊的人終將死去感到難過。每個人都用幻想保護自己，直至震驚地看到自己流出鮮血。如果你是少數承認死亡焦慮的人，那你理所當然會質疑不朽的幻想，這正是佛洛伊德的經歷。齊爾伯格很肯定這個難題困擾了佛洛伊德一生。佛洛伊德渴望、期待名氣，希望藉此創造自己的不朽，因為「不朽代表受到無名大眾愛戴」。這個定義來自啟蒙運動的觀點：對人們的生活和福祉作出貢獻，並活在未出生者的緬懷中。

但是問題在於，這完全只是「現世的」不朽。這一點必定深深觸痛了佛洛伊德。他對不朽的觀點被批評為「嚴重的矛盾，甚至有多重意義」。[56]早年他就告訴未婚妻，他已毀掉全部來信。他又以諷刺和勝利的語調補充說，在他離開這個世界之後，他未來的傳記作者會很難找到關於他的資料。到了晚年，關於他寫給弗利斯的信，他也講了類似的話，他說假如是他而非某個學生拿到那些信，他會毀掉信件，不讓「所謂的後代」看到。[20]齊爾伯格似乎認為，這種在渴望不朽和蔑視永生之間的擺盪，反映了佛洛伊德思想兩極化的不幸惡習，然而在我看來，這種擺盪更像是在變魔術操弄現實：你害怕現世的生命可能沒有價值，可能沒有任何真實意義，於是你特別蔑視你最渴望的東西，以此緩和焦慮，但又在暗中祈求好運。

一方面，你把精神分析當作你的私人宗教，當作你自己通向不朽的康莊大道；另一方面，你又如此獨特和孤絕，質疑人類在這行星上的所有經歷作為。與此同時，你無法放棄由自己來創造不朽的籌畫，因為宗教對不朽的承諾純粹只是妄想，只適合兒童和容易受騙的市井小民。就這樣，佛洛伊德陷入這種可怕的困境，正如他向普菲斯特[21]牧師承認：

> 可以想像，大約幾億年前的三疊紀，所有爬蟲類都為自身物種的發展感到極度自豪，並期待著天曉得的什麼輝煌前景。後來，除了該死的鱷魚，爬蟲類都滅絕了。你可

[20] 一九三六年，佛洛伊德的學生——法國公主瑪麗．波拿巴從書商手中買到佛洛伊德寫給弗利斯的信件，因信件內容相當親密，令佛洛伊德既驚且怒。——編注

[21] 奧斯卡．普菲斯特（Oskar Pfister, 1873-1956），現代瑞士心理學的先驅，瑞士路德教會的牧師，也是佛洛伊德的友人，支持佛洛伊德的業餘心理分析（lay analysis）立場。一九一九年，他成立了瑞士精神分析學會。——編注

以反駁說……人有心智作為工具，因而有權利去思考和相信未來。我承認，心智的確很奇特。關於心智及其與自然的關係，我們所知甚少。我個人相當尊重人類心智，但大自然尊重嗎？心智只不過是大自然的一小部分，至於大自然的其餘部分，雖然沒有心智看起來也發展得很好。大自然真的會讓自己受到人類心智的任何影響嗎？比我自信的人是值得羨慕的。[57]

當一個人工作的意義不過相當於恐龍腹鳴、放屁及吼叫（這些聲音已永遠消停了），他就很難再堅定不移地工作。或者，他也可能會選擇更拚命工作，以對抗大自然的麻木不仁。他甚至可以將語言和思想打造成一座不可撼動的紀念碑，去彰顯人類如何坦然面對自身處境，以藉此迫使大自然尊重神祕心智的產物。人類正是由於這些而變得強大、真實，並藐視既有宗教的虛假安慰。人類的幻想證明人類不應當得到任何比煙飛灰滅更好的東西。因此，佛洛伊德必然認為，是他讓精神分析成為宗教的競爭者。精神分析的科學將證明道德世界的真正事實，並將其改造——如果可能的話。這就是為何精神分析對於佛洛伊德是一種宗教，從榮格、蘭克到齊爾伯格和菲利普．瑞夫[22]，眾多權威的思想家都指出了這一點。

這一切都可以用另一種說法表達：佛洛伊德用雙倍努力使自因謊言成真，藉此反抗自然。齊爾伯格在他關於佛洛伊德與宗教信仰的透徹評論中，用下述觀點來總結：

人一旦開始所謂的「征服自然」，就把自己幻想為宇宙的征服者。為確保自己身為征服者的支配權，人霸占了戰利品（自然、宇宙）。人必然感到這戰利品的創造者被消滅了，或者說，他想像中的那位君臨宇宙的最高主宰已身處險境。佛洛伊德拒不接受宗教信仰的真正意義，正好反映了上述傾向……因此，毫不意外，在人類心理學的領域，無論一個人多麼偉大（例如佛洛伊德），他所看到的人類往往是始終不開心的、無助的、焦慮的、痛苦的……恐懼地看著空無，帶著不難想像的……厭惡，從「所謂的後代」面前轉身走開。[58]

「佛洛伊德需要擺脫任何懷疑——在智識上依賴他人的懷疑，在精神上依賴人格化上帝的懷疑。」齊爾伯格指出，這使佛洛伊德陷入一種僵化的、幾乎是唯我論的智性態度。[59]由於一些他不願承認或無法承認的事情，他的自因謊言也變得特別緊迫，而這也損害了他據以違抗自然的真理。

榮格可能會同意齊爾伯格的看法。在我看來，榮格對佛洛伊德在人格上的生命難題，提出了最簡潔、最適當的總結：

> 佛洛伊德從未問過自己，為什麼他的研究不得不始終圍繞著性，為什麼有關性的問題深植在他的思想中。他一直未能意識到，他「千篇一律的解釋」表明了他對自身或自身另一面的逃避，這另一面或許可稱為神祕的一面。只要他拒絕承認這一面，他就絕不可能跟自己和解……

對於佛洛伊德這種單面性，人們愛莫能助。他自己的某種內在經驗或許會讓他睜開

22 菲利普．瑞夫（Philip Rieff, 1922-2006），美國社會學家和文化評論家，撰寫了許多關於佛洛伊德及其遺緒的書籍。——編注

眼睛。……他一直被他所能認識的那一面困住，因此在我看來，他是悲劇人物。他是極其優秀的人，而且，是被自身的靈[23]控制的人。[60]

成為被自身之靈牢牢控制的悲劇人物，這實際上代表什麼？代表擁有巨大的才能，代表透過堅定肯認自因籌畫，去不屈不撓地發揮這份因自因籌畫而誕生、形成的才能。他一心想著自己必須做些事情去表現自己的天賦，人格中激烈的感情與他的信條變得不可分離。對此，榮格有精彩的描述，他總結道：佛洛伊德「自身一定是非常深切地被愛欲的力量左右，以致他真的希望能把這股力量提升為信條……就像一位宗教的守護神」。[61]愛欲正是兒童這種生物機體的自然活力，讓兒童不得休息，並驅使他不斷前進，同時形成他的人格謊言，而這謊言諷刺性地允許他不斷受驅使，只不過如今是在自我控制的假象之下。

結論

我們完成了關於佛洛伊德的討論，回到最初的出發點。正如前面所說，我們看到他的兩大抗拒是相連的，且事實上也融入彼此。一方面，他不願毅然離開他的本能理論，走向死亡恐懼這個更全面的概念；另一方面，他拒絕向外在自然順服，沒有能力充分表現自身神祕的、依賴性的那一面。在我看來，上述兩大抗拒的關聯在於他拒絕放棄自因籌畫，而自因籌畫原本能引領人以一種開闊的、具有問題意識的觀點去看待人類受造性。然而，這種觀點正是信仰萌發的土壤，或至少可以讓人走向某種信仰，那信仰是一種可體驗的現實，而非幻覺。佛洛伊德從未允許自己踏上這片土壤。在他身上，愛欲窄化了本來更開闊的經驗地平線。或者，換句話說，如果要離開佛洛伊德所認可的科學的受造性，走向宗教的受造性，就必須用死亡恐懼取代性，用內在的被動性取代強迫性的愛欲，即受造的驅力。然而，佛洛伊德不太能應付這種內在情感上和概念上的雙重順服。正如榮格的理解和判斷，要作出這種順服，意味著放棄他自身的靈，放棄他作為天才獨特的全部激烈情感，放棄他為人類打造的禮物。

23 靈（Daimon），古希臘詞，凡人也能擁有的一種超自然力，通常是內在指引、靈感來源或個人道德的監督者，能決定一個人的命運。——編注

第二部
英雄主義的失敗

PART II
THE FAILURES OF HEROISM

對於喪失勇氣的人來說，精神官能症和精神病正是他們表達自己的方式。所有獲得這份深刻見解的人……從那時起，在走向神祕的心靈地域時，將避免與如此消沉頹喪的人一起攜手共度沉悶的旅途。

——阿德勒

第七章
人施展的魔咒：不自由的連結紐帶

• • •

CHAPTER SEVEN
The Spell Cast by Persons — The Nexus of Unfreedom

啊，我親愛的，對於任何孤身一人者，沒有上帝也沒有主人，生活的重量是可怕的。因而人必須選擇一個主人，上帝已經過時。

——卡繆[1]

……無力達到自由的人們，無法承受神聖的恐怖顯現於他們眼前，必然要轉向神祕主義，必然要掩蓋……那……真相。

——卡羅・利維（Carlo Levi）[2]

多少年來，人們一直責備自己的愚蠢，責備自己把忠誠獻給這人或那人、盲目相信或心甘情願地服從他人。每當從一個差點毀了自己的魔咒掙脫，回頭思量，才發現事情似乎沒道理。一個成熟的人怎麼會如此受蠱惑？原因何在？我們知道，在整個人類歷史中，民眾總是追隨領袖，因為領袖散發出魔法般的氣場，因為領袖顯得超凡脫俗。表面看來，這是充分的解釋，因為既合乎邏輯，又符合事實：人崇拜並畏懼權力，並因此向手握權力的人效忠。

不過，這只觸及問題的表層，此外，也太偏向實際面。若僅僅是算計自身利益，人並不會變成奴隸。正如高爾基[1]的控訴，奴性存在於靈魂之中。人際關係中有種東西是必須解釋的，那就是擁有或象徵權力的人都有一種**人的魅力**。這種人身上似乎會散發某種光芒，把別人融進他的氣場中。歐登（Christine Olden）稱其為「自戀人格的魅惑效應」[3]，榮格則喜歡稱之為「神力人格」（mana-personality）[4]。然而，那類人實際上並不會放射出藍色或金色的光芒。神力人格者可能會努力增強眼中的神采、在前額塗一道特殊的神祕印記、穿特殊的服裝，或以某種方式行動等等，但這些人終歸是智人，標準的批次生產成品。除非有人對神力人格者特別感興趣，否則這些人實際上與他人毫無區別。神力人格者的魔力（又稱瑪那，mana）是見者恆見；他們的魅力也是如此。應該解釋的是：如果所有人或多或少都是相似的，為何我們要對其中一些人懷有如此不顧一切的熱情？下面是一位馬里蘭州選美優勝者與法蘭克·辛納屈（二十世紀中期名利雙收的美國流行歌手暨影星）初次交談後的自述：

他是我的約會對象。我收到他的訊息後，必須服用五片阿斯匹林來讓自己平靜下來。在餐廳裡，我從屋子的另一頭看到了他，心裡非常緊張，從頭到腳都顫抖不已。對我來說他就像星星，頭的周圍好像有一圈光環。他身上有種我平生未見的東西……我和他在一起時，滿懷敬畏，也不知何故無法擺脫那股敬畏……我無法思考。他是那麼迷人……[5]

想像有一種科學理論，它能觸及奴性的內部連結紐帶，從而解釋奴性；想像人們為人類的愚蠢哀嘆了這麼多年，終於確切明白人類為何會被某種致命的魅力吸引；想像能夠冷靜、客觀而詳細地分析奴役的確切原因，好比化學家分離元素……想像以上這些，你就能夠更加了解精神分析在世界與歷史上的重要性，因為，精神分析僅憑自身理論就揭開了奴性的祕密。佛洛伊德發現，接受分析的患者可能會對精神分析師產生特別強烈的依戀，分析師實際

1 高爾基（Maksim Gorky, 1868-1936），蘇聯著名作家，社會主義、現實主義文學奠基人，政治活動家。——編注

上成了患者世界和生活的中心。患者的眼睛裡只有精神分析師，一見對方就喜不自勝，腦海中都是精神分析師，甚至連夢中也是。整體來看，這種迷戀包含強烈的愛情因素，但並非只有女性如此。男性患者也會「對分析師產生同樣的依戀，同樣高估其品格，同樣迎合對方的興趣，也會嫉妒分析師周圍的人」[6]。佛洛伊德認為這現象很奇異，為了解釋這現象，他提出「移情」（transference）概念。患者把自己小時候對父母的感情轉移到精神分析師身上。他把精神分析師想像得過分高大，一如小孩眼中的父母。他會依賴精神分析師、希望從他那裡獲得保護和力量，好比兒童把自己的命運與父母融為一體，諸如此類。在移情中，成人的內心深處就像孩子，為了減輕無助和恐懼而扭曲世界的孩子。為了安全感，他總是一廂情願看待事物，像個前伊底帕斯階段的兒童一樣毫無自覺、不加批判地行動。[7]

佛洛伊德認為，移情是人類基本的可受暗示性（suggestibility），只是以另一種形式呈現，這種可受暗示性促成了催眠。催眠也是順服於更高的力量，[8]這就是它真正的不可思議之處。畢竟，在催眠中，成年人瞬間陷入神智恍惚狀態，像機器人一樣服從陌生人的指令。還有什麼比催眠更「神祕」？似乎真有某種超自然的力量在運作，彷彿某人真有魔力，能夠用咒語困住人。然而，事情之所以看似如此，只是因為人無視自身靈魂的奴性。他想讓自己相信，如果他喪失了意志，那都是因為別人做了什麼。他不會承認他之所以喪失意志，是因為自己身上有一種隱密的渴望、一種傾向，隨時準備回應某人以聲音與彈指發出的指令。只要人們不承認自己的無意識動機，催眠就是難以理解的謎。由於我們否認自己天性中的基本特性，催眠才會蠱惑我們。我們或許甚至能說，所有人都樂意被催眠，因為他們必須否認自己的整個意識生命所依託的彌天大謊，這些謊言包含自給自足、自主決定、獨立判斷和選擇。社會上一直流行各種吸血鬼電影，這也許是一條線索，讓我們想到自身被壓抑的各種恐懼是多麼瀕臨潰堤：失去控制的焦慮，中了他人魔咒的焦慮，不能真正控制自己的焦慮。一個強烈的眼神、一首神祕的歌曲，就可能讓我們永遠失去自己的生命。

一九〇九年，費倫奇就已經藉由一篇基礎論文出色地闡述了這一切。在半個世紀以來的精神分析研究中，這篇論文一直屹立不搖，難以超越。[9] [2]費倫奇指出，對於催眠者來說，擁有威嚴的外表、優越的社會地位以及自信的風度有多麼重要。當催眠者發號施令，患者有時會像「觸電」般被擊中而失去知覺。患者除了服從，別無選擇，原因是催眠者藉助自身威嚴、權威的形象，儼然代替了父母，他「正好知道如何嚇唬人、如何關愛人，這種技巧的效果已在成千上萬年的親子關係中得到了證明」。[10]我們看到，基督宗教的信仰復興運動者也運用同樣的技巧，在滔滔不絕的演講中對聽眾高聲訓斥，隨即又溫言撫慰。於是人們發出痛

2 我知道，關於移情理論，還有與其相關的延伸、修正和爭論，已有大量的文獻。但是，在此處討論專門性文獻，會偏離我的目的太遠。在那些文獻中，我們會看到，某些重要的研究方法對移情的理解遠超出佛洛伊德和費倫奇。不過，我無法確定，加入大量精神分析師對移情和催眠確切本質的專門性爭論，是否有助於相關現象的基本理解。特里甘特·伯羅（**Trigant Burrow, 1875-1950**，美國精神分析師、精神病學家、心理學家，最早提出團體治療的先驅之一——編注）早期試圖將移情完全歸為社會學習的問題，後面將看到，我認為這是明顯的謬誤，參見：伯羅，〈移情問題〉（"The Problem of the Transference"），《英國醫學心理學期刊》（*British Journal of Medical Psychology*），一九二七年，第七卷，第一九三—二〇二頁。儘管後來庫比（L. S. Kubie）和馬戈林（Sydney Margolin）提出了異議，但佛洛伊德仍對各種導入催眠狀態的生理學理論持懷疑態度，而我也仍認為佛洛伊德是正確的。請比較佛洛伊德，《群體心理學與自我的分析》，一九二二年（*Group Psychology and the Analysis of the Ego.* New York: Bantam Books Edition, 1960），第七十四頁；以及庫比和馬戈林，〈催眠過程以及催眠狀態的性質〉（"The Process of Hypnotism and the Nature of the Hypnotic State"），《美國精神醫學期刊》（*American Journal of Psychiatry*），一九四四年，第一八〇卷，第六一一—六二二頁；亦請比較吉爾（Merton M. Gill）和布萊曼（Margaret Brenman），《催眠及其相關狀態：關於退化的精神分析研究》（*Hypnosis and Related States: Psychoanalytic Studies in Regression.* New York: Science Edition, 1959），第一四三頁與第一九六—一九七頁。當然，關於移情理論，最有意義的修正在於它的臨床運用及詮釋，但這已明顯超出我的討論範圍。——原注

苦與狂喜的悲號，撲倒在信仰復興主義者的腳下，等待救贖。

既然兒童最大的志向是服從全能的父母、信奉父母、模仿父母，那麼，透過催眠在想像中立即重返童年，豈非再自然不過？費倫奇認為，催眠之所以容易，是因為「在心靈的最深處，我們仍是孩子，一輩子都是」。[11]因而，在理論的掃蕩之下，費倫奇藉由揭露被催眠者自身的可受暗示性，便能摧毀催眠的神祕：

……「催眠」、「給予想法」的意思並不是指精神與陌生的外界之物結合，而是一種程序，可以啟動無意識的、早已存在的自我暗示機制……按照這個概念，暗示和催眠要在刻意設好的狀態中運用，此時，人人皆有但通常壓抑下來的盲目信念，以及不加批判的服從等傾向……可能會無意識地轉移到催眠者或暗示者身上。[12]

出於一個極為重要的原因，我將繼續說明費倫奇是如何解開催眠的祕密。藉由發現人類內心的普遍傾向，佛洛伊德的心理學找到了鑰匙，得以開啟基本的、具有普世性與歷史意義的心理學大門。並非人人都做過正式催眠，因而大多數人都能隱藏和掩飾想與權勢人物合為一體的內在衝動。但是催眠傾向與移情傾向同出一源，無人能不受影響，也無人能反駁日常生活中的各種移情現象。這件事表面看不出來，例如：成人走來走去，貌似非常獨立；他們扮演著父母的角色，看來十分成熟——他們的確如此。如果他們依然帶著兒童期對父母的敬畏，習於自動而不加批判地服從父母，就無法行使職責。然而費倫奇說，儘管這些東西（敬畏等）通常會消失，但是「服從某人的需求依然存在，只是由服從父親轉換成服從老師、上級、令人欽佩的人物。服從、忠於統治者的現象十分普遍，也屬於這種移情」。[13]

佛洛伊德關於群體心理學的偉大研究

憑藉著解開催眠問題、發現移情的普遍機制這樣的理論背景，佛洛伊德幾乎必然對領袖心理學提供了有史以來最好的洞見，因此也寫出了他的偉大著作《群體心理學與自我的分析》。該書不到一百頁，在我看來，或許是人類過去所寫出最具解放可能性的小冊。佛洛伊德晚年寫了幾本反映個人和意識形態偏好的書，但《群體心理學與自我的分析》是嚴肅的科學著作，他有心將這本書放入悠久的傳統中。早期研究群體心理學的學者試圖解釋，為何人們置身於群體就會像綿羊般溫順而盲從。他們發展出的「心理傳染」和「群體本能」等概念變得相當流行。但是，正如佛洛伊德很快就注意到的，這些概念從來沒有真正解釋當人被群體包圍時，判斷力和常識都用在哪裡了。佛洛伊德立即看到他們做了什麼：他們只是又一次變成依賴的兒童，盲目遵從內心父母的聲音，這聲音在領袖催眠般的咒語下傳了進來。人們放棄了自我，遵從領袖的自我；他們認同領袖的權力，試圖與領袖一起成為一種理想。

佛洛伊德認為，與其說人是群居動物，倒不如說人是由領袖率領的群居動物。[14]僅憑這一點，就可以解釋「群體形成的不尋常性與強制性」。領袖是「危險人物，面對他時，只可能保持消極的受虐態度，不得不放棄自身意志。而單獨與領袖相處時，『直視他的臉』則是一種危險行徑」。佛洛伊德認為，單是這一點，就足以解釋權力較少者面對權力較多者時的「癱瘓」。人類「對權威有極端的熱情」，並且「希望被不受限制的力量統治」。[15]領袖正是催眠般地讓他掌控的人體現出這種特性。或者就像費尼謝爾[3]後來所指出的，人們有一種「被催眠的渴望」，這完全是因為他們希望重獲彷彿有魔力的保護，重新成為全能的一部分，重返在父母的關愛和保護下所享有的「海洋感覺」[4]。[16]因此，正如佛洛伊德所說，並不是群體產生了什麼新的東西，而是群體滿足了人們在無意識間始終懷有的一股對愛欲的深層渴望。對於佛洛伊德而言，這是將群體團結起來的生命力，作用就像一種精神水泥，把人們封在一種無需用腦的相互依賴中，而領袖磁鐵般的吸引力所得到的回報，是每個人內疚地將自己的意志委託給他。

直視某些臉孔的危險，以及放心地沐浴於他人權力光輝之中的幸福感——一個人若能坦率地記住這些感覺，就不可能指控佛洛伊德的理論是精神分析的巧辯之詞。佛洛伊德解釋了凝聚群體的確切力量，從而讓我們看出群體為何不怕危險。由於群體成員擁有自身所認同的英雄領袖的權力，故而並不感覺孤單、渺小和無助。人類天生的自戀傾向讓他們覺得，會死去的是**身旁**的人，而非自己。對領袖權力的信任和依賴，強化了這種自戀傾向。難怪一戰時有成千上萬的人冒著槍林彈雨衝出戰壕。可以說，他們正在催眠自己的某個部分。也難怪人們在毫無勝算的情況下還想像著勝利——自己不是有父母角色那種無所不能的力量？人們總問：為什麼群體是如此盲目和愚蠢？佛洛伊德答道：因為他們需要幻覺，他們「總把虛假的事物看得高於真實的事物」。[17]而我們知道箇中原因。真實的世界太過可怕，以至於難以承認。它使人感覺自己是渺小的、戰慄的動物，終會衰弱、死亡。幻覺改變了這一切，使人覺得這世界少不了自己，自己是重要的，並在某種意義上是不朽的。如果不是父母為我們植入文化自因這個彌天大謊，那是誰傳遞了這些幻覺？大眾盼望領袖提供自己所需要的虛幻事物，而領袖則使戰勝閹割情結的勝利幻覺延續下去，並將其誇大為真正的英雄式勝利。此外，領袖使人有可能得到新的經驗，得以表達各種禁忌的衝動、私密的願望和幻想。在群體中，只要領袖首肯，做什麼都可以。[18]人似乎又成了全能的嬰兒，在父母的鼓勵下盡情放縱自己；或者說，就像置身於精神分析治療中，不會因為自己的任何感覺或想法而遭分析師責備。身在群體，人人似乎都是全能的英雄，能在父親贊許的眼光下充分表露自己的欲望。由此，我們也得以理解群體活動中可怕的虐行。

這就是佛洛伊德關於群體心理學的偉大研究，討論了盲從、幻覺和集體施虐的動力機制。佛洛姆在最近的著作中，也特別指出佛洛伊德的這些洞見針對人類的邪惡與盲目提出了發展中的、持續性的批判，具有恆久的價值。佛洛姆從早期的《逃避自由》到最近的《人心》（*The Heart of Man*），接手發展了佛洛伊德的一個觀點：人需要具有魔力的協助者。自戀是人的原初特性，這是佛洛伊德的基本洞見，而佛洛姆則讓這份見解繼續受到關注。他指出自戀如何使人高估自身生命的重要性，並貶低他人生命的價值；自戀如何幫人劃出清楚的界線，把人區分成「和我一樣或屬於我的人」以及「外人和異己」。佛洛姆也強調他所謂「亂倫共生」（incestuous symbiosis）的重要性：人們害怕從家庭獨立出來、靠自己的能力及力量進入世界；人們渴望置身於更強大的力量之中。正是這些導致了「群體」、「民族」、「血緣」、「祖國」等事物的神祕性。這些情感深植於最早期與母親舒適融為一體的經驗中。佛洛姆指出，這樣的情感將人「關在種族—民族—宗教固著的慈母般的牢獄中」。[19]佛洛姆的作品讀來令人激動，但重複或發展他的優秀表述並無意義，我們必須直接閱讀其論點、研究其見解令人信服之處，以及它們如何出色地繼承佛洛伊德的基本思想，並將其用於分析當今的奴性、邪惡、持續不斷的政治狂熱等問題。在我看來，這是對人類境況累積的批判性思想

3 費尼謝爾（Otto Fenichel, 1897-1946），年輕時在維也納學習醫學，受精神分析吸引後拜師於佛洛伊德，是所謂的第二代精神分析師。——編注

4 「海洋感覺」（oceanic feeling），一種與世界合而為一、無窮無盡的感覺。——編注

所走出的一條真實路線。令人驚訝的是，這條自啟蒙運動以來關於自由問題的核心路線，幾乎沒有得到科學家的關注與持續研究。然而，如果人文科學想要獲得任何人類的意義，那麼，上述路線就應當成為人文科學理論研究和實證研究最大的主體部分。

超越佛洛伊德的進展

今日，我們不會毫無原則地接受佛洛伊德群體動力學的所有論述，也不會認定它們就必然是完備的。佛洛伊德理論的弱點之一，在於他過分迷戀自己的系譜學神話，也就是「原初群落」（primal horde）。佛洛伊德試圖重構人類社會最初的起源，當時，與狒狒相似的原始人是活在雄性首領的專制統治之下。對於佛洛伊德來說，人們對強大人格的渴望、敬畏與恐懼，仍然是所有群體的基本運作模式。雷德爾[5]在他的一篇重要論文中指出，佛洛伊德試圖用「強大人格」來解釋一切，但這不符事實。雷德爾研究許多群體後發現，由性格強大的個體率領的現象只發生在某些群體內，而非全部。[20]然而他也確實看到，所有群體中都有他所謂的「核心人物」，他們由於自身的某些特質而維繫了群體的團結。雷德爾強調的重點稍有不同，但基本上並未更改佛洛伊德的理論，不過，這已經讓我們能夠對真正的群體動力進行更細微的分析。

舉例來說，佛洛伊德發現，是領袖讓我們得以表達禁忌的衝動與私密的願望。雷德爾也注意到，在某些群體中確實有種氛圍，他貼切地稱之為「無衝突人格者的感染力」。有些領袖之所以吸引我們，是因為他們沒有我們內心的種種衝突，我們欽慕他們的泰然自若，原因在於，如果我們遭遇同樣的事，會感到羞愧受辱。佛洛伊德看到的是領袖驅走恐懼，讓每個人都感覺無所不能，雷德爾則改進了佛洛伊德的結論，透過一個簡單事實指出領袖往往多麼重要——他們敢在人人自危的處境中「率先行動」。他把上述現象稱為「率先行動的魔法」。這種率先行動可以是任何事情，發誓、性交及謀殺等都包含在內。正如雷德爾所指出，按此邏輯，只有率先謀殺的人才是凶手，其他人不過是黨羽。佛洛伊德在《圖騰與禁忌》（*Totem and Taboo*）中說過：某些行為以個人而言是非法的，但如果由整個群體分擔責任，那麼，非法行為就有了正當性。但還有另一種方式可以證明這些行為的正當性，也就是讓某人率先行動，因為他既冒了風險又承擔了罪責。結果真的有如魔法：群體的每一個成員都可以毫無罪惡感地重複該行動，無需負責，只由領袖承擔。雷德爾將這種現象貼切地稱為「先行魔法」，然而這種「魔法」不僅僅是減輕罪惡感而已，實際上還**轉化**了謀殺的**事實**。正是這個關鍵要點，帶我們直接進入日常世界的群體轉化現象學。如果一個人仿效先行冒險的英雄，不帶罪惡感地進行謀殺，為什麼這行為就不再是謀殺？因為它成了「神聖的攻擊」。然而，對於率先去做的人，這就不是神聖的攻擊」。[21]換句話說，藉由參與群體行動，個人得以重新提煉日常生活的現實，賦予它一種神聖的氛圍——恰如在兒童時期，遊戲創造了一種強化過的現實。

「率先行動」、「無衝突人格者的感染力」、「先行魔法」等鞭辟入裡的詞彙，使我們得以更細緻地理解群體施虐的動力機制，理解群體殺戮時那種徹底的鎮靜。這不只是「父親允許」或「命令」而已，還蘊含更多意義，亦即關於世界和個體自身**魔法般的英雄轉化**。正

[5] 雷德爾（Fritz Redl, 1902-1988），美籍奧地利裔兒童分析師和教育家。——編注

如佛洛伊德所說，這種轉化提供人們所渴望的錯覺，並使核心人物成為群體情感的載體。

我無意在此重複或總結雷德爾論文的精妙之處，只想強調他論述中最重要的內容，那就是本章標題提到的「人施展的魔咒」——它異常複雜，包含的內容遠比表面上看到的還多。事實上，它可能包含魔咒以外的一切事物。雷德爾指出，群體會為許多原因利用領袖：為了開脫各種罪責、為了緩和衝突、為了愛，或甚至相反，亦即把領袖當成攻擊和仇恨的目標，以便讓群體團結一致（正如最近一部流行電影的廣告所說：「只為殺死他並替自己報仇的歡愉，他們追隨他勇闖地獄」）。雷德爾並非要更新佛洛伊德的基本洞見，而是加以擴展，並增添細微的差異。在他所舉的各種例子中，具有啟發性的是大多數「核心人物」的功能確實與罪惡感、贖罪和明確的英雄主義有關。對我們來說，重要的結論則是群體「利用」領袖時，有時很少考慮領袖個人，念茲在茲的是滿足群體自身的需求和強烈欲望。比昂[6]最近在一篇重要論文中，[22]從佛洛伊德的論點出發，將這條思路延伸得更遠。比昂認為領袖是群體的受造，恰如群體是領袖的受造。作為領袖，他喪失了「個體的獨特性」，正如群體作為領袖的追隨者，也喪失了個體的獨特性。比起群體中任何成員，領袖並沒有更多做自己的自由，而這完全是因為他必須首先反映群體的預設，才有資格成為領導者。[23]

這一切令我們苦苦思索：為什麼一般人即使追隨英雄，也無法成為英雄？答案是，他只是讓英雄幫自己搬重重的行李，並非毫無保留且真誠地追隨英雄。著名的精神分析學家謝爾德[7]已觀察到，人進入催眠狀態時是有所保留的。他犀利地說，正是這件事實使得催眠缺乏「深刻的嚴肅性，無從認出所有真正偉大的熱情」。他因而將催眠形容為「怯懦的」，缺少「偉大、自由、無條件的順服」。[24]我認為，這種人格化的描述，正好非常適合群體行為中怯懦的「英雄主義」。這種英雄主義缺乏任何的自由和陽剛氣概，即使某人將其自我融入專制的父親，「魔咒」也不過是為了他自身狹隘的利益。人們幾乎把領袖當作藉口，當人們屈服於領袖的命令，總能為自己保留這種感覺：這些命令與他們沒有關係，是領袖的責任，他們是奉領袖而非自己之名去行惡。卡內蒂[8]指出，人能把自己想像成領袖暫時的受害者，這正是他們如此問心無愧的原因。[25]人愈是服從領袖的魔咒，犯下的罪行就愈可怕，也愈感到那些過錯不該自然而然地歸咎於自己。利用領袖的方式是如此巧妙，這讓我們想起弗雷澤[9]的發現：在古老的過去，部落經常把王當作代罪羔羊，當王不再能夠滿足眾人的需求，就會被處死。人們能夠用眾多方式扮演英雄，同時也一直怯懦地逃避自身行為的責任。

舉例而言，極少有人欽佩曼森「家族」最近的「英雄事蹟」。從以上討論的群體動力學出發，我們就可以更明白他們的行為何以令人震驚——不僅是因為他們毫無理由地殺人，還因為更多事情。人們既已自願盲從，追求英雄主義就沒有值得欽佩之處，因為這是如此的機械化、可預測且可悲。有一群青年男女認同查爾斯·曼森，每天以受虐的方式順從他，完全把自己奉獻給他，視他為某種人間的神。事實上，曼森完全符合佛洛伊德對「原初父親」的描述：他是權威主義者、對信徒要求極嚴，並且是紀律的偉大信徒。他的眼神銳利而熱烈，

---

6 比昂（Wilfred Ruprecht Bion, 1897-1979），英國精神分析學家，群體動力學研究先驅之一。——編注

7 謝爾德（Paul Schilder, 1886-1940），奧地利精神病學家、精神分析學家，是首先提出「身體意象」（body image）的研究者。——編注

8 卡內蒂（Elias Canetti, 1905-1994），保加利亞出生的塞法迪猶太人小說家、評論家、社會學家和劇作家。一九八一年諾貝爾文學獎得主。——編注

9 弗雷澤（James Frazer, 1854-1941），生於蘇格蘭格拉斯哥。社會人類學家、神話學和比較宗教學的先驅，他所作的《金枝》是二十世紀初人類學、民族學巨著。——編注

對於那些受其魔咒轄制的人來說，他無疑散發出催眠般的氣場。曼森極為自信，甚至有自己的「真理」，妄想接管整個世界。對信徒而言，曼森的狂想有如一道英雄使命，自己則有幸參與其中。曼森讓信徒相信，只有貫徹他的計畫，他們才能得救。這個「家族」異常親密，沒有性的禁忌，成員可以自由性交。他們甚至肆無忌憚地以性為誘餌來吸引新成員。這一切似乎都顯示，曼森身上結合了「自戀人格的魅惑效應」和「無衝突人格者的感染力」。「家族」成員都可以在曼森的示範及指示下，毫無拘束地拋開壓抑——不僅在性方面，還包括謀殺。「家族」成員看來並沒有為自己的罪行表現出任何懺悔、內疚或羞恥。

令人震驚的，正是這種表面上的「缺乏人性」。然而從群體動力學出發，我們的結論甚至更令人驚訝，那就是：像曼森「家族」這樣的殺人團體並非真正缺乏基本人性。這類團體之所以如此可怕，是因為他們放大了人人皆有的脾性。他們何必感到愧疚和悔恨？領袖才要為那些破壞行為負責。聽從領袖命令去破壞的人不再是殺人凶手，而是「神聖的英雄」。他們渴望服膺於領袖投射的偉大光環、實現領袖為他們提供的幻覺，這幅幻覺讓他們得以像英雄般改變世界。在領袖的催眠魔咒下，再加上英雄主義渴望自我擴張的全部能量，他們可以鎮靜沉著地殺人，無需害怕。事實上，他們似乎覺得自己在「幫助」受害者，因為這表示他們把受害者納入了他們的「神聖使命」，使受害者變得神聖。正如我們從人類學的研究文獻中所了解的，被犧牲的受害者是成為神聖祭品，獻給神、自然或命運。群體用受害者的死換取更豐富的生命，受害者因而有幸藉著犧牲生命，以最高層次的方式服事世界。

那麼，像曼森家族這樣的殺人團體，應該直接將他們理解為魔法般的轉化，在這轉化中，被動而空虛的人們遭受內心衝突和罪惡感的折磨，卻為自己贏得廉價的英雄主義，真切地感覺自己能夠把握命運、左右生死。這種英雄主義之所以「廉價」，是因為它並非出於己意，並非以自身的勇氣贏得，也與自己的恐懼無關：他們的心靈烙印著領袖的形象，據此去完成每一件事。

更廣闊的移情觀

為什麼人類會在世上造成如此大規模的破壞？以上關於移情的討論揭示了其中一個重要原因。人類並非天生就是精力充沛的破壞性動物，也就是不會只因自覺全能、堅不可摧，就一定要毀掉周遭世界。恰恰相反，人類是焦慮驚恐的動物，在拚命尋求保護和支持、試圖以怯懦的方式證明自己微弱的力量時，把世界往下拉到肩膀一帶緊緊抓著。於是，領袖的素質和群眾的難題以自然共生的方式結合起來。先前我稍微提到群體心理學的一些精要，是為了顯示領袖的權勢源自於他能為群眾做的事，而不只是他自身的魔力。人們把自己的難題投射到領袖身上，這賦予他領袖的角色和地位。領袖需要追隨者，就如同追隨者需要領袖：領袖會把他自身的無法獨立以及對孤立的恐懼投射到追隨者身上。事實是，如果沒有天生富有超凡魅力的領袖，人們就得把他創造出來；如果沒有追隨者，領袖就必須創造追隨者。要是我們強調移情中這種自然共生的一面，我們對移情問題就有了最開闊的理解，這也是我現在想要討論的主要內容。[10]當佛洛伊德提出人們對移情的渴望及移情的結果，他不但揭露了領袖的魅力，也清楚揭露了追隨者自身的難題。但問題正是在此。一如往常，佛洛伊德向我們指

[10] 既然我們已勾勒出群體和領袖間簡單共生現象的某些要點，便須小心避免陷於片面描述，因為此事還有極為不同的另一面向需要呈現。所有追隨者的罪惡感，並不是那麼容易就能被領袖的魔咒消除，無論領袖如何將此事視為己任或看起來多麼像神人。

出應該觀察什麼，但他關注的範圍卻太過狹窄。沃爾斯坦（Benjamin Wolstein）簡明扼要地指出，佛洛伊德對於「人為什麼總會陷入困境」自有一套概念，[26]而他對困境的解釋幾乎總是停留在性動機。對佛洛伊德而言，人在催眠中如此容易接受暗示，這項事實便證明了催眠取決於性。我們從他人身上感受到的移情吸引力，僅僅證明了兒童最早期從身邊的人身上感受到的吸引力，然而現在，這種純粹的性吸引力被深埋在無意識裡，導致我們意識不到是什麼真正激發了我們的迷戀。佛洛伊德清楚明確地表示：

……我們只好得出這樣的結論：我們在生活中付出的所有感情——同情、友誼、信任等等，都與「性」（sexuality）有著遺傳上的關聯，並且是在它們的性目的（sexual aim）能量減弱後，從純粹的性欲中發展而來，無論這些情感可能以何等純潔、不帶肉欲的形式出現在我們有意識的自我感知中，都是如此。最初我們只知道性客體，但精神分析讓人看到，我們在真實生活中只是尊敬或喜歡的那些人，在我們的無意識中，仍然可能是我們的性客體。[27]

我們看到了這種性動機的化約論如何早早就讓精神分析陷入困境，一連串聲譽卓著的思想家如何努力使精神分析擺脫佛洛伊德的這種執迷。不過，在佛洛伊德的晚期研究中，當他要更廣泛地解釋某些事情，這種執迷並未為他帶來太多麻煩。在他狹隘地強調屈服於移情之下的性面向時，也是如此。一九一二年，佛洛伊德認為移情作用會導致完全的服從，而這項事實對他來說「無疑」證明了移情的「情欲特徵」（erotic character）。[28]但是，佛洛伊德在後期愈來愈強調人類境況的恐怖，他談到兒童渴望強而有力的父親能成為「對抗陌生超常力量

並非人人都同樣認同領袖，也並非人人的罪惡感都能輕易克服。對許多人而言，如果自己的行為違背了由來已久並深入人心的道德規範，就可能引發很深的罪惡感。然而，諷刺的是，正是這股極深的罪惡感，把他們更推往領袖的權力，讓他們更心甘情願接受領袖的控制。

正如我們看到的，如果群體一付自甘為奴的樣子，領袖就會試著進一步加深對他們的奴役。如果人們試圖擺脫由領袖引發的罪惡感，領袖就會讓他們承受更多的罪惡感和恐懼，以使自己的邪惡之網纏住群體。事實上，領袖之所以能夠對群體成員實施強制性的控制，完全是因為成員追隨他從事不法行為，如此一來，領袖就能利用成員的罪惡感來對付他們，把他們綁得離自己更近。領袖利用成員的焦慮來達到自身目的，必要時，甚至能激發成員的焦慮。他可以用成員害怕被受害者發現和報復的恐懼來勒索他們，使成員乖乖承受進一步的暴行。在部分納粹領袖身上，我們可看到這種技巧的典型實例。犯罪集團和黑幫也一貫使用同樣的心理手段：透過犯罪本身，使彼此更加緊密相連。納粹把這種關係稱為「血盟」（*Blutkitt*），並讓親衛隊（SS）任意使用。對下級成員來說，在集中營服役就是在盡忠。但這種技巧也用在最高層人士身上，尤其那些納粹試圖吸收而本人不願參加的名士能人，納粹誘使這些人捲入更多暴行，而這些暴行給了他們新的罪犯身分，使他們認定自身與親衛隊並無不同，而這樣的認同是無法抹滅的。參見：亞歷山大（Leo Alexander）的卓越文章〈親衛隊的社會心理結構〉（"Sociopsychologic Structure of the SS"），《神經醫學和精神醫學文集》（*Archives of Neurology and Psychiatry*），一九四八年，第五十九卷，第六二二—六三四頁。）而且，隨著納粹逐漸失勢、受害者人數增加，納粹領袖開始利用受害方可能會報復一事來製造恐懼。這是黑幫的老伎倆，如今卻被用來鞏固整個國家。因此，希特勒或曼森最初可能視之為英雄使命而展開的某個行動，到頭來卻要由欺凌、威脅，再加上恐懼、內疚來維繫。追隨者發現，他們不得不繼續執行瘋狂的計畫，因為這是他們在充滿敵意的世界上生存的唯一機會。追隨者必須按領袖的意志行動，這是他們生存的先決條件。領袖輸了，他們也會滅亡。他們無法中途罷手，領袖也不允許他們罷手。因此，德意志民族一直戰鬥到柏林最終遭到摧毀為止。曼森家族也在領袖脅迫之下一起逃往沙漠，在那裡等待世界末日。我們由此得以從另一個向度來理解人們在失敗時為何仍忠於領袖，正如埃及人民始終忠於第二任總統納瑟（Gamal Abdel Nasser）——沒有他，他們只會感到暴露在報復和毀滅的威脅之下；一旦接受他火焰的洗禮，他們就身不由己。以上參見：克里斯（Ernst Kris），〈黑幫的盟約〉（"The Covenant of the Gangsters"），《犯罪精神病理學期刊》（*Journal of Criminal Psychopathology*），一九四二—一九四三年，第四卷，第四四一—四五四頁；羅森，《佛洛伊德》，第二三八—二四二頁；阿多諾（Theodor W. Adorno），〈佛洛伊德理論與法西斯宣傳模式〉（"Freudian Theory and the Pattern of Fascist Propaganda"），《精神分析與社會科學》（*Psychoanalysis and the Social Sciences*），一九五一年，第二九八—三〇〇頁；桑德斯（Ed Sanders），《曼森家族：查爾斯・曼森之沙灘車攻擊營的故事》（*The Family: The Story of Charles Manson's Dune Buggy Attack Battalion*. New York: Dutton, 1971），特別見第一四五、一九九、二五七頁。——

原注

的保護力」，也保護他免於承受「人性弱點」和「孩子般無助」的後果。[29]但是，這種措辭並不代表佛洛伊德完全放棄了他之前的解釋。對他來說，「愛欲」不僅涵蓋特定的性驅力，也涵蓋了兒童渴望全能、渴望與父母力量融為一體的海洋感覺。透過這種概括陳述，佛洛伊德就能同時兼顧廣義與狹義的觀點。這種個別錯誤和正確概括的複雜混合體，使得精神分析理論中的真偽之辨成了漫長而艱鉅的任務。然而，正如我們前面談到蘭克時所說，如果你著重的是外在自然的恐怖（正如佛洛伊德在晚期研究中所做的），那麼，你所討論的就是普遍的人類境況，而不是特定的愛欲驅力。我們或許可以說，兒童之所以會追求融入父母的全能之中，並非出於欲望，而是出於怯懦。如此，我們便到達了一個全新的領域。移情作用會導致完全服從的這項事實，並沒有證明它的「情欲特徵」，而是證明了某種相當不同的事物，也就是它「真實」的特徵。早在佛洛伊德完成他的後期著作之前，阿德勒已看得清清楚楚：究其根本，移情是勇氣問題。[30]正如我們從蘭克和布朗那裡得到的結論，我們闡釋人類的激情時，用不朽動機能說明的事情，必然比性動機還要多。就我們對移情作用的理解而言，強調的重點有了重大轉移，此事意味什麼？意味著，關於人類境況，我們有了一種全面而真正吸引人的觀點。

移情作為一種戀物的控制

如果移情與怯懦有關，我們就能理解為什麼移情可以一路追溯到童年。移情反映了兒童全部的企圖與努力，亦即創造一個帶給自己安全和滿足的環境。兒童學會採取行動，還學會以一種消除焦慮的方式來感知周遭。然而，在這段過程中，移情不可避免地發生了：人一旦用自己建立的「感知—行動」世界來消除該世界的基本要素（焦慮），就從根本上扭曲了這個世界。因此，精神分析學家總是把移情理解為一種退化現象，一種盲目的、一廂情願的、對自身世界不自覺的控制。席維伯格[11]下了一個經典的精神分析定義，他說：

> 移情顯示出完全控制外部環境的需求。……以其表現方式的多樣性和多重性……移情可視為恆久的紀念碑，用以紀念人對現實的深刻反叛，以及人透過不成熟的方式展開的頑強抵抗。[31]

對佛洛姆而言，移情反映了人的異化（alienation）：

> 為了克服自己內在的空虛和無能感，〔人〕……選擇了一個客體，在此客體上投射了自身所有的人類特質：愛、智慧、勇氣等等。藉由向客體屈服，人感到與自身特質有所接觸，感覺到自己的強大、智慧、勇敢、安全。失去這個客體意味著有失去自己的危險。這種機制，這種對客體的偶像崇拜，是以個體的異化此一事實為基礎，也是移情的核心動力，為移情提供了力量和強度。[32]

榮格擁有類似的觀點，他認為對某人的痴迷，基本上：

---

11 威廉．席維伯格（William V. Silverberg, 1897-1967），美國精神分析學家，美國動力精神醫學與精神分析學院（American Academy of Psychoanalysis and Dynamic Psychiatry）創辦人。——編注

……總是試圖把我們交給某個夥伴控制，這位夥伴似乎集所有我們沒能在自己身上實現的特質於一身。[33]

阿德勒的觀點也是如此：

〔移情〕……基本上是一種策略或戰術，患者試圖以此維持自己所熟悉的生存模式，而這種生存模式有賴一項持續嘗試：卸下自己的力量，並交到「他者」手中。[34]

我之所以詳細地引用這幾位權威，主要有兩個目的：一來，展示他們洞見中的普遍真理；二來，之後就能談論這些真理所引出的巨大難題。我們已經看到，移情並非與不尋常的怯懦有關的問題，而是人類生命的基本難題，是力量和控制的難題：為了我們自身的生物機體之擴張與滿足，我們需要力量以對抗現實，並讓現實井然有序。

選擇一個人，和對方一起這樣與自然對話——還有什麼比這更為自然？佛洛姆使用了「偶像」這個詞，這是談論離我們最近的人的另一種方式。我們就是用這種方式來理解「負向」或「憎恨」移情的作用：這種移情將我們固定在這世上，為我們自身（哪怕是毀滅性）的情感創造一個目標。我們可以利用屈服來建立我們生物機體的根本立足基礎，也可以利用憎恨。事實上，憎恨使我們更有生氣，因此，我們會在自我更軟弱的狀態中看到更強烈的憎恨。唯一的問題在於：憎恨也使別人顯得比實際上更強大。正如榮格所說：偽裝成抗拒、厭惡或憎恨的負向移情，從一開始就賦予了對方極重要的地位……[35]為了實現控制，我們需要具體的對象，而我們會盡所能去找到一個。如果沒有移情客體讓我們進行對話與控制，我們甚至可以把自己的身體當作移情客體，一如薩斯[12]指出的現象。[36]我們感受到的痛苦，包括那些真實或想像出來的疾病，也給予我們某種東西，讓我們與之相連，不至於滑出世界，不至於墮入完全孤獨空虛的絕望。簡言之，疾病是一種客體。我們轉向自己的身體，彷彿身體是可以依靠的朋友，或是以危險威脅我們的敵人。無論是朋友還是敵人，身體至少使我們感到真實，讓我們得以稍微抓住自身的命運。

從以上一切，我們得出一個重要結論：移情是一種戀物，一種狹隘的控制形式，用來繫縛我們自身的難題。我們帶著自身的無助、罪惡感和內心衝突，將這些固定於環境中的某個位置。**我們**可以創造**任何位點**，從那裡將我們在意的一切投影到這個世界上，甚至用我們自己的手臂和雙腿作為位點。我們在意的一切就是重點，如果我們觀察人類奴性盲從的基本問題，我們總是看到自己在意的事。正如榮格優美的文字所言：「……除非我們寧可被自身的幻想愚弄，否則我們就該仔細分析每一種迷戀，從中提取我們自身的部分人格，像提取一種精華，進而漸漸認識到，我們會在生命道路的千百種偽裝中，一次次遇見自己。」[37]

12 薩斯（Thomas Stephen Szasz, 1920-2012），匈牙利裔美國學者、精神病學家、精神分析師，他最有名的作品是《精神疾病的神話》（*The Myth of Mental Illness*），強調精神疾病是一種發明，仰賴的是一套建構而成的診斷標準。——編注

移情作為生命恐懼

不過，上述討論讓我們離移情現象的單純臨床研究取徑更遠了。事實上，迷戀從某個角度反映了人類境況的宿命。我們在本書第一部已看到：對動物而言，人類境況過於艱鉅，難以承受。我現在要討論的，正是移情問題的這一面。在所有理解移情作用的思想家中，沒有人比蘭克更廣泛而深入地闡述它的各種意義。

我們已在不同脈絡中看到，蘭克的思想體系是奠定在人類恐懼這項事實上，也就是生之恐懼和死亡恐懼。在此，我想強調這份恐懼有多麼普遍或全面。詹姆斯曾一貫直接地指出：恐懼是「對全世界的恐懼」。它是兒童期的恐懼，是生於世間的恐懼，是實現自身獨立個體性的恐懼，也是關於自身生活與經驗的恐懼。正如蘭克所說：「成人或許會有死亡恐懼或性恐懼，兒童則只有對生命本身的恐懼。」[38] 佛洛姆在幾本書中廣泛談及上述想法，他將其表述為「對自由的恐懼」。沙赫特則出色地指出，如果脫出了「嵌入性」（embeddedness），便會引起恐懼。我們就是這樣理解與母親和家庭共生所產生的「亂倫性」，可以說，當事人其實仍「蜷縮在」安全的子宮中。蘭克提到各種創傷的發生都是以「出生創傷」為範式，意思便是如此。如果在年幼人類這種動物的自然感知中，世界在根本上是恐怖的，是全面令人害怕的，那麼，他怎麼敢自信地投入世界？唯一的方法，就是消除世界的恐怖。

我們就是用這種方式來理解移情的本質：移情是在**馴服恐怖**。以實際情況來說，世界擁有壓倒一切的力量。對於外界，我們只感受到混亂。對於這種難以置信的力量，我們無能為力，但我們能做到一件事：讓某些人具有這種力量。兒童有天然的敬畏和懼怕，並將它們集中對準某些個體，這使兒童能在同一個地方找到力量和恐懼，而非散落在混亂的世界中。這是奇蹟！移情客體被賦予這個世界的超驗力量，而今客體自己竟然擁有了另一種力量，能控制、命令和反擊超驗力量。[39]用蘭克的話說，對於當事者而言，移情客體現在代表了「大自然偉大的生物性力量，自我在情感上與之結合，接著構成了人類及其命運的本質」。[40]藉此手段，兒童得以把握自己的命運。由於終極力量意味著超越生死的力量，因此，兒童如今可以安全地與移情客體產生關聯。該移情客體成為他安全活動的中心點，他所要做的，就是以他習得的方式去順應；當該客體變得令人害怕時，安撫它；在不自覺展開的日常活動中，平靜地使用它。安吉亞爾據此認為，移情並非「情感的錯誤」，而是把他者當作自己的整個世界的體驗，正如家實際上就是兒童全部的世界。[41]

移情客體的整體性也有助於解釋它的矛盾。父母那令人敬畏的神奇性所含的力量，兒童不得不以某些複雜的方式去對抗。父母跟孕育父母的自然背景一樣占壓倒性的優勢。兒童學著用順應和操縱的技巧將父母自然化，然而同時，他不得不把關於恐怖和力量的這一整個難題對準父母，讓父母成為難題的中心，以便削弱並自然化父母周圍的世界。現在，我們了解移情客體為何引出如此多的問題。藉助移情客體，兒童的確部分掌握了自身更大的命運，但該客體卻又成為兒童新的命運。兒童把自己和另一個人綁在一起，以便不自覺地控制住恐怖，調解自身的疑惑驚異，並藉助那個人的力量去戰勝死亡。但是，兒童接著會經歷「移情恐懼」——失去和觸怒該客體的恐懼、沒有對方就不能生存的恐懼。兒童自身的有限性和無能為力的恐懼仍會纏著兒童不放，不過，是改以移情客體的明確形式。人的生命就是這麼充滿諷刺。移情客體看來總是比實際更令人隱隱畏懼，因為它代表了全部生命，所以也代表一個人的全部命運。由於人被迫依賴移情客體，因此將自由的難題集中在移情客體上。移情客體概括了所有自然而然的依賴和情感。[42]無論是正向移情或負向移情，本質都是如此。在負向移情中，客體成為恐怖的中心，但現在則給人邪惡與限制的感受。客體也是許多童年痛苦記憶的源頭，是我們在內心責難父母的根源。在這個本質上很凶惡的世界裡，我們試圖把所有不幸全部歸於父母，假裝這個世界上沒有恐怖和邪惡，只有我們的父母。因此，在負向移情中，我們也看到一種以不自覺的方式掌控自身命運的企圖。

難怪佛洛伊德會說移情是「人類心智的普遍現象」，「主宰了每個人與其人類環境的全部關係」。[43]或是費倫奇所論及的「對移情的神經質熱情」、「精神官能症患者那種渴求刺激的情感」。[44]也就是說，我們要討論的並不只是精神官能症，還要討論每個人都渴望、熱愛用局部刺激（localized stimulus）來取代整個世界。更好的說法是：移情現象證實了每個人多少都帶有神經質，因著移情不自然的固著作用而造成對現實全然的扭曲。當然，隨之而來的是，一個人擁有的自我力量愈小、恐懼愈多，移情就愈強烈。這也解釋了思覺失調症移情的異常強度：把恐怖和神奇孤注一擲地完全集中在一個人身上，並以恍惚的、出神的方式卑微地把自己交給對方、完全崇拜對方。光是聽到對方的聲音、摸到對方的衣服、被恩准去親吻或舔舐對方的腳，就是極樂本身。完全無助的人只會有一個命運：愈畏懼死亡、愈是空虛，其世界就愈充滿全能的父親形象或有超能力的拯救者。[45]思覺失調症的移情有助我們理解，其實，哪怕在「正常」的移情中，我們也是自然而然地依附在移情客體上——治癒生命病痛、世間不幸的所有力量，都存在於移情客體中。我們怎麼有辦法不受制於它的魔咒？

前面已經指出，移情作用並不像佛洛伊德的早期想法那般證明了人的「情欲」，實際上，它證明的是人類處境的恐怖具有一定的「真實性」。思覺失調症患者的極端移情也有助於我們理解這樣的描述。畢竟，思覺失調症患者的世界之所以如此可怕，原因之一在於患者觀看世界的方式沒有因壓抑作用而變得模糊。因此，患者也看到了移情客體如何令人敬畏、光輝耀眼——我們已在先前章節討論過。人的面容確實是令人敬畏的原初奇蹟，如果你屈服於這種奇妙的東西，它的光輝自然會使你動彈不得。然而大多數情況下，我們壓抑了這種神奇性，好讓自己冷靜地行動，並且能夠利用這些面容和身體來完成我們自己的日常任務。我們可能還記得，兒童時期，總有一些人是我們不敢與之交談的，甚至不敢直視的。如果這種現象持續到成年，多半會嚴重傷害我們自己。不過此處我們同樣可以指出，這種不敢正視移情客體的恐懼，並不必然就像佛洛伊德所說的，是對可怕的原初父親的恐懼。還不如說，這是對現實的恐懼，因為自然的神奇和力量極度集中在現實裡。這也是被宇宙存在的真相所壓倒的恐懼，因為這真相集中於一張人類的臉孔上。不過，佛洛伊德對於專制父親的觀點是正確的：移情客體愈恐怖，移情就愈強烈；強大的移情客體愈是展現出世界的自然力量，在現實中就愈可怕，無需我們出動任何想像。

移情作為死亡恐懼

如果對生命的恐懼是移情的一個面向，那麼，與其相伴的另一種恐懼也近在眼前。當兒童在成長過程中逐漸意識到死亡，他就有了雙重理由從移情客體的力量中尋求保護。閹割情結使身體成為恐怖的客體，所以現在是移情客體肩負起被丟下的自因籌畫。兒童用移情客體來保證自己的不朽——還有什麼比這更為自然？我不禁想引用高爾基在另一篇文章中對托爾斯泰的深情表露，他的話漂亮地總結了移情的這一面：「只要這位長者還活在世上，我就不會感到失落。」[46]這種情感發自高爾基內心深處，不僅僅是簡單的願望或安撫人心的想法，而更像有力的信念，相信只要移情客體還活著，其神祕和穩固的力量就會繼續保護自己。

這種移情客體的運用，解釋了人為何渴望神化別人、不斷崇拜特定對象，在這些對象身上看見額外的力量——對象愈有力，對我們的影響就愈大。我們參與了他們的不朽，因此我們也創造了不朽。[47]正如哈林頓[13]的生動描述：「由於我認識這位知名人士，我對宇宙就有了更深刻的影響。當方舟啟航時，我會成為上面的倖存者。」[48]蘭克說得好，人總是渴望得到讓自己不朽的工具。群體也需要不朽，這解釋了對英雄的不變渴望：

大大小小的群體，對於永恆都懷有一種「個體的」衝動，這種衝動體現於民族英雄、宗教英雄和藝術英雄的產生以及人們對這些英雄的關注上……個體為集體的永恆衝動鋪路……[49]

群體心理學的這一面，解釋了某種除此之外難以想像的情境：當領導人逝世，所有人民展演出驚人的悲痛，我們曾對此感到驚訝嗎？無法遏制的情感傾瀉而出，茫然無措的群眾有時一連好幾日都擠在市中心廣場，成人歇斯底里哭倒在地、撕扯自己的衣服，人群紛紛湧向棺木或下葬之處，將別人踩在腳下——要如何理解這種龐大而神經質的「絕望的綜藝表演」？[50]只有一個答案：它顯示出失去抵禦死亡的堡壘時，人們深切的震驚。在人格某個瘖啞的層面，人們領悟到：「我們據以掌控生死的力量本身會消亡，因而我們自身的不朽也變得可疑。」所有眼淚、所有撕扯，終究都是為自己，不是為了一個偉大靈魂的消逝，而是為了自己也離死不遠。人們隨即以死者的名字重新命名街道、廣場和機場，就像在宣告儘管偉人肉身已死，但在這社會裡，他實際上將永垂不朽。比較一下，不久前，美國、法國和埃及才分別因甘迺迪、戴高樂和納瑟逝世而舉國哀悼。埃及人民的情緒傾瀉得更為原始、更為強烈：悲號聲迅速升高，要求重新對以色列開戰。一如我們所理解的，唯有代罪羔羊才能緩解人對死亡赤裸裸的恐懼：「我受到死亡威脅，讓我們大舉殺戮吧。」在不朽形象殞落之際，尋找代罪羔羊的衝動必定特別強烈。同樣的，正如佛洛伊德所說，人們對真正的恐慌也特別敏感。[51]當領袖死去，人們用來否認世界的恐怖性的手段也立即失效，那麼，人們開始體驗到始終在幕後威脅人們的恐慌，不就再自然也不過？

被領袖徹底拋棄後，這位不朽的替代品留下的空缺所引發的痛苦顯然大到難以承受，特別是領袖具有驚人魔力，或一肩扛起某種偉大而英勇的任務、帶領人們繼續往前時，就更是如此。人們不禁要沉思，二十世紀最先進的科學社會將如何改進古埃及的木乃伊製作技術，為革命領袖進行防腐處理。就好比蘇聯人民並不願列寧就這麼離開，哪怕他已然逝世，仍將他視為永垂不朽的象徵來埋葬。在這個理應不屬於任何教派的「世俗」社會中，人們去墳前朝聖、將英雄埋在克里姆林「聖牆」內的「神聖」之地。但無論有多少間教堂關閉，無論他們的領袖或運動聲稱自身是多麼的以人為本，人類的害怕永遠不會是全然世俗的。人的恐懼永遠是「神聖的驚懼」[14]——這是一個極為恰當的流行用語。恐懼總涉及生與死的終極。[52]

13 哈林頓（Alan Harrington, 1919-1997），美國作家、小說家，著有思索死亡的書《永生者》（*The Immortalist*）。——編注

14 神聖的驚懼（Holy terror），美國俚語，意指「難對付的人」、「討厭的傢伙」。——編注

雙重本體性動機

到目前為止，我們對移情的大部分討論都在貶抑人類，現在是該改變論調的時候了。的確，移情反映了人在生與死面前的怯懦，但也反映了人們強烈渴望英雄主義和展現自己。這一點把我們的討論引領到另一個層次，而我想停留在此，討論這個新觀點。

有一件事情總使人驚訝不已，那就是人對良善／美好的內在嚮往。這是一種「事情就該如此」的內在感性，一種對美、善和圓滿的「正確性」極其溫暖動人的傾慕。我們把這種內在感性稱為「良知」。對於偉大的哲人康德而言，它是受造的兩個崇高奧祕之一，是人「內在的道德定律」，是被賦予之物，無法加以解釋。大自然在她自己的「心」中、在努力求生的生物機體內部懷著感覺。大自然中的這種自我感覺（self-feeling）比所有科幻小說的描寫更令人神往。任何想要明智地談論生命意義的哲學和科學，都必須將這種感覺考慮進去，並報以最高敬意——十九世紀思想家如喬貝蒂（Vincenzo Gioberti）和羅斯明尼（Antonio Rosmini）的理解皆是如此。[53]這種針對生物機體自我感覺的本體論（ontology）至關重要，對於像戴維森（Thomas Davidson）和柏格森（Henri Bergson）這些哲學家而言具有重要意義。然而奇怪的是，直到全新的「人本主義心理學」出現之前，它幾乎沒有在現代科學中引起什麼迴響。在我看來，光是這項事實就說明了我們這個時代的人文科學是多麼貧瘠，多麼樂於操縱、否定人類。我認為，如果把佛洛伊德的貢獻與本體論的思想傳統直接連結，我們就能看到他的研究的真正偉大之處。佛洛伊德的理論顯示了在既定社會中，關於良善或良知的特定原則是如何在兒童內心建立起來，兒童又是如何學習這些**感覺**到良善／美好的**規則**。佛洛伊德揭示了那些感覺良善／美好的社會規則背後的人為性質，藉此勾畫出啟蒙運動的自由夢想：揭露是哪些人為的道德約束限制了生命力量那廣闊的自我感覺。

但是，即便認識這些社會約束，仍無法說明人類為何渴望感受到良善和正確——這正是令康德感到敬畏的事物，而這樣的事物似乎獨立於任何規則之外：正如我們所知（亦如我在別處所說），「所有的生物機體都喜歡『感覺自己是良善／美好的』。」[54]這些生物機體督促自己將這種感覺極大化。哲學家很早就注意到，這就好像大自然的心臟在快樂的自我擴張中搏動。當我們談到人的層面，這種過程當然會獲得最大的關注。在人的內心，這種過程最為劇烈，同時也相對不確定，因為人可以在生理與象徵的意義上搏動和擴張。這種擴張會以下述形式出現：人類極度強烈渴望感覺到自身及其世界是完全「正確」的。這種表達方式或許笨拙，但在我看來，似乎總結了人真正想做的事，以及良知為何是人的天命。在自然界，只有人這種生物機體注定要絞盡腦汁去弄清楚感覺「正確」到底意味著什麼。

然而，在這種特殊重擔的頂端，自然界作了安排，讓人不可能以任何直接的方式感覺到「正確」。在此，我們不得不引入一個悖論，這個悖論似乎直指生物機體的生命核心，並在人類身上表現得特別尖銳。它以兩種動機或衝動的形式出現，兩者看來都是受造意識的一部分，但指向兩個對立的方向：一方面，這種受造之物被一種強大的欲望驅使著認同宇宙發生過程（cosmic process），讓自己與周圍的大自然融為一體；另一方面，他希望出類拔萃、與眾不同。第一種動機：投身或隱匿於更大的事物中，這是源於人對孤立的恐懼，害怕被迫接受自己的脆弱無助。面對超驗的自然，人顫慄地感到自己的渺小和無能。如果他順從自己對宇宙全然的依靠的自然感受，以及融入更大事物的欲望，他內心就會感到安寧和完整，有自身在更廣闊的地方中擴張的感受，存有也得到提升，真正感覺到超越的價值。這就是基督宗教中「神之愛」[15]的動機——受造物的生命與超越自身的「沐浴在愛中的宇宙創世」自然融合。正如蘭克所說，人渴望一種「與整體相當親近的感受」。人希望「從自己的孤立中被解救出來」，成為「更偉大、更高的整體的一部分」。為了知道自己究竟是誰，為了感覺自己屬於宇宙，人自然而然會伸手尋求超越自己的另一個自己。早在卡繆寫出本章引言的那些文字之前，蘭克就說過：「因為唯有在人的自我之外樹立起神的理想（god-ideal），並與其緊密結合，人才能夠活下去。」[55]

蘭克的研究使他能夠全面描繪出一幅經得起時間考驗的人類心理學圖像。而其研究的長處在於，他將精神分析在臨床上的深刻洞見與人類根本的本體性動機（ontological motives）連結起來。藉由這種方式，蘭克盡其所能地深入研究人類的動機，並形成他自己的群體心理學，一種真正與人類境況有關的心理學。首先，我們得以明白，精神分析學家所謂的「認同」是一種自然衝動，讓人試圖加入超越自己的壓倒性力量。[56]兒童期的認同僅僅是這種衝動的特殊情況：誰代表宇宙發生過程，兒童就與誰融為一體——這就是恐怖、威嚴和權力的「移情集中」（transference focalization）。當一個人與超越自身的父母或社會群體融合，那麼，實際上，就意味著他正努力生活在某種更廣闊的意義中。若不領會這點，我們就會忽略英雄主義的複雜性，忽略它對一個完整之人的全然掌握；這不但是掌握了一個人的自我超越賦予他的支持能量，也掌握了在喜悅與愛中的整體存有。強烈渴望不朽，並不是死亡焦慮的簡單反映，而是一個人透過他的整體存有去尋求生命。或許，僅僅依據受造者的這種自然擴張，就能解釋移情為何是一種如此普遍的熱情。

從此觀點，我們也得以理解，上帝這個概念，就是合理地實現人性中「神之愛」的那一面。佛洛伊德似乎蔑視神之愛，一如他蔑視宣揚神之愛的宗教。他認為人對上帝的渴望代表了人身上所有的幼稚和自私，包括無助、恐懼、貪圖最大的安全和滿足。但蘭克理解，上帝的概念從不是憤世嫉俗者和「現實主義者」所宣稱的，僅簡單反映人因迷信與自私而生的恐懼。與此相反，上帝的概念源自真正的生命渴望，是為了尋求充分意義而伸出手去——這也正是詹姆斯的觀點。[57]看來，英雄歸屬感中的順服元素是生命力量本身所固有的，也是受造生命真正崇高的奧祕。生命力量看似會自然地延伸，甚至超越地球本身，人之所以總要將上帝安放於天堂，這便是原因之一。

前面說過，人不可能以任何直接方式去感覺「正確」，現在我們明白原因何在了。人不僅能透過與神之愛融合來擴張自我感覺，也能透過另一個本體性動機——愛欲。愛欲意味著渴望更豐富的生命、渴望激動人心的經驗、渴望發展自身的各種力量以及個別受造的獨特性。愛欲是一種想要變得突出、耀眼的強烈欲望。生命畢竟是對受造的挑戰，是一次充滿魅力的拓展機會。在心理學的角度而言，生命是一種想要「個體化」的強烈欲望：如何才能實現自己獨特的天賦？如何藉自我擴張為世界作出貢獻？

現在我們明白了什麼叫人獨有的本體性悲劇或受造悲劇：如果人把自己交給神之愛，就得冒著無法發展自己、無法在餘生作出積極貢獻的危險。如果他的愛欲擴張過度，就要冒另一種危險：失去自己自然天生對宇宙的依靠，切斷對更大的創造物的責任。作為受造，他必定被賦予了體驗生命的機會，必定自然而然地感覺到被創造的感激與謙卑，並從中獲得療癒的力量，而愛欲的過度擴張會將他拉開，離這種力量愈來愈遠。

因此，人承受著二元互相拉扯的絕對張力。個體化意味著人作為受造物，不得不與大自

15 神之愛（agape），在基督宗教中指神對世人的愛，也是最高層次的一種愛。——編注

然的其餘部分對立。正是這種對立造成了人無法承受的孤立。然而，人又需要孤立，以便保持獨特的發展。二元性所製造的差異成了如此可怕的重負，也同時強調了人自身的渺小和突出。這是自然的過失，而人類會將之感受成「沒價值」或「惡」，以及內心無法宣之於口的不滿。[58]原因很現實：相較於自然界的其他物種，人類並非相當理想的受造，相反的，人類充滿了恐懼和無能為力。

現在的問題變成了如何去除惡、去除自然的過失，而這個問題實際上涉及了反轉一個人與宇宙的相對位置，也涉及了如何實現本領、重要性與持久性：如何比實際上更強大、更好。對良善的強烈渴望建立在一個基礎上，那就是成為有價值、持久的事物。[59]我們似乎憑直覺就能明白此事，在安撫作了噩夢或受到驚嚇的孩子時，我們會告訴他別怕，他是「好」孩子，沒有什麼東西能傷害他，諸如此類。也就是說，良善等於安全，等於特殊的免疫機制。你可能會說，對道德的強烈渴望完全建立在受造的生理處境上。人是道德的，原因是人知道自己的真實處境，預感將要發生的事情，而其他動物並不會如此。人藉由道德試著在宇宙中找到特別的歸屬感與永久性，方式有兩種：第一，遵守自然力量的代表（移情客體）所定下的各種規則，藉此克服「惡」（渺小、平凡、有限），以此保證他的安全歸屬。這也是一個自然的過程：我們告訴兒童他什麼時候「表現得好」，所以不需要害怕。第二，試圖發展自身真正有價值的英雄天賦，變得更與眾不同，藉此克服「惡」。

我們是否想過，為什麼人的主要特徵之一是對自身感到不滿，不斷地批判自己，以此折磨自己？因為要克服真實處境中固有的一種令人絕望的局限感，這是他唯一的方法。獨裁者、宗教復興主義者或施虐狂都知道，人們喜歡別人責罵他毫無價值，因為這反映了他對自己的真實感受。施虐狂並未製造出受虐狂，而是發現了現成的受虐狂。有一個方法可以克服這種毫無價值的感受，那就是抓住機會，將自己理想化，將自己提升到真正英雄的境界。透過這種方式，人們建立與自己的互補對話。人批判自己，是因為自己沒有達到英雄的理想，而為了成為真正出類拔萃的受造，他需要達到這樣的理想。

不難看出，人想達到不可能達到的事：既想擺脫孤立，同時又想保持孤立；既無法承受分離的感覺，又無法完全扼殺自己的生命力；既希望藉由融入超越自身的強大力量來擴張自己，又希望在融入時保持個體性與超然，實現他個人的、小規模的自我擴張。這與二元性的真實張力相背，當然是異想天開。如果沒有某種程度的內在矛盾與自欺，一個人顯然不可能在與另一事物的力量結合的同時，也發展自身的個人力量。然而，有一個方式可以繞過這個難題，或者說，一個人可以「控制矛盾的顯著程度」。人可以選擇一種適當的超越，也就是你覺得可以用最自然的方式去批判自己、理想化自己的那種超越。[60]換句話說，人可以試圖讓自己的超越是安全的。這樣一來，移情（我們可以更恰當地稱之為「移情英雄主義」）的基本運用，便是實踐安全的英雄主義。在此過程中，我們看到了前述雙重本體性動機的影響力也擴散到移情和英雄主義的難題中，現在就讓我們來加以總結。

移情作為對更高階的英雄主義的渴望

我們關於本體性動機的簡短討論，重點在於盡可能清晰地表明移情如何與生物機體的生命根基相連。如今我們完全理解，移情發揮了對人類整體性極為重要的驅力，因此，以全然貶抑的眼光來看待移情是錯誤的。人需要為自己的生命注入價值，才能夠說生命「良善／美好」。因此，對於人最極致的渴望和奮鬥，移情客體是一種自然的戀物表現。我們再次看到，移情是如何令人驚嘆的「天賦」。它是一種創造性的戀物形式，是建立一個中心點，讓我們的生命能從中汲取自身所需要和想要的力量。還有什麼比不朽的力量更令人渴望？能夠接受我們對不朽的追求，並使之成為我們與某個人交流的一部分，這是多麼美好，又是多麼輕率。在這個星球上，我們不知道宇宙想從我們身上得到什麼，為我們備好了什麼。我們無法回答那困擾著康德的問題：我們的使命是什麼？在這顆星球上我們該做什麼？我們生活在完全的黑暗中，不知道自己是誰、為何在此，然而，我們知道這必然有某種意義。那麼，接受這個無法言說的奧祕，並藉由向另一人講述我們的英雄表現來立即消解此一奧祕，從而每天知道我們的表現是否好到足以贏得不朽，豈不是再自然不過？如果表現不好，我們可以透過對方的反應得知，因此也能立刻改變。蘭克在一段意義特別豐富的綜論中，總結了這個重要問題：

> 我們在此又遇到了那個古老的善惡難題，在是否會被他人喜愛的這層情感意義上，那原本是用來指出誰有資格獲得永生。在此層面，人格形塑根據的是一個重要需求：取悅那被我們奉為「神」的人，而不是令他（她）不快。……自身的所有扭曲，包括追求完美的人為努力，包括不可避免地「一再」墮入惡，都是因為我們企圖將「善」的精神需求化為人性。[61]

我們將在以下幾章看到，人可以壯大和拓展他在天堂或地獄的各種「神」的身分。一個人如何破解他對自我擴張與意義的自然渴望，決定了他生命的品質。移情英雄主義剛好滿足了人的需求：某種程度上極為明確的個體性、行善時確切的參照點，並且都有一定程度的安全，也都受到妥當的控制。

如果說移情英雄主義是安全的英雄主義，我們也可能認為這就貶低了它的意義。從定義上看來，英雄主義並不把安全放在心上。不過我們的重點是，所有為了完美而進行的奮鬥、所有取悅他者時的波折，並不盡然是怯懦的或不自然的。

移情英雄主義的意義之所以貶低，是因為過程是無意識的、反射的，人無法完全掌控。精神分析治療直接解決了這個難題。除此之外，他者是人的命運，而且是自然的命運。他被迫向同伴說明自己的行為，以被認定為良善，因為這些受造同伴構成了他最迫切且直接的生存環境，但這裡的同類生物相互依偎，並不是是生理上或演化上的相互依偎，更多是指精神上的相互依偎。

人類是唯一思索意義的受造，這意味著，人給出了我們所能知道的、僅有的人類意義。關於移情，榮格已有特別出色而深刻的表述。在他眼中，移情的欲望是如此的強烈和自然，他甚至稱之為一種「本能」——一種「親緣性原欲」（kinship libido）。榮格認為這種本能不可能以任何抽象的方式滿足：

> 它想要人的連結。這種連結是整體移情現象的核心，而這一點無法否認，因為與自身的關係就是與我們人類同伴的關係……[62]

早在一個世紀前，梅爾維爾[16]就藉筆下船長亞哈之口表達了同樣想法：

> 走過來！靠近我站好，斯達巴克。讓我來看進人的一隻眼睛，這比凝視海洋和天空

更有意思，比凝視上帝更有意思。憑陸地起誓！憑明亮的爐石起誓！夥伴，這就是那面魔鏡，在你眼中，我看見了自己的妻兒。[63]

為了肯定自己而需要別人，神學家馬丁・布伯（Martin Buber）相當理解這其中的意義。他稱之為「想像真實」：從另一人身上看到自我超越的生命過程，為當事人帶來的養分比他所需要的更多。[64]據我們前面的討論，移情客體本質上就令人敬畏，擁有自身的神祕性，如果我們服從了，它就會讓我們自己的生命擁有重要意義。那麼，矛盾之處在於：移情是屈服於「他者的真理」，即使只在肉體上如此，也給我們一種英雄式自我認可的感受。難怪榮格會說，它「無法以言辭動搖」。

最後，同樣要說，難怪移情是一種普遍的熱情。它代表了一種自然的企圖：藉由在「他者」之中英雄式地擴張自己，進而獲得療癒、得到完整。移情代表人需要的更大現實，因此佛洛伊德和費倫奇認為移情代表心理治療，是「患者無師自通地想要治癒自己的企圖」。[65]人們創造自己所需要的現實，以便發現自己。

這些見解的內涵或許並非顯而易見，但對於移情理論卻十分重要。假如移情代表一種對於「彼方」英雄式的、自然的追求，使人認可自己，假如人們為了活下去需要這樣的自我認可，那麼，把移情視為「虛幻的投射」這個精神分析的觀點就不成立了。[66][17]要實現自己，投射是必要的，也是令人渴望的。否則，人就會被自己的孤獨和分離所壓倒，被自身生命的重擔所否定。蘭克極為明智地看出了，投射是在消除重擔，而這是個體必然要做的；人活著不能只靠自己，也不能只為自己。

人必須向外投射自身生命的意義、投射生命的理由，甚至投射對生命的譴責。我們並未創造自己，然而我們堅持守著自己。嚴格來說，移情是對現實的扭曲，然而現在我們看到，這種扭曲具有兩個向度：其一，是生死恐懼引起的扭曲；其二，是英雄式的種種努力引起的扭曲——它要努力確保自我擴張，也要確保內在的自己與周圍環境能密切相連。換句話說，移情反映了整體的人類境況，並引出關於人類境況最大的哲學問題。

人可以咬下多大一塊「現實」而不致扭曲地窄化意義？如果蘭克、卡繆和布伯所言不虛，那麼，人就不可能保持獨立，而必須向外部尋求支持。如果移情是英雄主義的自然功能，是為了承受生、死與自身的必要投射，那麼問題就變成：什麼是**創造性的投射**？什麼是**提升生命**的幻覺？這些問題遠超出本章範圍，但我們會在本書終章看到它們的影響力。

16 梅爾維爾（Herman Melville, 1819-1893），美國著名後期浪漫主義小說家，亞哈是其名作《白鯨記》中的船長，因為一條腿被鯨魚莫比·迪克咬斷，誓言復仇。——譯注

17 一種基本的自我防衛機制：在無意識的層面上，為消除自身焦慮，而把焦慮的原因如投影般投向外界，如把自己恨別人的事實向外投射成像，然後解讀為別人恨自己。——譯注

第八章

奧托・蘭克及對齊克果的精神分析總結

• • •

CHAPTER EIGHT

Otto Rank and the Closure of Psychoanalysis on Kierkegaard

個體似乎難以了解一個人的精神需求和純粹的人類需求之間有一道分界，而兩者的滿足或實現只能各別在不同的領域內達到。在大多數情況下，我們發現這兩方面在現代關係中無可救藥地混淆了，在現代關係中，一個人像上帝般評判另一個人的好壞。時間一長，這種共生關係會使雙方灰心，因為，無論是成為上帝，或繼續做徹頭徹尾的奴隸，都一樣令人無法忍受。

——奧托・蘭克[1]

回顧歷史，我們會看到一件事：文化會吸收受造的意識。文化與自然對立，並超越自然。文化最深層的意圖，是一種英雄式的對受造性的否認。不過，這種否認的效果在某些時期比其他時期還大。當個體安然地活在猶太—基督宗教世界觀的庇蔭下，他就是偉大整體的一部分；用我們的話說，他的宇宙英雄主義被完全安排好了，明白無誤。上帝的行動讓他從不可見的世界進入可見的世界，過著有尊嚴、有信仰的生活，以此履行對上帝的職責——結婚是職責、生兒育女是職責，他像基督一樣，把全部生命奉獻給天父。反過來，他也獲天父稱義[1]，並在不可見的維度中得到永生的獎賞。這個世俗世界滿是淚水、駭人苦難、不公不義，滿是折磨與屈辱的日常瑣事、疾病和死亡，讓人覺得自己不屬於這裡，但這無關緊要。「錯誤之地」，正如切斯特頓[2]所說，[2]此地讓人了無期盼，也無法成就自身，然而，這一切都無關緊要，因為一切都是在服事上帝，也因此是在服事上帝的僕役[3]。總之，即使人一無是處，他的宇宙英雄主義也會得到保證。這就是基督宗教世界圖景最顯著的成就：接納奴隸、殘疾人士、傻子、凡夫俗子和偉人，並保證他們全部都能成為英雄——只需從這世界後退一步，進入事物的另一個維度，那裡就是天堂。更好的說法也許是，基督宗教吸納了受造意識（這是人最不願意承認的事情），並使受造意識成為他宇宙英雄主義的條件。

浪漫主義的解方

一旦認知到宗教信仰這個解方的作用，我們就能明白，現代人是如何把自己逼進艱難的境地。他同樣需要英雄感、需要知道他的生命在種種事物的籌畫中很重要；對於真正特別的事物，他仍需特別抱持「善意」；他也仍需懷著信任和感激，將自己融入某種更高的、使人專注於自身的意義——我們稱之為「與神之愛合一」的普遍動機。然而，如果再也沒有上帝，他要如何做到這一點？一如蘭克所見，現代人首先想到的方法之一是「浪漫主義的解方」，也就是說，現代人把自己對宇宙英雄主義的渴望，專注在作為愛戀客體的另一個人身上。[3]在這種情況下，人在伴侶身上尋找自己內心深處所需要的自我榮耀，伴侶成了神聖的理想，人藉此實現自己生命的意義。所有的精神與道德需求現在都集中於一人身上。靈性，曾經指事物的另一種面向，現在被帶到這個世俗世界，並被賦予另一種形式，亦即另一個人

1 稱義（justification）：人在上帝面前原是罪人，如蒙上帝赦免罪過，之後便能稱義。——編注

2 切斯特頓（G. K. Chesterton, 1874-1936），英國作家、文學評論家以及神學家，人稱「沒有大師級作品的大師」，一九二二年接受基督宗教信仰，此後終身為捍衛自身信仰而寫作。畢生致力於撰寫推理小說，他筆下最有名的角色是「布朗神父」這位教士偵探。就此，艾略特（T. S. Eliot）評論說：「說到確保現代社會一個重要的少數群體（基督徒）的生存……我認為他所做的較任何年代的人都多。」——譯注

3 上帝的僕役指的是世間所有人。——編注

類個體。救贖本身不再涉及上帝這樣的抽象概念，而能在「他者的宣福」中尋得。我們可以稱之為「移情宣福」。人如今活在「兩人世界」中。[4]的確，綜觀歷史，人類之愛和神之愛的對象一直處於某種競爭，我們想到的有哀綠綺思與阿伯拉[4]、阿爾西比亞德斯[5]與蘇格拉底，甚至所羅門的《雅歌》[6]。兩者的主要差異在於，在傳統社會，人類伴侶並不會把整個神聖面向融入自身，而在現代社會中卻會。

流行情歌總是提醒我們，浪漫愛的愛戀客體有多麼神聖，以免我們忘記。在這些歌曲中，愛人是「春天」，是「天使的光芒」，眼睛「有如星子」，愛的體驗是「神聖的」，「宛若天堂」，諸如此類。流行情歌的內容肯定在遠古時代就是如此，而且只要人還是哺乳動物和靈長類動物的表親，就會繼續這樣唱下去。這些歌曲反映了人們渴望真實的經驗，一種身為受造物的重要情感需求。重點在於，如果愛戀客體是神聖的完美存在，那麼，將自己的命運與之結合，自我就會得到提升。人以最高標準來衡量自身的理想追求，所有內在的衝突和矛盾、各式各樣的罪惡感，都可以在完美的實現過程中由完美本身來淨化。這就成了真正的「用他者證明自己的道德清白」。[5]現代人在愛戀客體上實現自我擴張的衝動，一如他曾用上帝實現的：「上帝作為……我們意志的代表，並不會拒絕我們，除非我們自己想要被拒；就像愛人幾乎不會拒絕我們——愛人是順從的，順從我們的意志。」[6]總之，愛戀客體就是上帝。正如印度歌曲所唱：「我的愛人就像上帝；只要他接受我，我的生命就有了用處。」難怪蘭克會得出結論：現代人的戀愛關係是**宗教**問題。[7]

理解這一點，蘭克就超越了佛洛伊德一大步。佛洛伊德認為，現代人對他人的道德依賴是伊底帕斯情結的產物。然而蘭克卻能看出，這份道德依賴是延續了人在自因籌畫中對受造性的否認。時至今日，已經沒有哪種宗教世界觀符合這樣的否認，人就把希望寄託在伴侶上，緊抓不放。人去尋找一位「你」[7]，因為由上帝監管的、偉大宗教共同體的世界觀消亡了。於是，現代人對愛侶的依賴，與他對父母或精神治療師的依賴一樣，是失去了精神的意識形態的結果。他需要**某個人**，需要某種「證成的個體意識形態」去取代正在衰亡的「集體意識形態」。[8]關於性欲，佛洛伊德認為那是伊底帕斯情結的核心，如今世人已理解了它的真正意涵：是另一種迂迴曲折的路徑，是在探索生命意義。如果你沒有天堂中的上帝，沒有不可見的領域來為可見世界稱義，那就拿手邊最接近的東西來解決問題。

經驗告訴我們，這個方法有巨大而真實的益處。人被生命的重擔所壓迫？那麼，他可以讓他神聖的伴侶來扛起這份重擔。擁有自身的意識太過痛苦？感覺到自己是孤立的個體，試圖從自己是誰、生命是什麼等思索中獲得某種意義，這些都太過痛苦？那麼，人可以藉由在情感上向愛侶臣服來抹除這些痛苦，在性的狂喜中忘卻自己，並且仍能在這份體驗中不可思議地獲得生氣。被身體的罪惡感所壓垮？身上沉重的動物性讓你憂慮能否戰勝腐朽和死亡？因此我們需要令人安心的性關係：在性愛中，身體與其意識不再分離，身體也不再被我們視為異己。一旦伴侶將它**當作一個身體**來完全接受，我們自身的意識就消失了，不但與身體相互融合，也與伴侶自身的意識和身體相互融合。四塊存在的碎片[8]融為一體，事物不再支離

4 阿伯拉（Abelard, 1079-1142），法國邏輯學家、道德哲學家和神學家；哀綠綺思（Héloïse, 1101-1164），法國修女。約一一一八年，哀綠綺思家人委託阿伯拉當她的家庭教師，結果二人違背基督宗教教義墜入熱戀，生一子，並祕密結婚。——譯注

5 阿爾西比亞德斯（Alcibiades, BC 450-404），雅典政治家和將軍，對蘇格拉底欽佩至極，二人據稱有超乎一般的同性友誼。——譯注

6 《雅歌》，一般認為是所羅門王的愛情詩集。——譯注

7 此處你的原文為 thou，為古英語的 you（你），在《聖經》中專指上帝。——譯注

破碎、扭曲怪異，反之，一切都很「自然」，都有其作用，表現出應有的樣子，身體因此平靜了下來，罪也被赦免了。身體一旦發現自己生兒育女的自然功用，罪惡感就更加一掃而空。於是，大自然宣示了人是無罪的，宣示了人基本上就是生育的動物，有具身體本就再恰當也不過。[9]

然而，經驗也告訴我們，事情並不會運作得如此平順而明確，理由近在眼前，就在受造悖論的核心。性屬於身體，而身體歸於死亡。正如蘭克的提醒，這就是《聖經》所描述的樂園末日[9]的意義，在樂園終結之時，人們發現了性，此一發現將死亡帶到了世上。同樣的，在希臘神話中，愛神厄洛斯和死神桑納托斯密不可分，性與死天然就是一對孿生兄弟。[10]且讓我們在此稍作停留，因為浪漫愛之所以無法作為人類難題的解方，這就是關鍵，而現代人的挫折也有很大一部分是源於此。當我們說，性與死是孿生兄弟，我們至少是在兩個層面上理解這一點。第一個是哲學—生物學層面，動物既會繁殖，也會死亡，其相對短暫的壽命在某種程度上與生殖有關。大自然戰勝死亡的方式，並非創造出永生的生物，而是讓生命短暫的生物有可能繁衍。在演化的角度上，這看來是讓真正複雜的生物有可能出現的原因，並取代了簡單的（而且幾乎就是永恆的）自體分裂的生物。

不過，現在人類的阻礙來了。如果性完成了人類這種動物的物種任務，那麼，此事就提醒了我們，人類不過是存有之鏈的一環，不但能用其他物種取代，而且完全可有可無。如此一來，性就代表物種意識，也就代表個體性的失敗，以及人格的失敗。然而，人類就是想要把自己當成特殊的宇宙英雄，擁有對世界而言很特殊的天賦——人類想要發展出這樣的人格。他不想要當胡亂交配的動物，跟其他動物沒有兩樣——這並非人的真正意義，也無法對世上的生命作出真正獨特的貢獻。也就是說，性行為打從一開始就代表雙重否定：生理上的死亡，以及對個人獨特天賦的否認。這一點之所以關鍵，是因為它解釋了性禁忌為何從一開始就始終是人類社會生活的核心，這些禁忌證實人格戰勝了動物的同一性。憑藉著這組在性方面否定自己的複雜編碼，人類得以將個人不朽的文化地圖強加在動物性的身體上。人之所以發明性的禁忌，是因為他需要戰勝身體；他犧牲身體的歡愉，是為了換取最終極的快樂：自我永存（self-perpetuation），作為一種精神上的存有，直到永遠。羅海姆在深入觀察澳洲原住民時，寫下「原初場景中的壓抑和昇華是圖騰儀式和宗教的根源」[11]，此時他所描述的，就是上述的替代。換言之，否認人類的獨特生命是經由身體流傳。

這解釋了人們為何對性感到羞惱，為何對降格為身體感到憤慨，為何性在某種程度上令人們害怕，因為，性在兩種層面上代表了對自身的否定。對性的抗拒就是對死亡的抗拒。在這個問題上，蘭克寫下了他最優秀的文章。他看到，性的衝突是一種普世性的衝突。對於終將一死的受造物，身體是普遍的難題，人覺得身體是有罪惡的，因為身體是一種束縛，讓我們的自由蒙上陰影。蘭克發現這種天生的感受源於童年時期，並導致兒童在性方面有各種焦慮問題。兒童想知道自己為什麼會有罪惡感，甚至希望父母告訴自己這樣的罪惡感很**正常**。在這裡，我們必須回顧本書第一部中介紹人類本質問題的觀點。我們看到，兒童正好位於二元性的交叉路口。他發現自己擁有容易出錯的身體，而他也知道有一整套文化世界觀將能讓自己戰勝身體。因而，兒童對於性所問的問題，究其根本，完全與性無關。對兒童而言，性的問題涉及了身體的意義，涉及了活在一副身體中的恐怖。如果父母對性的問題給出一個直

8 指情侶雙方生理性身體和符號性自我的總和。——譯注

9 指亞當、夏娃因偷吃知識樹之果的原罪而被逐出伊甸園的事件。——譯注

截了當的生物學式答案，就等於完全沒有回答兒童的問題。兒童想要知道他為什麼有身體、這副身體來自何處，以及作為有自身意識的受造，被身體限制代表了什麼。兒童所詢問的並非性的機制，而是生命的終極奧祕。正如蘭克所說，這解釋了性的難題為何折磨著兒童，也折磨著成人：「關於人類難題的生物學解答，對於成人和兒童來說都不夠充足，都無法令人滿意。」[12]

性是「生命謎團的解答，但令人失望」，倘若我們要假裝這是夠好的答案，就是在欺騙自己，也欺騙孩子。蘭克說得好，以此點而言，「性教育」是一廂情願的想法，是在合理化，是偽裝。我們試圖說服自己，只要講授了性的生理機制，就等於解釋了生命的奧祕。可以說，現代人嘗試用一本「指南」手冊來取代極其重要的敬畏與神奇。[13]我們知道原因何在：如果你用人類處理事情的簡單步驟去掩蓋創造的神祕，就驅除了我們這種有性生殖的物種特有的死亡恐怖。蘭克甚至總結說兒童對這種謊言十分敏銳，既拒絕關於性欲的「正確科學解釋」，也拒絕這種謊言所暗示的權利：沒有罪惡感的性歡愉。[14]我認為原因或許在於，如果兒童要成長為不朽的文化英雄，就必須有一個明確的敵人，尤其是在他開始奮力吸收文化的自因籌畫時。由於身體是明顯的難題，為了建立起文化人格，他首先必須戰勝自己的身體。某種程度上，兒童必須抵抗成人想否認身體是敵人的企圖。可以說，兒童還太弱小，既要努力當一個有人格的人，又要當動物，這當中的衝突他還無法承受。成人同樣會感受到這種衝突，但他們已經有能力發展必要的防衛機制，也就是壓抑和否認，因此能承擔服事二個主人的難題活下去。

在回顧完本書第一部所談及的兒童與成人共有的根本難題後，我希望讀者能更加理解，蘭克對於現代才產生的「浪漫愛」這種心理類型的批判有何根源。蘭克說：「人格最終會被性給摧毀，而且是透過性被摧毀。」[15]現在看來，蘭克的意思非常清楚，換句話說，對於人類困境，性伴侶並不代表也無法代表完整和永久的解決方案。[16]的確，伴侶代表了擺脫自我意識和罪惡感的一種滿足，然而，與此同時，伴侶也代表了否定個人的獨特人格。可以說，愈是擺脫罪惡感，性就愈為理想，但這有其限度。在納粹主義中，我們看到了人間苦難，而那是肇因於人類混淆了兩個世界，並試圖徹底戰勝邪惡，試圖在這個世上達成完美，一種只有在另一個更完美的世界才可能達成的完美。人與人的關係也有同樣的危險，也就是混淆物質世界的現實和精神世界的完美想像。「兩人世界」這種浪漫愛，或許是一種巧妙且開創性的嘗試，但本質上仍延續了這個世界上的自因籌畫，因而是一個必然失敗的謊言。如果伴侶能夠成為上帝，要變成魔鬼就同樣容易，箇中原因不難辨明。首先，依賴的人會**依戀**客體。人需要客體來證明自身存在的正當性。人可以展現出全然的依賴，不管他是需要以受虐方式讓客體成為力量來源，還是需要以施虐方式操縱客體，以此感受自身擴張的力量。而無論是受虐或施虐，個人自身的發展都被客體所限制、吸收。這是一種意義過分狹隘的戀物，人會開始感到怨恨、惱怒。如果你找到理想的愛情，並嘗試使它成為你自身好壞的唯一判準、成為衡量你努力的尺標，那麼，你只不過是他人的倒映。你在另一個人身上迷失自己，一如聽話的孩子在家庭中失去自己。也就難怪無論個人在這種關係中是神還是奴隸，這種依賴中都潛藏著如此多的怨恨。蘭克提出浪漫愛在歷史上的徹底失敗，他說：「即使有隨之而來的補償，人也不再願意被當作另一個人的靈魂。」[17]當你混淆了個人愛情和宇宙英雄主義，你就注定在這兩方都失敗。英雄主義的不可能性侵蝕了愛情的根基，即使是真愛。一如蘭克貼切的觀點：這種雙重失敗，導致了我們在現代人身上所目睹的徹底絕望感。想從石頭中得到血、從肉身存有上得到靈性，是不可能的，而人因此感到「卑下」，覺得生活不知怎的並不成功，覺得未能發揮自己真正的天賦，諸如此類。[18]

此事不足為奇。一個人怎麼可能像神一般成為另一個人的「一切」？人與人的關係不可能承受神性的重量，這樣的企圖讓雙方都付出代價。原因很簡單，上帝之所以成為完美的靈性客體，恰恰因為上帝是抽象的——這正是黑格爾的觀點。[19]上帝並非具體的個體，所以不會以個人意志和需求限制我們的發展。當我們在尋找「完美的」對象時，我們尋找的是一個允許我們完全表現自己意志的人，沒有任何挫折或過失。我們渴望一個能反映我們真正理想形象的客體。[20]只是，沒有人能夠做到這一點。人都有自己的意志和反意志，可能以千百種方式與我們相互牴觸，他們的欲望愛好也會冒犯我們。[21]我們可以在上帝的偉大和力量中滋養自己，而這些是不會被世上的任何事情以任何方式損害的。但是沒有人類伴侶能保證這一點，因為伴侶是真實的。無論我們如何把伴侶理想化、偶像化，伴侶必然反映了塵世的腐朽和缺憾。而由於伴侶是我們衡量價值的理想標準，這份缺憾就轉而落到我們自身。如果你的伴侶是你的「一切」，那麼他（她）的任何缺點都會變成你的主要威脅。

如果一個女人失去了她的美貌，或者並不具有我們最初以為她擁有的力量和可依賴性，或者失去了敏銳的智性，又或者在許多方面都不能滿足我們的特定需求等等，那麼，我們在她身上投入的所有心力就受到了侵蝕。不完美的陰影籠罩我們的生活，隨之而來的是死亡，和宇宙英雄主義的潰敗。「她衰落等同於我死亡。」因此，家庭生活中每天都有那麼多的苦痛、暴怒和相互指責。跟我們滋養自己所需要的東西相比，我們所愛的客體反射回我們身上的，既不夠宏偉也不夠完美。我們覺得自己被對方的人性弱點貶抑了。當我們看到這個世界透過人類表現出無可避免的狹隘卑劣，我們的內心會感到空虛、極度痛苦，感到生命失去價值。也因如此，我們往往轉而攻擊所愛之人，試圖貶低他們。我們發現，自己的神有不為人知的缺點，於是不得不攻擊他們以自救，縮減我們之前投放在對方身上不切實際的過度投資，以確保自己的神化。在此意義上，對於消耗我們太多的伴侶、父母或朋友，縮減對他們的投入，是一種有必要的創造性行動，以便糾正我們生命中的謊言，重申我們內在的成長自由——這份成長是超越特定客體的，不受它所束縛的。然而，並非人人都能達到這樣的目標，因為許多人都需要謊言才能活著。我們可能找不到別的上帝，寧可保持原有的關係，為此我們縮減了**自己**，即使我們已瞥見了此事並不可為，而且還看到這可能讓我們淪為奴隸。[22]正如我們將看到的，這直接解釋了憂鬱的現象。

話說回來，當我們把愛侶提升到上帝的地位，我們想要的到底是什麼？我們想要贖罪，除此無他。我們希望擺脫自己的缺陷和虛無感。我們希望證明自己存在的正當性，希望知道我們的存在並非一場徒勞。我們轉向愛侶，是為了體驗英雄主義，為了得到完美的證成。我們期待伴侶藉由愛情「將我們變好」。[23]不用說，人間的伴侶無法做到這一點。我們的愛人並不會分發宇宙英雄主義，無法以他（她）自身之名來赦免我們的罪。因為伴侶也是有限的存在，也要受命運的支配，而我們則從伴侶的不可靠與墮落中讀出了這種命中注定。贖罪只能來自個體外部、來自超越、來自我們將事物的終極起源化為概念，來自創造的完美。正如蘭克所見，只有當我們放下、放棄自己的個體性，承認我們的受造性與無助，我們才有可能贖罪。[24]什麼樣的伴侶會允許我們這樣做，並忍受我們？伴侶需要我們像上帝一樣。在另一方面，什麼樣的伴侶會來為我們贖罪——除非他瘋了？即使是在這段關係中扮演上帝角色的伴侶，也無法忍受太久，因為某種程度上，他（她）知道自己並未擁有對方需要且要求的資源，並未擁有完美的力量與自信，以及堅定的英雄主義。伴侶承受不了神性的重擔，因而必然憎惡奴隸。此外，還有個始終令人不安的領悟：如果一個人的奴隸是如此可憐、毫無價值，這個人怎麼可能是真正的神祇？

蘭克也用自身思想的邏輯看出，對於伴侶雙方而言，現代愛情關係的精神重負是如此巨大而難以承受，以致他們可能徹底將這種關係去靈性化、去人格化，由此便產生了《花花公子》式的奧祕，亦即過度強調身體只是純粹的感官客體。[25]如果我不可能擁有理想伴侶來完滿我的生命，那麼，我至少可以擁有一種沒有罪惡感的性——這似乎就是現代人的邏輯。然而我們可以很快推斷出這種解決方案有多麼自我挫敗，因為它又把我們帶回可怕的等式：性等於卑下和死亡，等於服務物種的工具，等於否定個體獨特的人格及真正象徵式的英雄主義。難怪性的奧祕是如此淺薄的信條，會實踐這種信條的人，都已經對宇宙英雄主義感到絕望，把自己的意義限縮於身體與眼下的現世。也難怪奉行這種解決方案的人，都會變得跟愛情關係中的伴侶一樣困惑與絕望。對愛戀客體無所冀求，或是寄望過多，同樣都適得其反。

即使你把自身意義局限在此現世，你仍在尋求絕對，尋求至高無上且超越自己的力量、神祕性和權威。只是此時你必須在這現世的事物中找到。浪漫的戀人會在女人的內心深處、在她自然的神祕性中尋找，期待她成為智慧和可靠直覺的源頭，成為無底深井，提供不斷更新的力量。感官主義者不再從女人身上尋求絕對，女人不過是他從事的某種活動。他必須在自己身上、在女人所激發和釋放的生命力中尋求絕對。因此，「陽剛」對他來說是極為首要的問題，因為這是他在此現世絕對的自我證成。麥克．尼可斯[10]最近在他精彩的電影《獵愛的人》[11]中比較了浪漫主義者和感官主義者。浪漫主義者最終遇到了一名十八歲的嬉皮女孩，「她的智慧超出了她的年齡」，具有與生俱來的女性氣質，並說出一些令人意外的話。感官主義者則在長達二十年的性征服後開始煩惱自己的性能力。在最後的精彩場景中，一名受過良好教育的妓女讓他相信自己內在的潛力和天生的力量，進而使他勃起。在電影中，這兩種極端的類型在妥協後相遇了，同樣全然的迷惘，不知道人應該從一個滿是豐乳肥臀的世界中得到什麼，在反抗人類這個物種對他們的要求時，也不知應該得到什麼。感官主義者竭盡全力避開婚姻，把性變成他純粹的個人事務，只與征服和性能力有關，藉此反抗他身為人類的角色。浪漫主義者則試著將他與女性的關係精神化，以此超越婚姻和性。這兩種人最多都只能在基本生理欲望的層面上理解對方。這部電影讓我們反思，這兩種人都可悲地埋首於對人類處境的盲目探索中，想抓住一種可以被看見、被感受到的絕對性。蘭克彷彿幫忙寫了劇本。事實上，該編劇正是現代藝術中探討愛情關係的「蘭克主義者」——朱爾斯・菲佛[12]。

有時，蘭克的確似乎急於讓我們注意一些身體以外的問題，以致人們可能會有種印象，認為蘭克未能領會身體在我們與他人及世界的關係中占有何等緊要的地位。但事實絕非如此。蘭克認為性沒那麼重要，而我們從這件事情中學到的重大課程，並不是他貶低生理之愛和感官性，而是他就如同奧古斯丁和齊克果，看出了人以其自身處境，不可能製造出絕對性，也看出宇宙英雄主義必須超越人與人的關係。[26]而蘭克提出的問題中最為危急的，當然是自由、個人生命品質以及個體性等等。

如我們在上一章所見，人需要一個「彼方」，然而人會先伸手去搆最近的事物。這滿足

10 麥克・尼可斯（Mike Nichols, 1931-2014），美國著名導演，曾在一九六七年以電影《畢業生》贏得奧斯卡最佳導演獎。——編注

11 《獵愛的人》（*Carnal Knowledge*），一九七一年電影，由傑克・尼克遜主演，劇情描述兩名男性從大學時期到中年對女性不間斷的種種性探索與評論。——編注

12 朱爾斯・菲佛（Jules Feiffer, 1929-），美國著名漫畫家和作家，於一九八六年獲普立茲獎。——編注

了他們的需求，與此同時，卻也限制並奴役了他們。以此角度，我們得以審視人類生命的整個難題，並且提問：這個人希望拓展到什麼樣的彼方？可以在裡面達到多大程度的個體化？大多數人為了保險起見，都選擇父母、老闆或領袖這類標準的移情客體作為彼方，並接受文化所定義的英雄主義，努力成為優秀的養家之人或可靠的公民。以此方式，他們成為繁殖的媒介，取得物種的不朽性，或者成為某種社會群體的一份子，取得集體或文化的不朽性。大多數人都以這種方式生活，而我之所以這樣說，並非在暗示用標準的文化解方來解決人類難題有任何錯誤或不英勇之處。上述方式同時代表了人類境況的真相與悲劇，包括個人生命的神聖化問題、箇中的意義，以及自然順服於某種更崇高的事物——這些具有驅動力的需求必然都以最方便取得的事物來解決。

女人尤其陷入這種兩難困境。今日，風起雲湧的「婦女解放運動」尚未形成某種概念，而蘭克理解此一運動的必要和局限。女性作為新生命的來源、自然界的一部分，她會發現自己在婚姻中很容易自願扛起生育的任務，以此來自然實現神之愛的意圖。然而，與此同時，當她犧牲自己的人格和天賦，而將丈夫和他的成就變成她不朽的象徵時，上述的實現就變成對自己的否定，或者說，就有了受虐的性質。順服於神之愛是自然的事情，而且代表著自由自在的自我實現。然而，對男性生命角色的反身性內化，則意味著她屈服於自身的弱點，也模糊了她的自身認同中必要的愛欲動機。女性有她們的社會角色與女性角色，而這些角色各有問題，她們獨特的人格也有其自身的問題，這些問題錯雜混亂，很難區分開來。正如蘭克所見，為了成為更崇高事物的一部分，女性會體現自然的捨己從人，而這與受虐的屈服或否定自己的屈服之間，確實只有一線之隔。[27]由於女性（就跟所有人一樣）也不願意承認自己天生缺乏能力去獨自享受自由，因此這個問題又變得更為複雜。所以，幾乎所有人都以社會制定的流行方式，藉由他人（而非自己）的彼方去爭取自己的不朽。

創造性解方

這一切都意味著，透過個體化來實現個人的英雄主義是極為大膽的冒險，而這正是因為它使個人脫離舒適的「彼方」。榮格說得很好，這需要一般人並不具備、甚至不理解的力量和勇氣。[28]對受造來說，最害怕的重負是孤立，然而個人脫離群體，就是個體化的過程中會發生的事。人會因這個舉動而感覺徹底被碾壓、摧毀，因為他如此突出，不得不獨自承受如此多的重負。當一個人開始有意識地、批判性地為自己打造出英雄的自我參照框架，他就會遭遇這些風險。

精確地說，這正是藝術家類型（或一般稱為創造性類型）的定義。在回應人類處境上，我們已經跨過一道門檻，進入一種新的回應類型。對於這種回應型態，蘭克有無比深刻的描述。在他所有的作品中，《藝術與藝術家》是他最屹立不搖的不朽著作，充分展現他的才能。在此，我無意探討蘭克對藝術家的精微見解，也無意呈現他論述的全景，但若能藉此機會，稍微更深入地討論人格動力學的問題，我們將受益良多。這也讓我們為後續討論蘭克對精神官能症的觀點作準備，據我所知，蘭克的觀點在精神分析文獻中尚無人能出其右。

創造性類型的關鍵在於，他脫離了共享意義的那片公用資源。這類人的生命經驗中有某種東西，讓他把世界當成一個**難題**，所以，他對世界必須有個人的理解。這一點大致適用於所有的創造型人格，不過在藝術家身上表現得尤為明顯。存在變成了一個需要理想答案的問題，當你不再接受集體解答，就必須創造自己的解答。藝術作品就是創造型人物對存在問題的理想解答——不僅是外部世界的存在，更是他自身的存在，因為他已成為痛苦的獨立個體，只能孤軍作戰。創造型人物必須回應他極端的個體化所帶來的重擔，以及他痛苦的孤立狀態。他希望知道如何藉自身獨特的天賦贏得不朽。他的創作作品是他英雄主義的表達，同時也為他證成了自身英雄主義的正當性。誠如蘭克所言，那是他的「私人宗教」。[29]創作的獨特性賦予他個人的不朽，他是他自己的「彼方」，而非他人的。

然而我們也立即看到，這造成了巨大的難題。人如何能證成自己的英雄主義？除非他成為上帝。現在我們甚至更進一步看到，人是如何躲不掉罪惡感——即使身為創造者，他仍是完全被創造過程所壓倒的受造之物。[30]如果一個人出類拔萃到必須創造出自己的英雄式證成，那就太過了。這看似違反邏輯，但我們是這樣理解的：你愈長成一個獨特、自由和重要的人，你的**罪惡感就愈沉重**。正是你的作品在譴責你，使你感到卑下。你有什麼權利扮演上帝？如果你創造的作品偉大、新穎又卓絕，事情就更是如此。在這種情況下，你會不知從何處取得權威，好把新的意義帶入這世界，並獲得承受它的力量。[31]總而言之，藝術作品體現了藝術家的企圖：在具體的創作中，客觀地證成自己的英雄主義。藝術作品是他絕對的獨特性和英雄般超然存在的證明。然而，藝術家仍是受造之物，對於這一點，他自己的感受比任何人都強烈。換句話說，藝術家知道作品就是他自己，因而是「糟的」、短暫的、終歸可能毫無意義——除非在**他自己**及其**作品**之外得到證成。

套用榮格的話（我們先前已提過），藝術作品是藝術家自己的移情投射，而藝術家對這一點也心知肚明，並不無批判。藝術家不管做什麼，都牽扯著自己，且無法穩妥地脫離和超越自己。[32]藝術家也與作品糾纏不清。藝術作品就如任何實質成就一般，具有可見、世俗、不持久的性質。

無論作品多麼偉大，與大自然超越一切的雄偉壯麗相比，多少仍顯得黯然失色，因此它是意義不清的，遠非堅實的不朽象徵。即使擁有最偉大的天賦，創作者仍無法不被嘲笑。也難怪從歷史的角度來看，藝術與精神病之間有密切的關聯，通往創造與瘋人院的路是如此接近，因此人往往繞去了後者，或直接停在那裡。藝術家與瘋子一樣被自己捏造出來的事物困住，沉溺於自己的肛門性及抗議中，聲明自己真的是與眾不同的受造之物。

整件事都可以歸結為這個悖論：要當英雄，就必須獻出才能。假如你是普通人，就向自身所處的社會獻出英雄的才能，而且那才能是社會預先指定的。假如你是藝術家，則打造出獨特的個人才能，以證成自身的英雄身分，也就是說，你瞄準的目標至少總有一部分高於同儕的極限。畢竟，同儕無法讓你的靈魂不朽。在《藝術與藝術家》精彩的末幾章中，蘭克指出，藝術家無法與自己的作品和平共處，也無法與接納其作品的社會和平共處。藝術家的才華永遠指向創作本身、指向生命的終極意義、指向上帝。我們不該驚訝，蘭克作出了與齊克果完全相同的結論：擺脫人性衝突的唯一途徑是完全的斷捨，把個人的生命獻給最高力量。

赦免只能來自絕對的彼方。像齊克果一樣，蘭克指出這條原則適用於最為強大、最具有英雄氣概的人，而非惴惴不安且空虛的弱者。斷捨世界、斷捨自己，並將箇中意義交付給創造的力量，這是人類最難達成的任務，因而該落到最強大的人格類型上，這樣的人擁有最大的自我。撼動世界的偉大科學家牛頓就是這樣的人，他總是在腋下挾著一本《聖經》。

然而，即使是這麼強大的人，也很少能把最充分的自我表達與斷捨結合起來，正如我們在第六章討論困擾佛洛伊德一生的難題時所見。從我們討論過的一切內容（歷史中及個人創造性中的自己）來看，我們也許得以進一步深入佛洛伊德的難題。我們知道佛洛伊德是天才，而我們現在能理解天才真正的難題是如何以全副熱情來創造作品拯救自身靈魂，同時又放棄這件作品，因為作品本身並不能帶來救贖。在創造型的天才身上，我們看到了一種需求：將最強烈的、自我表達的愛欲與最徹底的、捨己從人的神之愛結合起來。這兩種本體論的追求都相當激烈，要求人去設法完全體驗，幾乎是太過分的要求。或許，才華較少的人比較容易做到，也就是以少量的愛欲加上舒適的神之愛。然而，佛洛伊德是徹底地、比大多數人更加坦率地活在愛欲的「靈」的控制下，而這讓他自己與旁人都精疲力竭——這種生活多少總是如此。精神分析是佛洛伊德對於不朽的個人英雄追求。正如蘭克所說：「……可以如此輕易承認自己的不可知論，同時又為自己創造了私人宗教……」[33]不過，這正是佛洛伊德的束縛。作為不可知論者，他找不到人來接受他獻出的才華，換句話說，沒有人比他更能穩當獲得不朽。甚至人類這個物種都岌岌可危。正如他所承認的，恐龍的幽靈仍然纏著人類不放，並將永遠纏著人類。佛洛伊德之所以反宗教，是因為他出於某種原因無法把自身生命的才華獻給宗教理想。他把這種舉動視為軟弱、消極，會牽制住他對更大的生命的強烈渴求，而那樣的渴求是具有開創性的。

蘭克與齊克果有相同的信念：人不該停下腳步，把生命局限於各種彼方，無論那彼方是近在眼前或稍微遙遠，又或是自己創造的。人應該向外尋求信仰的最高彼方，無論多麼艱難，面對最高力量，人應該努力做到毫不抵抗地斷捨——只要稍有不足，都無法達到充分發展，即使這會被某些最優秀的思想家視為軟弱和妥協。例如，尼采抨擊猶太—基督宗教關於斷捨的道德性。然而，正如蘭克指出，尼采「忽視了人類對這種道德的深切需求……」[34]。蘭克甚至說：「人天生就需要真正的宗教意識形態……其實是所有社會生活的基礎。」[35]佛洛伊德等人會把順從上帝視為受虐、把清空自己視為自我貶抑嗎？蘭克認為恰好相反，這種順從代表最大限度的延伸自己，是人所能達到的最高理想境界。這是在拓展神之愛，是真正富有創造性的成就。蘭克認為，只有在最不戀物、最高的層次上順服於大自然的偉大，人才有可能戰勝死亡。換句話說，蘭克認為，要證明一個人的生命是真正的英雄主義，必須超越性、他者與私人宗教，因為這些都只是替代品，會使人變得虛弱，或束縛住人，使他被曖昧不明的意義所撕裂。當一個人缺乏「人格真正的內在價值」，當他僅僅是身旁某個事物的反射，缺乏穩定的內在自轉儀，自身缺乏定心，他就會感到卑下。為了得到這種定心，人必須看得更遠，越過「你」（thou）、越過他人的安慰，以及這個世界的事物。[36]

蘭克認為，人並非生物學的存在，而是「神學的存在」。讀到這裡，我們彷彿看到田立克[37]在說話，而他身後還站著齊克果和奧古斯丁。然而，不可思議的是，在如今這個科學時代，這些結論是一位精神分析學家終生研究的結果，而非神學家。這形成了壓倒性的衝擊，對於在科學領域接受狹隘訓練的人來說，這一切看來很令人困惑。事實上，蘭克的思想匯合了密集的臨床洞見和純粹的基督宗教意識形態，絕對是令人興奮的。人們不知道該採取什麼樣的情感態度來對待它；它似乎同時將人拉向幾個對立的方向。

於是，「理性且實事求是」的科學家（他們喜歡這樣自稱）會「啪」一聲合上蘭克的著作，打了個寒顫，轉身走開，心想，「佛洛伊德最親密的合作者竟然如此糊塗，把來之不易的精神分析知識移交給簡單的宗教慰藉，簡直可恥。」如果真這樣想，這些人就錯了。蘭克以齊克果的思想為基礎，對精神分析作了全面的總結，然而，這並非出於軟弱或一廂情願，而是有其邏輯，背後是歷史上的精神分析對人的理解。要批判蘭克，就是無法繞開這一點。如果有人認為蘭克不夠實事求是，或者實證經驗不夠，那是因為他們未能真正掌握蘭克全部研究的核心：對精神官能症本質的闡述。蘭克就是以**此**來回應那些認為他在科學探索上自我設限，或出於個人動機而變得軟弱的人。蘭克對精神官能症的理解是他整體思想的關鍵，在後佛洛伊德主義對人的全面理解中，蘭克的見解至關重要，同時，這項研究代表著蘭克與齊克果思想的緊密結合，使用的措辭和語言，齊克果本人也會贊同。在下一章，我們將進行更詳細的討論。

第九章
精神分析目前的成果

• • •

CHAPTER NINE
The Present Outcome of Psychoanalysis

人愈是正常、健康、快樂，就愈能……成功地……壓抑、取代、否認、合理化、戲劇化自己並欺騙別人，之後，還有精神官能症的折磨，這種精神官能症……來自痛苦的真相……精神分析試圖帶領精神官能症患者前往一個地方，但卻未能抵達，不過，在精神層面上，患者早就在那裡了，也就是說，患者看穿了知覺世界的欺騙性、現實的虛假性。他受苦，這苦並非來自任何對生活和健康在心理上都不可或缺的病理機制，而是來自他拒絕了這些機制，這使他失去了對生活很重要的幻覺……〔他〕在心理上比別人更接近實際真相，這正是他受苦的原因。

——奧托．蘭克[1]

蘭克在所有研究中都提過精神官能症，這裡寫上一行或一段，那裡寫個一頁或兩頁。然而，他對精神官能症卻各有許多不同的定義，甚至自相矛盾。有時他將精神官能症描述得正常且普遍，但有時又將之看得很不健康且個人。有時他用這個詞來形容生命中的小問題，有時又用來描述真正的精神失常。這樣的彈性並非因為他的想法混亂不清，而是由於一件我們很快就會看到的事實：精神官能症是人生一切問題的總結。不過，蘭克原本能將他對精神疾患的洞見整理得有條不紊，藉此大大改進自己的研究工作，但他卻沒有這麼做。如果思想家一口氣拋出過多缺乏系統但豐富的見解，我們會無從下手，難以掌握他的思想，他試圖闡明的事情看來也就仍然難以理解。可以確定的是，佛洛伊德的傑出主要歸功於他能夠清晰、簡明、系統化地表述他所有的見解，總能把最複雜的理論簡化為幾項基本原理。你也可以這樣整理蘭克的思想，然而問題是，你得用自己的條理去耙梳蘭克繁雜的研究成果。儘管蘭克知道，這個要求對於讀者和他自己都不公平，但他從未找人重寫他的書。因此，我們必須自己努力撥開蘭克見解中的亂絲，直探問題的核心。

讓我們在一開始先總結精神官能症涵蓋的所有內容，再逐一處理，以便揭露它們是如何結合。精神官能症有三個相互依存的面向。首先，它指的是那些難以接受存在真相的人。在這層意義上，精神官能症是普遍現象，因為每個人都有些難以接受生命的真相，並為此真相付出某種重大代價。其次，精神官能症是個人現象，因為每個人都會打造出自己對生命的獨特反應形式。最後，除了上述兩者，蘭克的研究很可能還有獨一無二的貢獻——他認為，精神官能症很大部分也是歷史性的現象，因為所有掩飾和吸納精神官能症的傳統意識形態已經消失，但現代的意識形態還太過薄弱，無法納入精神官能症。於是現代人產生了——愈來愈多人躺在精神分析師的診療椅上、前往心理大師的治療中心朝聖、加入治療團體、塞滿精神病院的床位。以下，且讓我們更深入地檢視這三大面向。

精神官能症類型

首先，精神官能症是一種人格問題。我們會說精神官能症代表生命的真相，那是為了再次強調，對於擺脫了本能控制的動物而言，生命是壓得人喘不過氣的難題。個體必須保護自己不受世界傷害，而他最多也只能跟其他動物一樣，窄化世界、關閉經驗，以及培養出不以為意的態度，忽略世界的恐怖和自身的焦慮，否則他會動彈不得。讓我們不厭其煩地重溫佛洛伊德的偉大教導：壓抑是正常的自我保護，是具有創造性的自我抑制——實際上，人會自然而然用壓抑來替代本能。對於這種天生的才能，蘭克用一個完美的重要辭彙來指稱：「部分化」（partialization）。蘭克目光如炬地看出，若沒有「部分化」，生活就無法進行。我們所謂適應力強的人就具有這種能力，能將世界拆分成許多部分，以採取舒適的行動。[2]我曾使用「戀物」這個詞彙，表達的意思完全相同，也就是「正常人」只咀嚼和消化力所能及的一小塊。換句話說，人並非生而為神，並非生來接納整個世界。人就如其他受造，生來只關注眼前的一小塊地。神可以接納所有受造物，因為神憑自己就能通曉一切，知道世界的意義與目的。然而，當有人把朝下看的臉抬起來，開始探究生死等永恆的問題、玫瑰或星座的意義，他就開始憂煩了。大多數人避開這個憂煩的方法是把心思放在生活瑣事上，社會則為他們詳盡安排了這些瑣事。這些就是齊克果所謂「直接性的人」和「庸人」。他們「安於瑣碎」，所以能正常生活。

我們馬上就能看到，在我們對心理健康和「正常」行為的所有思考上，有片極豐富的視野打開了。為了正常運作，人從一開始便須嚴格限縮世界和自己。我們可以認為所謂的正常，本質上是**拒絕現實**。[3]我們口中的精神官能症正是在此時出現：有些人比其他人更難說謊，世界對他們來說太巨大了，為了將世界阻擋於外、為了削弱貶抑世界，這些人發展出的技巧最終反而讓自己窒息。簡單說，精神官能症就是個人為現實編出的拙劣謊言失效了。

然而，我們也能立即看到，精神官能症與正常之間並無界線，因為所有人都在說謊，某方面也都被謊言綁住。換句話說，精神官能症是人們所共有的，是普遍存在的。[4]或者也可以說，正常狀態就是精神官能症，反之亦然。一旦謊言傷害了自己或周遭的人，導致當事人尋求臨床治療，或別人代他尋求治療，我們就稱此人「有精神官能症」，否則我們就把拒絕現實稱為「正常」，因為它不會引起任何明顯問題。事情就是如此簡單。畢竟，獨居者起床六次去檢查大門是否確實鎖好，或有人每次洗手擦手的次數都必須正好三次，或每次上廁所都用掉半卷衛生紙，這些確實都不涉及人類的難題。這些人在面對受造性的現實時，以相對無害、不惱人的方式，為自己取得安全感。

然而，當關於現實的謊言開始失效，一切就變得更加複雜。我們不得不開始使用「精神官能症」的標籤。在許多人類經驗的範圍內，這個標籤適用於各式各樣的狀況。一般而言，如果一個人的生活方式會過度約束自己，妨礙他獲得想要和需要的前進動能、新選擇、成長，我們就會說他有精神官能症。例如，某人把得救的希望全然寄託於一段戀愛關係，最終卻因為關注的範圍太過狹窄而失敗，他就有精神官能症的傾向。不管伴侶是怎麼對待他，他都可能變得過於被動、依賴、害怕獨自冒險、害怕沒有伴侶的生活。在這種情況下，戀愛客體成了他的「一切」、他的整個世界，而他自己則降格成僅僅是另一人的倒映。[5]這種類型的人通常就會尋求臨床上的協助。他覺得自己被困在狹窄的天地間，需要某個特定的「彼方」，但又害怕越過彼方。用前面提過的字彙來說，他的「安全」英雄主義沒有發揮作用，在他震驚地意識到，他的英雄主義是如此安全，安全到根本算不上英雄時，扼住他的脖子，毒害他。在自己可能的發展上欺騙自己，也會導致罪惡感。這是一個人所能經歷的最為陰險的日常內在折磨之一。記住，所謂的罪惡感，就是當一個人莫名受到貶抑、阻擋時，當世界遮蔽了他的能量時，他所感受到的束縛。但是，人的不幸在於，當自己的潛在發展受到阻擋，他會用兩種方式體驗這種罪惡感：將罪惡感當成外來的阻礙，或是內在的阻礙。罪惡感源於未發揮的生命，源於「我們內在未活過的生命」。[6]

為掩蓋現實而撒的謊言中，某些常見的失敗更令人震動，亦即所謂的強迫意念和強迫行為，以及各種畏懼症。我們看到過於戀物、過於部分化，還有過於窄化世界而導致無法行動的後果。結果便是當事人被困於自身的狹隘性中。每次洗手都要儀式性地洗上三遍是一回事，但把手洗到流血為止，甚至每天大部分時間都待在浴室裡，又是另一回事。我們在純粹的文化中看到，人類的各種壓抑中，最為危急重大的莫過於對生死的恐懼。一旦面對受造存在性中真正的恐怖，安全就成為人的真正難題。人感到自己脆弱不堪——這就是真相！只不過，有些人的反應太徹底、太缺乏彈性。他害怕上街、害怕搭電梯、害怕乘坐任何交通工具。在這種極端情況中，當事人好像在內心對自己說：「我只要做了什麼事情……就會死。」[7]

不難看出，這種症狀其實是一種活下去的企圖，一種解除行動束縛又讓自身世界保持安全的企圖。這種症狀將生的恐懼與死的恐懼都封入內部。你之所以覺得自己脆弱不堪，是因為你覺得自己糟糕又卑下，不夠強大到足以面對世界的恐怖。你在症狀裡發展你對完美（強大、不可摧毀）的需求，比如說洗手，或者逃避婚姻中的性生活。可以說，症狀本身就是英雄主義表現的現場。難怪人無法放棄這種症狀，因為一放棄，我們試圖否認和克服的一切恐懼就會像洪流般自行釋出。當你把所有雞蛋都放在一個籃子裡，你就必須為了心愛的生活而緊抓著籃子不放。這就像一個人想把整個世界融合成單一的客體或單一的恐懼。我們立刻認知到，這同樣是人們在移情時運用的創造性動力，此時人們會把創造這個作為的所有恐怖和雄偉都融合到移情客體身上。這就是蘭克所指的，精神官能症代表一種困惑且迷失方向的創造力。當事人並不真正知道問題何在，卻想出巧妙的方法跨過它。我們也應該注意到，佛洛伊德自己使用了「移情精神官能症」的描述來統稱歇斯底里型恐懼和強迫型精神官能症。[8] 可以說，蘭克和現代精神醫學只是簡化和貫徹了這個基本洞見，但現在是用生死恐懼來解釋，而不僅是伊底帕斯情結的動力。有名年輕的精神病學家就整件事作出了精彩的總結：

事情很清楚，患者所傾訴的絕望痛苦並不是這些症狀的結果，而是這些症狀存在的原因。事實上，正是這些症狀保護了患者，使他免受諸多深切矛盾的折磨，而這些矛盾都是人類存在的核心。這種特定的恐懼或強迫意念正是人類的手段，藉此……減輕生活種種任務的重負……以便……減輕一點自己的無價值感……因此，精神官能症的作用是窄化和減少，也就是施魔般地轉化世界，這樣就可把注意力從死亡、罪惡感、無意義感轉移到別處。全神貫注於自身症狀的精神官能症患者被引導著去相信，他的根本任務是對抗自身特定的強迫意念或畏懼症。在某種意義上，他的精神官能症使他能夠控制自己的命運——把生命的全部意義轉化為簡化的意義，且這意義是來自他自己創造的世界。[9]

精神官能症的窄化很諷刺：患者本意是逃避死亡，但用的方法卻殺死這麼多的自己，活動世界的範圍縮得如此劇烈，其實等於孤立並弱化了自身，最終變得雖生猶死。[10]受造之物就是躲不過生與死，如果過分努力嘗試，便會毀掉自己，而這或許是自食其果。

然而，我們還未窮盡所有可稱為精神官能症的行為類型。處理精神官能症的另一種途徑是從問題的另一端出發。生活中有一類人難以做到戀物和窄化，他們的想像力生動，吸收的經驗太多，接觸的世界太大——這樣的人也必須歸入精神官能症類型。[11]這類人，正是上一章所介紹的創造型人格。我們知道，這類人格能夠感知自己的孤立與特質。他們與眾不同，較少融入常規社會，也較不會好好地將自動化的文化行動排入生命中。在把經驗「部分化」（窄化）方面有困難，就代表他們在生存上有困難。無法戀物會使這類人太容易受世界影響，而世界也成了徹底的難題——像這樣毫無防護，會讓人生不如死。我們說過，所謂把世界部分化，即是咬下自己嚼得來的一小塊，沒有這份天賦，便意味著不斷咬下更多，而自己根本嚼不來。蘭克這麼說：

> 這種精神官能症的類型……把周圍現實當成自我（ego）的一部分，所以，他與現實的關係才會那麼痛苦。所有的外在過程，無論本身可能多麼毫無意義，最終都會影響他……他熱切投入某種不可思議的一致性，與周圍生命的整體性緊密相連，程度遠遠超過適應型的人，後者在成為整體的一部分時就能滿足，但精神官能症類型的人則可能把整個現實都納入自身之中。[12]

現在我們可以看到精神官能症的問題是如何沿著兩大本體性動機的路線而展開。一方面，人融入周圍世界，讓自己成為其中重要的一部分，因而喪失了自身對生命的所有權。另一方面，人切斷自身與世界的聯繫以擁有自己**完整**的主張，卻因此無法按照世界的要求來生活和行動。正如蘭克所說，有些個體是無法獨立，另一些則是無法融合。理想狀態當然是在兩種動機之間找到平衡，就像那些適應能力較好的人，對兩者都能游刃有餘。精神官能症代表的正好是「這兩種極端」，無論哪種，當事人都覺得沉重不堪。[13]

關於人格學，我們有個疑問：為什麼某些個體無法平衡自己的存在衝動？為什麼要擁抱極端？答案顯然必須溯及個人生命史。有些個體因為更強大的生死焦慮而從經驗中退縮了。在成長過程中，他們不放任自己投入現成的文化角色，不願意輕率地在別人的遊戲中迷失自己。原因在於，他們很難與人產生連結，沒有能力去發展必要的人際關係技巧。要能隨心所欲地玩社交遊戲，就意味著與人互動時並不焦慮。別人視為理所當然的那些生命養分，如果你都沒有，那麼，你自己的生命就成了徹底的難題。當這種情況推向極端，就會產生最典型的類分裂型人格[1]。傳統上，這種狀態被稱為「自戀型精神官能症」[2]或精神病，患者無法把世界擋在門外。他的壓抑都是表面上的，他的防衛也不再奏效。於是他退出世界，回到自己的內心與幻想中。他把自己封閉起來，成為自己的世界（亦即自戀）。接納整個世界，而非量力而為，這似乎很勇敢。但正如蘭克所指出，這也正是一種避免涉入其中的防衛機制：

……這種明顯的自我中心，最初就是一種抵禦現實危險的防衛機制……〔這種精神官能症患者〕不斷追求自我的完整……而未付出代價。[14]

活著，就是經歷生命時至少有一部分要遵循經歷本身的要求。沒有人為我們提供滿意或安全的保證，我們只能獨自在行動中承擔風險。人永遠不知道結果將會如何，或自己會顯得多麼愚蠢，然而這類精神官能症患者卻希望得到保證，不願意賭上自我形象（self-image）。蘭克將這種情況貼切地稱為「頑固地高估自己」，患者試圖藉此騙過自然。[15]他不願付出自然要他付出的代價：衰老、生病或受傷，以及死亡。他以想像的經歷取代活生生的經歷，想法全在腦袋裡打轉，卻未付諸行動。

我們可以看到，對於符號動物來說，身體本身就是道難題，而精神官能症則是最典型的危險。患者不是在生物的意義上活著，而是在符號的意義上活著。他並非以大自然提供的方式部分活著，而是全然活著，而那只有在符號的層面上才有可能辦到。這樣的人用魔法般無

1 類分裂型（the schizoid type），近似於如今的類思覺失調型人格障礙（Schizoid personality disorder, SzPD），須注意的是，它與思覺失調症不同。此症特徵在於當事人傾向對社會疏離，在人際關係和情感表達上有困難，並且缺乏對親密感的需要。——編注

2 「自戀型精神官能症」（Narcissistic neurosis）是佛洛伊德發明的術語，用來區分特徵在於缺乏客體關係的精神官能症，以及固著於原欲自戀（libidinal narcissism）早期階段的精神官能症。——編注

所不包的自我世界替代真實的、斷片化的經驗世界。正是在這樣的意義上，我們再次看到每個人都是精神官能症患者，因為每個人都以某些方式生命從生命中退縮，用自己符號式的世界觀來安排事物，而這正是文化道德的目的。[16]同樣的，就此意義而言，藝術家則有最極端的精神官能症特質，因為他也把世界當成一個整體，並從中製造出一個問題，而這問題大部分都是符號式的。

如果精神官能症在某種程度上是人的特徵，且是藝術家的主要特徵，那麼，精神官能症成為臨床疾病的界線會在何處？有種判斷方法，是看當事人是否出現嚴重傷害身體的症狀，或某種限制過度的生活方式。當事人限制自己的經歷，試圖藉此騙過自然，但在意識的某個層面上，他對生之恐怖仍很敏感。此外，在當事人心裡，或在他狹隘的英雄主義中，若要戰勝生與死，就不可能不付出某種代價，這份代價就是精神官能症的症狀，或者因為並未真正活著，而陷入罪惡感和徒勞感的泥沼。

界定精神官能症是否達到臨床疾病的方法之二，來自我們討論過的一切。藝術家擁有生動的想像力，樂於擁抱經歷中最細緻、最廣闊的面向，又脫離了滿足其他人的文化世界觀。他們有這麼多精神官能症的特質，但卻通常不會變成精神官能症的臨床患者，這使蘭克不禁追問原因何在。答案是，藝術家接納了整個世界，但並未受世界壓迫，而是以自身人格重造世界，並在藝術作品中將其再現。與藝術家相反，精神官能症患者缺乏的正是創造的能力，一如蘭克極為貼切的描述，患者是「失敗的藝術家」。我們可以說，藝術家和精神官能症患者從生命中咬下的東西都大到嚼不動，但藝術家會把這當作外來的、進展中的創作專案，再次反芻，並以客觀化的方式重新咀嚼。相形之下，精神官能症患者卻無法在特定作品中體現這種創造性的回應，因而在自身的內向性中窒息。藝術家的內向性也同樣很高，但他能以此作為創作素材。[17]蘭克的概念發人深省，並如此描述兩者的差異：

……正是將純粹的心理衝突化為意識形態的這件事，區別了生產型和非生產型、藝術家和精神官能症患者。就創造力而言，精神官能症患者的創造力就如同最原始的藝術家，總是離不開自我，並在自我中耗盡。然而，生產型的藝術家則將主觀的創造過程轉變為一段客觀過程，意味著藉由將過程化為意識形態，將它從自我轉移到作品之中。[18]

精神官能症患者的精力不僅在關注自身（諸如慮病恐懼和各種幻想等等）時耗盡，也在**他人**身上耗盡——被患者依賴的人都成了他的治療專案，他將自己的主觀難題發洩在這些人身上。然而，他人不是黏土，不會被隨意拿捏，也有自己的需求和反意志。作為失敗的藝術家，精神官能症患者的挫折只能靠自身客觀的創造性作品來治療，此外別無他法。另一種思考此事的角度是，當個體愈把整個世界當作難題，他的內心就愈感到自己的低下或「糟糕」。當事人可以藉著奮力追求完美來解決這種「糟糕」，然後讓精神官能症的症狀變成他的「創造性」作品。或者，他可以透過伴侶來使自己完美。不過，事情在我們看來很明顯，努力變得完美的唯一方式，是透過客觀的作品形式，而當事人不但要完全掌控這種形式，還能夠透過某些真正的方法加以完善。因此，你要不就是為了完美而損耗自身與他人，要不就是**在作品中客觀化那份不完美**，然後藉此釋放自己的創造力。這意味著，某種客觀性的創造力是人類生命難題的唯一解答。藝術家經由這種方式滿足了大自然——大自然要求他如實地生活和行動，就像一隻生氣勃勃的動物積極投入世界，但同時，藝術家也滿足了自己獨特的人性，因為他是按照自己**符號式**的方式積極投入世界，而不是在反映世界，且僅僅熱衷於生理感官經驗。藝術家接納了整個世界，從中得出完整的難題，然後給出一個親手塑造、專屬於人類的解答。藉《浮士德》之口，歌德說：這是人所能達到的最高境界。

由此觀點看來，藝術家和精神官能症患者的區別，主要在於才能。這就好比文盲的思覺失調症患者與史特林堡[3]的區別——一個最終的結局是退回內心世界，另一個卻成了文化英雄，但兩者體驗世界的方式是相似的，只是反應的品質與威力不同罷了。倘若精神官能症患者在自己接納的世界面前感到脆弱，他的反應就是苛責自己。他受不了自己，或者說，受不了因自身特質而陷入孤立。但是，另一方面，他仍然需要成為英雄，需要根據自身特質去爭取不朽，這表示，他仍然必須以某些方式來頌揚自己。但他只能在幻想中這樣做，因為他無法打造出開創性的作品，無法藉作品客觀的完美性質來為自己發言。他陷入了惡性循環，因為他那幻想出來的頌揚是虛假的。一個人若要有堅定的確信，那份確信就必須來自他人，或某種程度上來自自身以外的事物，否則不可能維持——至少不會長久。人就是無法在內心象徵式的幻想中證明自己確實是英雄，而這導致精神官能症患者愈發覺得沒有價值和卑下。尚未發現自己內在天賦的青少年也正是處於這種狀況。另一方面，藝術家因為擁有才能，所以克服了卑下感，最終贏得自己的光榮。[19]

從以上這些可以看到，我們對精神官能症、青少年、正常人、藝術家的討論可以如何互換。他們之間只有程度上的差異，或是「才能」這類額外的東西造成的差異。才能本身有很大一部分與環境有關，是機運和工作的結果，所以蘭克對精神官能症的觀點相當貼近事實。藝術家既是神經質的，也是具有創造力的。最偉大的藝術家可能出現嚴重的精神官能症症狀，也可能因神經質的強烈需求，拖垮身邊的人。看看卡萊爾怎麼對待他的妻子吧。[4]毫無疑問，創造性工作本身是在一種強烈衝動下完成，而這種強烈衝動與不折不扣的臨床上的強迫症往往難以區分。就此意義而言，所謂的創作才能僅僅是一種社會特許的執迷。所謂的「文化常規」亦然，例如無產階級者強迫自己忘我的工作，以免發瘋。我常常納悶，人們如何能忍受這些極度惡劣的工作——飯店廚房地獄般的爐灶、服務生狂亂地同時周旋於十幾張飯桌之間、旅遊旺季時旅行社代辦的瘋狂景象、盛夏街道上整天操縱電鑽的酷刑……答案簡單到令我們意想不到：這些活動的瘋狂正是人類境況的瘋狂。對我們來說，這些活動是「正確」的，因為其他選項只有自然的絕望。每日工作的瘋狂是反覆施打的疫苗，要預防的是瘋人院裡的瘋狂。看看工人結束休假、重返強迫性的日常工作時，那副欣喜和熱切的模樣。他們帶著平靜和輕鬆愉快的心情投入工作，因為工作掩蓋了更不祥的東西。人必須保護自己遠離現實。這一切都向複雜縝密的馬克思主義提出另一個巨大的問題：為了讓人們免於發瘋，烏托邦社會將提供一種對現實的強迫性否認，那麼，這種強迫性否認的本質是什麼？

幻覺的難題

我們將精神官能症當成人格問題來審視了，也看到理解的兩種途徑，一是將精神官能症當成世界過度窄化的問題，二則是世界過度開放的問題。前者活在太過狹隘的自身世界，後

3 史特林堡（August Strindberg, 1849-1912），瑞典最偉大的戲劇家，開創了現代瑞典文學，並對歐美戲劇藝術有深刻影響，在一八九四至一八九六年間曾經歷精神疾病發作。——譯注

4 卡萊爾之妻珍・卡萊爾（Jane Welsh Carlyle, 1801-1866），她也是極富才華的寫作者，吳爾芙稱她為「最偉大的書信作家之一」，然而她生前並未出版任何作品。婚後，除了一般家務，她還必須負責讓周遭環境時刻保持安靜，因為只要稍有噪音，卡萊爾便無法寫作。——編注

者則太過無所拘束，漂離了自身世界。在後者這類過度敏感而開放的精神官能症患者中，蘭克又特別劃出另一類，而如果把這類人置於類分裂型的光譜上，很可能真的符合。但是，硬要嚴格區分人格類型非常冒險，因為有各式各樣的混合與組合式人格，無法非黑即白地劃分開來。畢竟，我們一定是在某種程度上意識到生命過於龐大，可能形成凶險的難題，才會過度窄化世界。如果我們說一般人窄化得「剛好」，我們也必須確認這些一般人是誰。這些人或許不用去精神科診所接受治療，然而，他們身邊的某人卻為此付出了代價。這讓我們想起充斥於博物館中的那些羅馬半身肖像：緊閉雙唇，沉默寡言地生活，當著普通的好公民，然而，這種生活方式必定也製造了某種日常地獄。當然，我指的不僅僅是日常的瑣碎小事，抑或對親友的小小殘酷。即使普通人過著某種因焦慮而無動於衷的生活，這也是因為他們樹起了一道高大的壓抑之牆來遮掩生與死的難題。他們的肛門性或許能保護自己，但是縱觀歷史，正是這些「正常的普通人」會像蝗蟲一般，為了遺忘自己而毀滅世界。

如果我們審視難題時，不僅將精神官能症當成人格的某種類型，也從另一個普遍的層面來審視，即現實與幻覺的問題，那麼「正常」與「精神官能症」的相融就很可能變得更清楚。正是在這方面，蘭克再次成功提出對精神官能症的精闢洞察。以我們迄今為止所討論的一切而言，他這種觀察精神官能症的方式是清晰易懂的。我們已經知道，所謂人格，其實是關於現實的謊言，自因籌畫則是一種偽裝，假裝他人及文化力量的保護可以讓自己堅不可摧，假裝自己在自然界很重要、可以為世界做點什麼。然而，在自因籌畫背後，有個聲音耳語著可能的真相：我們口中的演化是一場關於骨與肉的惡毒戲碼，而人類的生命也許不過是這齣戲碼中一個毫無意義的插曲。在這齣戲中，造物主可能不再關心人類的命運或個體的自我永存，就像祂並不關心恐龍或塔斯馬尼亞人[5]。這些低語與《聖經．傳道書》突兀洩漏的看法不謀而合：「虛空的虛空，虛空的虛空，凡事都是虛空。」[6]對於文化生活的謊言，以及（其他人是如此輕率且放心投入的）自因籌畫的幻覺，有些人更為敏感。精神官能症患者無法在文化幻覺和自然現實之間保持平衡，關於自己與世界可能會有的恐怖真相，正逐漸滲入他的意識。一般人至少還確信文化遊戲是真理，是不會動搖、禁得起時間考驗的真理。他可以遵從關於不朽的主流意識形態，贏得自己的不朽。就這樣。對普通人而言，事情就是如此簡單明瞭、一清二楚。然而現在，精神官能症患者卻：

（他）認知到的自己並不真實，而現實則難以忍受，因為在他身上，幻覺的機制被自我意識看穿且摧毀。他再也不能假裝自己是什麼樣的人，甚至自身的理想人格都已破滅。他認知到的自己是糟糕、有罪、低劣的，是渺小、軟弱而無助的受造，這就是關於人類的真相，而伊底帕斯在自身英雄命運崩毀之際也發現了此事。其他的一切都是幻覺、欺騙，但為了能忍受自己，進而忍受生命，這是必要的欺騙。[20]

換句話說，精神官能症患者將自己與他人隔絕，無法輕易與其他人一樣將世界部分化，所以也無法靠著大眾對人類境況的謊言活下去。他脫離了日常生活的「自然療法」，不去積極、忘我地投入生活，所以他人共有的幻覺在他看來就不是真的。他對此無能為力，[21]也無法像藝

5 塔斯馬尼亞位於澳洲南方，到了一八七六年，隨著歐洲殖民的入侵及鎮壓，以及伴隨文明而來的各種疾病，島上的原住民「塔斯馬尼亞人」幾乎就此滅絕。——編注

6 《聖經．傳道書》第一章第二節。——譯注

術家一樣創造新幻覺。正如阿娜伊絲·寧生動的描述：「一旦幻覺的醉意漸漸消褪，生活的諷刺面就會顯現。」[22]有些人之所以喝酒，不就是為了阻止自己去真切感受現實有多絕望嗎？人必須永遠去想像並相信「第二」現實，或一個比大自然所賜給他的更美好的世界。[23]在這種意義上，精神官能症的症狀是一則關於真相的訊息：人堅不可摧的幻覺是一種謊言。且讓我引用蘭克的另一段文字，在這裡，他對幻覺和現實的問題作了強而有力的總結：

> 真相會讓人活不下去。要活下去，人就需要幻覺，不僅需要藝術、宗教、哲學、科學、愛情等提供的外部幻覺，還需要內部幻覺去首先決定外部幻覺的條件（換句話說，需要一種相信個人擁有積極力量，也能夠依靠他人力量的安全感）。一個人愈是把現實當作真相，把表象當作本質，對環境適應得愈好、愈充分，也將愈發快樂……自欺、偽裝和犯錯這類永遠有效的過程，並非精神病理上的機制……[24]

蘭克稱之為「對精神官能症本質的一種矛盾但也深刻的洞察」，本章引言即為他對這份洞察的總結。事實上，這份洞察還有更豐富的意義：它徹底動搖了我們將正常和健康概念化時所立足的基礎，使得正常和健康完全成為相對的價值問題。精神官能症患者選擇退出生活，是因為他們難以維持關於生命的幻覺。此事完全證明了，只有帶著幻覺，人才有可能活下去。

因此，心理健康的科學所帶來的問題一定會是全新的、革命性的，除此之外，也反映了人類境況的本質。這個問題就是：人活在什麼層面的幻覺裡？[25]我們會在本章結尾看到這個問題的重要意義，但此時此刻，我們必須提醒自己，討論人需要幻覺，並不憤世嫉俗。的確，文化自因籌畫中有大量的虛假和自欺，然而這個籌畫也有存在的必要。人需要「第二」

世界，一個擁有人造意義的世界，一個讓人能在其中生活，能戲劇性地表達自己、滋養自己的新現實。「幻覺」意味著最高層次的創作劇本。在證明自己存在的正常性上，文化幻覺是一種必要的意識形態，是英雄主義的世界，而對於符號動物來說，那就是生命本身。英雄主義式的文化幻覺是一層防護措施，失去它等於死亡——北美原住民的「文化萎縮」（deculturation）所指及所做的，就是這個。它殺死了他們，或將他們降格到不斷打鬥與濫交的動物層次。只有持續用酒精麻木自己，才有可能活下去。歷史上，要等渥太華和華盛頓的大酋長掌控住局面、阻止他們交戰和仇殺後，許多老一輩的美洲印第安人才得以解脫。這是從始終存在的死亡焦慮中解脫，無論那焦慮是針對所愛之人，或是自己。然而，他們的心情仍然沉重，因為他們也知道傳統英雄體系一衰微，他們就完蛋了。[26]

作為歷史問題的精神官能症

理解精神官能症問題的第三種方式，是理解精神官能症的歷史向度。由於這種方式也吸納了另外兩種方式，所以確實是最為重要的。我們已在前述章節中看到，精神官能症可以從基本層面來審視，也就是視為一種人格問題，此外還可以從另一層面來審視，亦即視為幻覺問題，且是創造性文化劇本的幻覺問題。歷史層面則是第三種層面，上述兩種會在此匯合。文化劇本與創造性幻覺的品質會隨著社會與歷史階段而變，換句話說，在特定的社會與歷史階段，個體可能更容易跨過界線，進入臨床上的精神官能症，此時，為了證明自己生命的正當性，他被迫只能依賴自身及自己的資源。蘭克合理有據地提出以下議題：將精神官能症視為歷史問題，而非臨床問題。如果歷史是一連串有關不朽的意識形態，那麼，以這些意識形態為背景，我們就能直接看出人類的難題，看出這些意識形態有多大的廣納性和說服力，有多容易讓人在他個人的英雄主義上擁有自信與安全感。現代生活的特徵是，所有傳統的不朽意識形態已無法吸納、激發人們所渴望的英雄主義和自我永存。今日，精神官能症成了普遍問題，因為那些將人類神化且令人深信不疑的英雄劇碼已經消失。[27]法國大革命期間，薩爾佩特里（Salpêtrière）瘋人院清空了，皮內爾[7]對此有知名的觀察，並扼要地將總結如下：當時，所有患者都找到了一部關於超越自身的行動、英雄認同的現成劇碼。事情就這麼簡單。

在傳統社會中，只要履行日常職責如養育後代、工作、祭神等等，人們即可找到自己的英雄主義。然而，現代人似乎再也無法從日常生活中找到他們的英雄主義了。現代人需要革命和戰爭，以及「持續的」革命，好度過革命和戰爭結束後的日子。這是現代人為神聖維度的衰微所付出的代價。當現代人推翻了靈魂和上帝的概念，他就被迫無望地依靠自身的資源、自己，以及身邊寥寥可數的幾個人。甚至愛人和家人也困住我們、使我們幻滅，因為他們並不能代替絕對的超越。我們或許可以說，他們就是我們持續討論的所謂「貧乏幻覺」。[28]

蘭克發現這種超自我意識（hyper-self-consciousness）使現代人除了自身資源之外無所依靠，他巧妙地將這樣的現代人稱為「心理人」。這個用語十分貼切，但不只是在一種意義上。現代人之所以成為心理人，是因為他已然脫離了集體意識形態的保護，不得不從內在證明自己的正當性。不過，現代人成為心理人，也是因為現代思想脫離宗教而發展時，就是這樣演變。傳統上，人的內心生活總是被描繪成心靈的領域。然而，在十九世紀，科學家想要開墾宗教這最後一塊迷信的領地，希望人的內心生活得以擺脫神祕性，服膺於因果律。他們漸漸廢棄了「心靈」這個詞，開始談論「自身」，並著手研究兒童與母親早期關係中「自身」的發展。如今，語言、思想和道德等偉大奇蹟不再被視為神插手介入的結果，而是當作社會的產物來研究。[29]這是科學上的偉大突破，並隨著佛洛伊德而達到巔峰。然而蘭克卻看到，這種科學勝利帶來的問題比科學解決的問題還要多。科學界認為，把內在世界當成科學分析的對象，便永遠擺脫了心靈的難題，但是，很少人願意承認，即使有科學界的研究，心靈一詞仍完好無損，可用於解釋生物機體的內在能量、創造與維生的奧祕。如果我們發現個體自己及其世界的內在戒律，以及他在語言、藝術、笑與淚中的自我意識，全都是社會建構的產物，其實也無妨。我們還沒有解釋演化的內在力量（具有自我意識的動物，正是在這種力量的引導下發展），也就是我們仍然必須以「心靈」來表示自我意識，即一種奧祕，關乎生物機體的覺察所代表的意義，關乎大自然內在的動力機制和脈動。從這種觀點看來，十九世紀反達爾文主義的宗教信徒反應如此歇斯底里，不過顯示了他們信仰的淺薄與缺乏想像力。他們不願接受平淡普通的敬畏感及神奇感，把生命看得過分理所當然，而當達爾文剝去他們所感受到的「非凡的神奇性」，他們就覺得自己與死無異了。

不過，科學心理學雖勝利了，但成果大有疑問，並不僅限於原本要排除的心靈一詞仍完好無缺這一項而已。如果把心靈窄化為自身，把自身窄化為兒童的早期制約，那我們還剩下什麼？只剩下個別的人，而我們無法擺脫這個人。我的意思是，心理學所承諾的，就跟所有現代科學一樣：藉助揭示事物的運作方式及因果關係，迎來人類的幸福時代。一旦了解事物的因果，人們就只需據此支配自然，包括支配自身的天性，如此人們的幸福就有了保證。但現在我們突然發現，心理學的自我審查有謬誤，而在佛洛伊德的弟子中，幾乎唯有蘭克明白

7 皮內爾（Phillippe Pinel, 1745-1826），法國醫師、精神病學家，以提出關懷精神病患、使用道德療法著稱。他在一七九五年開始擔任薩爾佩特里瘋人院的首席醫師，並將他先前於比賽特瘋人院實施道德療法的成功經驗複製於薩爾佩特里。——編注

這一點。心靈的學說讓人知道自己為何卑下、糟糕、有罪，而這提供了擺脫糟糕、獲得快樂的方法。心理學也想讓人明白自己為何會有這些感受，希望一旦找出人的動機、揭示人自覺罪疚和糟糕的原因，人就能接受自己，獲得快樂。但是，事實上，心理學只能找出感覺卑下、糟糕和罪疚的部分原因——由客體引起的部分原因，也就是人會害怕客體同時又害怕離開客體、試圖讓自己有益於客體，諸如此類。我們不想否認，找到這些原因就已經非常了不起，代表脫離「錯誤的惡」的偉大解放，從早期環境、偶然因素如出生時刻和地點等種種所導致的人為衝突中解放。心理學揭示了自因謊言的其中一部分後，的確能激發某種程度的誠實和成熟，讓人更好地控制自己，隨之而來的，是造就某種程度的自由和幸福。

然而，我們眼下想說明的重點是，早期制約、與客體的衝突、對特定人物的罪惡感等等只是當事人難題的一部分。自因謊言針對的是整體自然，而非僅是早期客體。正如存在主義者所指出的，心理學發現了精神官能症患者的罪惡感，或者說，發現了間接的、誇大的、未經審視的個人罪惡感，但是，關於受造者真實或天生的罪惡感，心理學卻無話可說。對於人的不快樂，心理學只能認領一部分，但卻試圖認領全部。這正是蘭克下面這段話的涵義：

> ……心理學正試圖逐漸取代宗教和道德意識形態，但並不完全夠格這樣做，因為心理學是一種極具否定性和破壞性的意識形態……[30]

心理學把人不快樂的原因限縮到個人自身，那麼，人便難以擺脫自己。然而我們知道，個人之所以糟糕、罪疚和卑下，普遍而大致的原因在於自然界，在於人與自然界的關係：人是一種符號動物，卻必須在自然中找到安全之所。世上所有的分析方式都無法讓人發現自己是誰、為何降生於世、為何必有一死，或告訴他怎樣贏得生命的勝利。當心理學假裝要這樣做、假裝能充分解釋人的不快樂時，就成了一場騙局，誘騙現代人走入死路，無從脫離困境。換句話說，對於人的不快樂，心理學的理解只限於個人的生命史，但未能理解人的不快樂在更大的意義上有多少是歷史問題，有多少是「救贖」這種穩固的公共意識形態逐漸消亡的問題。蘭克這麼寫道：

> 在精神官能症患者身上，我們看到人類對上帝的整體意識形態都崩潰了，這在心理學上意味著什麼也已一清二楚。佛洛伊德的精神分析理論並未解釋這個問題，他只是從患者的個人史去理解他的毀滅過程，卻沒有將孕育出這類患者的文化發展考慮進來。[31]

如果不理解這一點，患者就有進一步惡化的風險，因為患者需要更廣闊的世界觀，卻被隔絕於外。正如蘭克所說：

> ……最後，善解人意的精神分析學家又把這名具有自我意識的精神官能症患者送回他本想逃避的那種自我認知（self-knowledge）之中。整體而言，精神分析治療失敗了，因為它加劇了什麼都用心理學來研究、解釋的傾向，而不是治療他的內在省察。[32]

或者更好的說法是，精神分析治療失敗了，因為它將人不快樂的原因高估為性，而且假裝它自己就代表完整的世界觀。以蘭克的話來作結：宗教就跟自以為取代了宗教的心理學一樣好。[33]而且，就某方面而言，宗教當然比心理學更優越，因為它知道普遍罪惡感的實際原因；但就另一些方面來說，宗教又比心理學糟得多，因為它往往強化了父母和社會的權威，讓情境性罪惡感變得更揮之不去、造成更大傷害。

蘭克對現代心理學這種驚人的相對化描述是無從回應的。[34]此事的歷史特性仍留存至今，而要了解那份特性，我們只要環顧市場上與日俱增的心理學大師即可。現代人在十九世紀便開始向內探索，因為他希望藉由安全的新途徑找到不朽。現代人與歷史上的所有人無異，也希望獲得英雄式的神化，但現在，除了他的心理學大師，沒有人能給他這種東西。現代人創造了自己的困境，在這種意義上，正如蘭克（帶著他不可少的一點嘲諷式幽默）所言，心理治療師「可以說，是精神官能症患者的疾病衍生物」。[35]現代人需要一個「你」（thou），好在精神上與道德上依賴「你」，而當上帝黯然失色，心理治療師就不得不取代上帝，正如愛人和父母不得不取代上帝。幾世代以來，精神分析學家都不理解這個歷史問題，而今他們試圖要弄清楚，為何在眾多個案的療程中，「移情終止」會那麼棘手。如果他們讀過蘭克，理解他的觀點，會立刻明白治療師作為「你」，即代表新的上帝，一定會取代以前關於救贖的集體意識形態。但因為個體沒有能力當上帝，他就一定會引發一個真正殘酷的難題。[36][8]現代人注定要在心理學式的內省中尋找他生命的意義，因此，新的告解神父必須是內省的最高權威，也就是精神分析學家。正因如此，病人的「彼方」就局限在那張進行精神分析的躺椅上，局限在從那裡得到的世界觀中。[9]在此意義上，正如蘭克憑著深刻理解所見，精神分析實際上阻礙了患者發展情感生活。人渴望把自己的愛集中於絕對的力量和價值，而分析師卻告訴他，一切都能歸結為兒童的早期制約，因此一切皆是相對的。人希望發現並體驗神奇，而分析師卻告訴他，每件事都是基於事實，我們最深層的存在動機和罪惡感在臨床上都找得到解釋。就這樣，人們需要的絕對神祕性被剝奪了，唯一剩下的全能之物，就是藉由解釋來消除絕對神祕性的那個人。[37]因此，患者盡全力依附分析師，害怕分析結束。[10]

蘭克與齊克果：精神官能症與罪的匯合

對蘭克研究得愈深，就愈難區分他與齊克果。而且，正如我們目前所徹底理解的，由於臨床精神分析的複雜性高很多，這一點愈發引人注目。到目前為止應該很清楚，蘭克與齊克果思想的這種模糊性，並不是在軟弱地向意識形態屈服，而是以實際的科學方式去逐步解決人格難題。在徹底探索心理學之後，這兩人得出相同的結論：當科學說明走到了力所能及的

---

8 艾倫．惠理斯（Alan Wheelis）是個例外，他討論了下列問題：移情的需要、歷史變遷和精神官能症的問題、精神分析治療在尋找認同方面的不足，等等。見：《追尋認同》（*The Quest for Identity*. New York: Norton, 1958），第一五九—一七三頁。整篇討論全然是以蘭克式的觀點進行，但顯然惠理斯獨立得出了某些自己的觀點。——原注

9 如果心理學代表了自我（self）的分析性拆解和消散，且往往把世界局限於治療師的科學意識形態之內，我們或多或少就能理解榮格為何會發展自己獨特的思想。榮格的研究有一部分是對精神分析的局限所做的反應。一方面，他為內在的心靈世界重新注入了生機，使其**免於**自我挫敗的分析性拆解。只要患者同意，他將在分析的範圍之外深化內在的心靈世界，方法是把內在的心靈世界視為自我療癒原型（self-healing archetypes）與自然更新的源頭。另一方面，榮格藉由將心靈轉化為「集體無意識」，把心靈拓展到個體基礎之外。無論個體怎樣對待他的心靈，他作為一個個體，就是會被心靈所超越。從這兩方面出發，個體就能從他自己的內在心靈，甚至藉由分析（事實上是特別依靠分析）內在心靈，從中證明他的英雄作為。因此，榮格的思想體系具有這樣的企圖：汲取心理分析的優點，同時又否定和超越這些優點；兩者兼得。里夫（Philip Rieff）的觀點極有說服力：對榮格的不滿和批評必然在很大程度上源自於不可能對「心理人」實現心理上的救贖。對此，我們將在本書第三部加以總結。見：里夫，《治療的勝利：佛洛伊德之後對信仰的運用》（*The Triumph of the Therapeutic: Uses of Faith After Freud*. New York: Harper Torchbooks, 1966），第五章。——原注

10 精神分析的情感貧瘠必然也擴及到許多分析師身上，包括受此意識形態影響的精神病學家亦然。這個事實有助於解釋，現代人在精神醫學環境中為何體驗到可怕的情感死亡，還有用來對抗世界的人格盔甲為何如此沉重。——原注

最遠處，心理學便不得不讓位給「神學」，也就是說，讓位給一種世界觀，它吸納了個體的內在衝突和罪惡感，並給他某種英雄神化的可能性。如果無法把自己的渺小盡可能轉換為某種意義，人就不可能忍受自己的渺小。不同的思想在歷史上會有驚人的匯合，此時，蘭克和齊克果相遇於其中之一：精神官能症和罪，是同一件事的兩種說法，兩者都意味著個體完全的孤立、與自然界其餘部分的不和諧、超個人主義、企圖於自身之內創造自己的世界。精神官能症和罪也都代表了個體把自己看得比實際上強大，拒絕承認自己對宇宙全然的依賴。精神官能症跟罪一樣，是試圖強行攻占自然，假裝自因籌畫真的能夠使人滿足。在精神官能症和罪之中，人迷戀與物化手邊的狹隘事物，假裝創造物的全部意義和奇蹟都在此物之內，而他能因此物受福。[38]

蘭克對精神官能症患者世界觀的總結，同樣適用於典型罪人：

> 精神官能症患者失去了每一種集體精神性，並擺出英雄之姿，把自己全然置於其自我的不朽之內。精神病人的看法及其廣泛無邊的幻想，極為清楚地顯示出這一點。[39]

但我們知道這樣的企圖注定要失敗，因為人就是無法證成自己的英雄主義，無法勝任自己的宇宙英雄主義籌畫，並令人信服。如果他與更大的現實保持完全的接觸，他就必須與痛苦的懷疑共存。唯有當他不再與現實有這種接觸，懷疑才會消失——這就是精神病的定義：一種相信自己可以證成自身宇宙英雄主義的、完全不真實的信念。「我就是基督。」在此意義上，正如蘭克所說，精神官能症代表對「私人宗教」的追求，一種自我實現的不朽。[40]罪和精神官能症有另一個面向：兩者都拒絕承認受造性，並導致不實的自我膨脹。不僅如此，兩者也過於強化自我意識，並因而受到懲罰，亦即個體再也無法從共同的幻覺中得到安慰。結果，罪人（精神官能症患者）過度敏銳地意識到他試圖否認的事物：他的受造性、他的悲慘和無價值。[41]精神官能症患者被迫只能倚賴自己對人類境況的真實感知，正是這種感知在一開始導致他的孤立和個體化。原本是由於更深的焦慮，他才試圖建造一個光榮的私人內在世界，但是生命報復了他。他愈孤立、愈膨脹自己，就變得愈焦慮。他愈是刻意將自己理想化，對自己的批判就愈過火。他在「我就是一切」和「我一無是處」的兩端之間搖擺。[42]但顯然，如果人想要成為什麼，就必須先穩穩成為其他事物的一部分。人依賴大自然的這一筆債遲早得償還，並屈服於大自然其餘部分的更大意義，屈服於大自然要求償付的代價：受苦與死亡。而且，人也無法從自身內部證明償還這筆債務的合理性，無論再怎麼努力嘗試都一樣。

但現在，我們看到了傳統罪人和現代精神官能症患者的歷史性差異：兩者都感受到人類缺陷中的自然性（naturalness），只是今日的精神官能症患者被剝奪了符號式的世界觀，也就是本來能在他的無價值中找到意義，並將之轉化為英雄主義的上帝意識形態（God-ideology）。傳統宗教把罪行意識（consciousness of sin）轉化為救贖的條件，然而，精神官能症患者痛苦的一無是處感只准許他走向悲慘的毀滅，只有在孤獨的死亡中方能有幸得到解脫。在上帝面前一無是處並不要緊，上帝能以祂未知的方式導正。然而，對於本身就什麼都不是的人而言，自己的一無是處卻是另一回事。蘭克總結道：

> 精神官能症這類人因罪行意識所受的苦並不亞於自己的宗教前輩，但他不相信罪的概念，正是這一點導致他的「精神官能症」。他覺得自己是個罪人，但他卻不相信宗教

中的罪，所以需要一種新的理性解釋。[43]

現代人的困境由此產生：沒有詞語可以形容的罪人。更糟糕的是，如果在心理學辭典中查找相關詞語，只會加劇他的隔離感與超意識。再一次，蘭克說心理學是「極富否定性和破壞性的意識形態」，指的就是這種絕境。

健康是種理想

現在，我們已討論了精神官能症問題的三面向：一是人格形成的結果，二是現實與幻覺相對立的問題，最後，是歷史環境的產物。這三者自然會融為一個問題。在特定歷史階段，人類都活在某種文化籌畫之矛盾中，無論是好是壞。精神官能症是用來形容人類境況整體難題的另一個詞彙。當個體深陷於這個難題，當他的英雄主義受到質疑或走向自我挫敗，精神官能症就會成為臨床用語。人天生就神經質，而且向來如此，只是在某些時候，人比較容易掩飾自己的真實境況。當他們能在某種超越自己的劇碼中深信不疑地活出他們的英雄主義，就不會患上臨床性的精神官能症。相比之下，現代人則活在更加惡化的種種矛盾中，因為在現代情境裡，英雄神化、創造性劇本或文化幻覺等令人信服的劇碼逐漸衰落，精神官能症患者沒了具有包容性的世界觀可供依賴或融入，好掩蓋自身的難題，我們的時代因而難以「治癒」精神官能症。[44]

以下就是蘭克驚人的齊克果式結論：如果精神官能症是罪，而不是病，那麼，唯一可以「治癒」它的，就是某種世界觀、某種肯定的集體意識形態，人們能在其中演出一齣活生生的戲，而劇情是接受自己的受造之身。唯有如此，精神官能症患者才有可能走出孤立狀態，融入某個更龐大、更崇高的整體，就像宗教一直以來所代表的一切。在人類學中，我們將其稱為傳統社會的神話儀式複合體（myth-ritual complex）。患者缺乏外部事物去緩解他對完美的需求嗎？他是否因強迫症而耗盡自己？那麼，神話儀式複合體正是疏導強迫症的一種社會形式。我們可以說，神話儀式複合體在每個人能理解與執行的範圍之內置入創造性的強迫意念，而這正是儀式的功能。佛洛伊德在談論原始宗教的強迫性特質，並與精神官能症患者的強迫狀態相比時，看到的就是這份功能。然而，佛洛伊德並不明白這種功能有多天然，不明白所有社會生活都受強迫性儀式的控制，無論何種形式皆然。這種儀式自動設計出一種安全狀態，排除了人的絕望，方法是讓人的注意力集中於眼前事物。對於活生生的生物機體來說，戰勝絕望主要不是智性問題，而是要藉由行動來自我刺激。在越過某個點之後，人所得到的幫助並非來自更多的「理解」，而是以部分忘卻自己的方式去生活和行動。正如歌德所說：我們必須投入經驗中，然後反思經驗的意義。只有反思而沒有投入，會使我們發瘋；一味投入而沒有反思，那我們就成了野獸。歌德寫下這些警句之際，正值個體紛紛喪失傳統社會的保護殼、日常生活成了難題的時代。個體不再知道經驗的適當服用量。傳統習俗所規定的東西，正是生命的安全劑量。在傳統習俗中，所有重要的生活決定，乃至於日常事件，都被儀式化地標示出來。精神官能症是一種個人的強迫性儀式，取代了社會約定俗成的相應儀式，後者如今已因傳統社會的消亡而不復存在。傳統社會的習俗與神話提供了一整套關於生命意義的詮釋，這些對個體而言都是現成的，他所要做的就是把這一套當成真有其事來接受並活著。現代的精神官能症患者如果想要「治癒」，就必須欣然接納活生生的幻覺。[45]

想像這種「治療」是一回事，但把這種治療當作「處方」開給現代人，又完全是另一回事。對現代人而言，這種「處方」必然是空洞的。首先是因為，現代人無法獲得現存的神話儀式複合體，儘管這是支撐人們至今、根深柢固且代代相傳的社會傳統，但它本身並非處方藥物，無法在街角藥房買到。我們甚至也無法從精神病院或治療團體中找到。現代的精神官能症患者無法施展魔法找到自己所需的那種世界，因此他必須創造自己的世界。在這極為關鍵的意義上，精神官能症是人的現代悲劇。從歷史的角度來看，現代人都是孤兒。

接下來，是上述「處方」之所以空洞的第二個原因。如果沒有現成的傳統世界觀，讓人可以帶著依賴與信任去適應，宗教就成為非常個人的事務，以至於信仰本身也彷彿得了精神官能症，就像私人的幻想，以及出於軟弱而作的決定。有件事是現代人無法做到的，那正是齊克果所開的處方：孤獨地往信仰一躍而入，天真地相信某種對自身生命的超然支持力量。今天，這種支持已然脫離現存的外部儀式和習俗：教會和社群不存在了，或者說，沒有那麼強大的信念了。這種情況讓信仰愈發形同幻想。某事要看似為真，就必須以某種方式——人類親身經歷的、外部的、激動人心的方式，得到明顯的支持。人需要慶典、人群、盛裝打扮、日曆上標出的特殊日期——換句話說，需要一個令人痴迷的客體焦點，也就是某種讓內在幻想具有形式與實質之物，某種讓人屈服的外部之物。否則，精神官能症患者就會回到自己的出發點：如何去相信內心那份孤獨的、自己很特殊的感受？[11]第三個原因是：現代人是自身幻象破滅的受害者，他的分析能力讓他無法繼承文化歷史的傳統。現代心智的特徵在於摒棄了神祕性、素樸的信仰，以及單純的希望。現代人強調可見的、清晰的事，強調因果關係與邏輯——我們總是強調邏輯。現代人知道夢和現實、事實和虛構、符號和身體的差異。然而我們馬上就能看到，現代心智的這些特徵，正是精神官能症的特徵。精神官能症的典型特徵就是患者「知道」自己在現實面前的處境。他沒有懷疑，你無法說什麼去動搖他，也無法給他希望，無法令他信任什麼。他是可悲的動物，身體會腐敗，會死，會逐漸化為塵埃、無知無覺，不僅永遠消失在這個世界，也消失在宇宙間所有可能的維度裡。他的生命不為任何想像得到的目的而活，還不如不曾出生，如此等等。他知道「真理」與「現實」，知道整個宇宙的動機。

讓齊克果及素樸的基督宗教精神仍活在現代思想中的，正是卻斯特頓，[46]他以某種方式表明，現代心智引以自豪的特徵，正是瘋狂的特徵。沒有誰比瘋子更有邏輯、更關心因果細節。瘋子是我們所知最偉大的推理者，而這種特徵會與其毀滅原因相伴而生。他們所有的生命過程都縮進了大腦。與理智的人相比，他們缺了什麼？他們缺的是粗心隨便、無視表象、放鬆和嘲笑世界的能力。瘋子無法放鬆自己，無法像帕斯卡那樣，把自身全部的存在押在一筆奇特的賭注上。[12]宗教信仰始終要求一件事：相信自己看似荒謬的生命有其存在的理由。但他們做不到。精神官能症患者知道得更清楚：他就是那荒謬，此外沒有其他荒謬，而此事「太過真實」。然而，信仰要求人放心地將自己擴展到非邏輯的、真正的奇想中。這種精神上的擴展對現代人而言最為困難，理由正是現代人將自己縮入自身，無可依傍，缺乏讓幻覺顯得真實的集體戲劇——幻覺要顯得真實，便得是眾人共同經歷的、共同擁有的。

我向讀者保證，我無意為傳統宗教辯護，只是在描述現代精神官能症患者的貧瘠，以及

11 我認為，這點有助於說明為何那麼多人轉向極端的福音主義。最初我們感到奇怪，為何這些人非要在大街上攔住我們，告訴我們如何變得跟他們一樣快樂。我們在想，如果他們果真那麼快樂，又何必煩旁人？迄今的討論告訴我們，箇中原因一定在於他們需要許多人的確信，以便將原本十分私人與個人的事情強化和外顯化，否則就會有讓它看似虛幻不真的風險。看到別人和自己一樣，也就是相信自己。——原注

12 帕斯卡把信仰不可知的上帝戲稱為「賭注」。——譯注

箇中的某些緣由。我希望提供某種背景知識以協助讀者理解，帕斯卡、齊克果和卻斯特頓構成了一套關於信仰、幻覺和創造性劇本的傳統，而蘭克就站在這套傳統的中心。惠欽格[13]以及更晚近的作者如皮柏[14]和考克斯[15]告訴我們：人們僅有的可靠真相，便是他們自己創造並編寫成戲劇的真相。活著，就是在玩一場尋找人生意義的遊戲。這整個思想傳統的成果斷然告訴我們，單純的愚蠢是成年人的天命。就這樣，蘭克為精神官能症開出了藥方：「合理正當的愚蠢」。[47]蘭克所開的這份配方，就涵蓋了宗教、精神醫學和社會科學結合而成的問題。

我們在前面說過，人生的問題是：人活在什麼層面的幻覺裡？由此又向心理健康的這門科學提出一個全新問題：我們能活在哪一種「最好」的幻覺中？或者說，什麼是最合理正當的愚蠢？如果你要討論提升生命的幻覺，那麼，你可以試著真正去回答哪種幻覺「最好」。我認為的「最好」，描述的內容必須對人有直接的意義，要與人的根本處境及需求有關。我認為，整個問題要從該幻覺提供了多少自由、尊嚴和希望來回答。這三件事會消解與生俱來的精神官能症難題，將之轉化成創造性的生活。

我們必須在最缺乏自由的地方找出答案去解開自由的難題，也就是在移情中尋找，在致命的、毀滅性的人類奴役者中尋找。移情使人盲目迷戀神祕性、恐怖與權力，把自我抓在手中不放。宗教把敬畏和恐怖擴展到它們所屬的完整體系中，藉此直接回答了移情問題。宗教也接下自我證成的難題，把它從我們身邊的移情客體身上除去。我們不必再去取悅周遭的人，那些我們偶然跌進他們生命的人；我們取悅創造的源頭，那創造我們的力量。我們的生活不再是以妻子、丈夫、朋友和上司的標準去進行的反射性對話，而是以英雄主義的最高標準、以真正適合引導我們超越自己的理想來衡量。透過這種方式，我們就能用獨立的價值填滿自己，能作出自由的決定，而且最重要的是，能依靠那些真正支撐我們而非反對我們的力量。[48]人格的確能夠在宗教信仰中浮現，因為上帝是一種抽象概念，不會像他人一樣與個體對立，而是為個體提供獨立的自我證成所需的全部力量。放心地依賴上帝、依賴創造的源頭，那最令人生畏的力量——還有什麼比這更為安全？如果上帝是隱身的、無形的，那就更好，如此一來，人就得以拓展和發展自己。

因而，與所有人類之事無異，移情有一部分是價值問題，是對理想的審問。佛洛伊德試圖讓移情完全符合科學，方法是指出現實的移情感知是何其誇大不實，而這在很大程度上當然是真的。但是「真實」感知的基準又是什麼？佛洛伊德在此只能閃爍其詞。一名墜入情網的正常人被他誇大不實的感知帶入了存在的狂喜與擴張，還有什麼比他的感知更不真實？[49]范德雷[16]這位偉大的宗教心理學家則用一種比佛洛伊德更開闊的眼光來看待移情的內射作用（introjection）。他引用一篇古埃及文，其中記載了一名叫帕赫里（Paheri）的人如何闡述自己的內在良知（上帝寄居在人內心的聲音）。范德雷接著寫道：

> 確實，尼采和佛洛伊德當然可能將那警告我們要躲開的「陌生」聲音歸因於幼稚症[17]。「並非上帝在人心中的聲音，而是人的內心有其他人的聲音」（尼采如是說）。

13 惠欽格（Johan Huizinga, 1872-1945），荷蘭語言學家和歷史學家，他發明了「遊戲人」（Homo Ludens）的概念，以此來稱呼現代人。——編注

14 皮柏（Josef Pieper, 1904-1997），德國哲學家，《閒暇：文化的基礎》（*Leisure, the Basis of Culture*）是他享譽英美學界的作品。——編注

15 考克斯（Harvey Cox, 1929-），美國神學家，是當代最受人敬重的神學家之一。著有《信仰的未來》（*The Future of Faith*）——編注

16 范德雷（Gerardus[Gerard] van der Leeuw, 1890-1950）為荷蘭歷史學家和宗教哲學家，他將現象學的概念應用於宗教。他最著名的著作是《宗教的本質和顯現》（*Religion in Essence and Manifestaion*）。——編注

然而范德雷作出如下驚人的注解：「不過，我們可能偏向埃及人的描述，在這一點上，現象學無從決定什麼。」[50]換句話說，我們也許更偏向埃及人的描述，因為那代表了更廣闊的存有，也因為那種描述以更富想像力的方式把人與更高的神祕力量相連。上帝意識不僅是退化的移情，也是創造的可能性。但是，與范德雷不同的是，我們認為心理學在這個問題上確實可以決定一件事：可以討論出較不受限制的移情形式。

當然，最好的是，宗教解決了死亡的難題，這是任何活著的個體所無法解決的，無論他們給了我們多少信心。於是，宗教讓我們有可能在自由這方面取得英雄式勝利，並在最高層次上解決人類的尊嚴問題。關於人類處境的兩大本體性動機在此相遇了：第一種需求是個人完全順服於自然的其餘部分，向某種更高意義奉獻自己的全部存在，從而成為自然的一部分；第二種需求是把自己擴展為具有個體性的英雄主義人格。最後，宗教給出了希望，因為宗教打開了未知與不可知的世界，將創造那不可思議的神祕性展示給人類，而人類的心智甚至無法靠近那樣的神祕性。宗教也讓人類看見存在的領域可能有多維性，看見嘲弄世俗邏輯的天堂及天堂各種可能的化身或許存在——據此，宗教得以緩解世俗生活的荒謬，讓生者擺脫「不可能」所帶來的一切限制和挫折。在宗教的詞彙中，「見上帝」就是死，因為受造過於渺小、有限，無法承受創造的更高意義。宗教將人的受造性、人的微不足道轉化為希望的條件。人類境況的全面超越，意味著我們無法想像的無限可能性。[51]

那麼，心理健康的理想狀態是什麼？那是一個並未在生死和現實的問題上說謊，人類活在其中的、激動人心的幻覺，一個誠實到足以保證它遵守自身戒律的幻覺，我的意思是，不以殺戮、奪人性命來自證其正當性。就我們始終在討論的內容而言，蘭克把基督宗教看成一種真正偉大而理想的「愚蠢」，對人類境況抱著孩子似的信任和希望，因此得以敞開神祕國度的大門。很顯然，所有宗教都離自己的理想境界很遠，蘭克也並未將基督宗教當成宗教實踐來談，而是當成一種理想。基督宗教就跟所有宗教一樣，在實踐中加強了退化性移情（regressive transference），使之成為更令人窒息的束縛：父親們得到了神聖權威的認可。但是，基督宗教是一種理想，在我們談到的所有事物中地位更高，在某些至關重要的層面上，甚至可能高於一切，齊克果、卻斯特頓、尼布爾兄弟[18]還有許多人皆提出了有力論據。[52]奇特的是（一如我們現在所充分領會的），蘭克在研究了一輩子之後，將精神分析領域劃入了基督宗教的思想傳統。普羅果夫說得好，在這一點上，蘭克和榮格可謂立場相同。[53][19]

17 佛洛伊德認為，宗教使人們固著於幼稚症狀態，亦即回到嬰兒時期的無助，並將宗教視為保護者，也就是父親。——編注

18 雷茵霍．尼布爾（Karl Paul Reinhold Niebuhr, 1892-1971）和幼弟理查．尼布爾（Helmut Richard Niebuhr, 1894-1962），兄弟二人都是存在主義神學的重要代表人物。——譯注

19 在精神分析、存在主義和神學思想的結合體中，還有眾多人士可以一提。瓦爾德曼（Roy D. Waldman）的研究已經受到注意，他的研究把上述結合體回溯到阿德勒，普羅果夫也有相同看法。因此，我們所討論的內容並非偶然的彙集，或者尋常的相似作品，而是若干思想主流融合之後，達到了堅實的累積成就。卡盧索（Igor A. Caruso）的重要著作《存在心理學：從分析到綜合》（*Existential Psychology: From Analysis to Synthesis.* New York: Herder and Herder, 1964），是論及精神官能症的絕佳「蘭克式」表述。另見戴姆（Wifried Daim）的〈論深層心理學與救贖〉（On Depth Psychology and Salvation）（載於《作為宗教過程的心理治療期刊》〔*Journal of Psychotherapy as a Religious Process*〕一九五五年第二期，第二十四—三十七頁），本文在齊克果的思想上論及精神分析的終結，可看到這場現代運動的另一面向。在此方向上，第一批（或許是第一次）現代嘗試，出自佛洛伊德的朋友普菲斯特牧師，他寫了一本論焦慮的巨著，譯為《基督教與恐懼》（*Christianity and Fear.* London, Allen and Unwin, 1948），將焦慮視為行為的主要源頭，從使徒約翰、齊克果、海德格一直評價到佛洛伊德。書中試圖呈現，「神之愛」的不朽意識形態是克服焦慮的最好方法。此處並不適合評價普菲斯特涉獵廣泛的研究與論述，不過指出以下這點仍舊重要：普菲斯特未能看到生死焦慮是人的普遍特質，這是令人不解的失敗，他的研究因而出現了缺損。有些人的立場是相信兒童可以毫不內疚地健康發展，而愛的充分表達可以消除恐懼，普菲斯特則跟他們站在同一邊。他寫道，「……同樣錯誤的觀點是，現實生活中，這種潛在的恐懼稟性最終必然被世上的存在喚醒……這種喚醒恐懼的存在之所以為真，只有在那些自身已然遭受了各種『封閉』，並產生了恐懼傾向……」

最後，如果心理健康是關於理想幻覺的難題，那麼，就會留給我們一個關於人格的大哉問。如果我們討論的是「最好的」理想，那麼，也該討論那些沒那麼好的理想會索取何等代價。當人類兩大本體論式的需求無法充分滿足，又要付出什麼樣的人格代價？我們再次回到佛洛伊德的人生難題：否認絕對的超越，有什麼代價？個人企圖編造出自己的宗教，又有什麼代價？當一個人無法從最高源頭為自己的存在汲取力量，他和他周遭的人會付出什麼代價？我們甚至尚未開始在人格學中討論這類問題，但是在我看來，這些問題很基本、很必要、很關鍵，若是略而不談，我們甚至無法明智地討論心理健康。蘭克提出一個基本問題：個體是否完全有能力「從自身肯定並接受自己」？但是，他很快就繞過了這個問題，說「無法知道」。蘭克推論道，只有創造型的人可以用自身作品來證明自己的存在是正當的。[54]我自己也會無視蘭克的研究，將這當作人類科學的核心問題。[55]我認為，這個問題的答案，正如蘭克在別處的答覆，亦如我們於上一章所見：就理想狀態而言，甚至連創造型的人都應該服從高於自身的力量。[56]榮格憑著他的真知灼見也看到了箇中理由，亦即出類拔萃的個體把自己的移情投射放回自身。我們在上一章說過，這類個體以自己的方式觀察世界，依賴自己的力量，因而具有創造力。然而，這個特質有可能導致危險的狂妄自大，因為個體被自身的意義塞得太滿。此外，如果未能藉助移情知覺把世界變成自己迷戀的客體，全部的經驗就會要自我（ego）扛起巨大重負，自我就有毀滅之虞。也就是說，創造型的個體同時被自己和世界塞得太滿。[57]同樣的，由於創造型個體與精神官能症患者具有一樣的人格難題，同樣會咬下全部的經驗，因此他需要在一種新的、更大的依賴中找到某種解答——理想上，正如蘭克所說，這是一種自由選擇的依賴。

在佛洛伊德身上，我們深刻地看到，眾人之中最強而有力的那個人一旦被逼著自行承受生命的全部意義，以自身微弱的受造力量來支撐這種意義，那麼，他也會如同孩子般昏厥。我們在第六章結尾說過，佛洛伊德未能從科學的受造性走向宗教的受造性，因為那代表要放棄自己身為天才的獨特熱情。榮格對這一點再清楚不過，而他想必是從自身經驗理解了這一點——他始終無法造訪羅馬，他承認，原因是羅馬向他提出了問題，「我無力處理那些問題。在我的晚年（一九四九年），我曾希望彌補這一疏漏，然而，臨到買票時，卻突然昏過去了。之後，羅馬之行的計畫便一直擱置。」[58]看似簡單的旅程，卻讓兩位巨人即將前往時都昏厥過去，我們該如何看待此事？我們知道，佛洛伊德也是直到晚年才去成羅馬，在那之前，他每次一接近那座城市就會折返。

我認為，我們如今有能力完全理解這個問題，因為我們先前已討論過蘭克對齊克果的總結，尤其是他對藝術家的心理研究。佛洛伊德和榮格的難題，單純的遊客不會明白。他們是創新者，試圖把全新的意義注入創造物與歷史之中，這代表他們必須擁護一切原有的意義，以及所有可能的替代選擇，並為其辯護。很有可能，這些意義就體現在羅馬本身、羅馬的覆滅、羅馬的歷史上，並因而使他們雙腿發顫。多少人類之血浸透了羅馬的土地？從歷史的角

（第四十九頁）普菲斯特認為，齊克果艱難的童年引起了他的恐懼精神官能症，並導致他後來發病。費解的是，普菲斯特沒有支持（吸收並轉化了恐懼的）文化不朽意識形態，即使他意識到，「許多人（不僅是兒童和老人）都發現有可能面對死亡，他們甚至還會像朋友一樣歡迎死亡，並準備為偉大的理由而赴死。」（同上）這是正確的觀點，只是我們知道，它也是瑣碎的觀點，因為它未能把握對現實和力量的移情轉化。到頭來，普菲斯特的著作只停留在賴希和布朗式的論點，宣揚無壓抑生活的可能性，只不過是以基督作為愛欲的焦點。凡此等等，令人不禁反覆思索：當自由的基督宗教精神利用佛洛伊德思想，將世界改造為歡樂的「正確之地」，那麼，上述那些非比尋常的同路人，在這樣一場非基督宗教的冒險中，注定會製造出不實的東西。——原注

度來看，多少人間戲劇曾在那裡以如此無情又毫無節制的方式上演？由此引出一個問題，就像困擾佛洛伊德的恐龍，或嘲笑路德的畸形嬰兒一樣，只不過，現在問題出現在全人類的層次上。第六章提到，佛洛伊德曾經分析自己遲遲不去羅馬的原因，以及他在雅典衛城上的奇怪遭遇。他看到，父親的形象不知怎麼地從記憶中浮現出來，對他的成就作出評判。他說，他被一種「崇敬」父親的情感所折磨。我認為，如果把佛洛伊德的分析推到極致，就必定得出這樣的結論：一旦我們成為真正的創造型人格，我們世俗的父親就會起而指責我們的無能。他們會提醒我們，我們是生而為人，並非生而為神。天才支撐世界的意義所需要的力量，沒有任何活著的人有辦法提供。

然而，如果連一向仰賴上帝的榮格都會因生命的重負而昏厥，我們還能說什麼？最後的分析或許只能得出這樣的結果：所有人都在此耗盡自己，所有人都無法倖免於理想幻覺的難題。只有一個問題解決了，即人可能達到的最佳工作和生活品質，而那取決於他所擁有的信念，與他所依賴的力量。正如我們所說，這個主題是心理學這樣的實證科學所討論的問題。我們必須去推論人所能達到的最高境界。於是，在這個終極點，心理學科學再次遇到那位好問的人物，齊克果。他擁有怎樣的世界觀？具有什麼樣的力量？追求的是何種英雄主義？

第十章
精神疾病概論

• • •

CHAPTER TEN
A General View of Mental Illness

……所有孤立的、個體的人類存在形式，內部都含有本質的、基本的主要焦慮（原初焦慮）。生存於這樣的基本焦慮之中，人對於自身的「在世存有」既害怕又焦慮……唯有當我們理解……〔這一點，我們才能〕想像下述看似矛盾的現象：害怕生命的人，也特別畏懼死亡。

——博斯（Médard Boss）[1]

大學時代，我的一位老師是專門研究中世紀史的教授，在該領域備受推崇。他承認，他對中世紀了解愈深，就愈不願多說，因為中世紀是如此複雜、多樣化，根本沒有把握能給出概括性的描述。同樣的道理完全適用於精神疾病理論。面對如此複雜紛紜的現象，誰敢來寫這塊領域的「概論」？尤其如果一個人並非精神病學家，恐怕就更難了。以本書而言，即使我覺得應該要有「精神疾病概論」一章，但事實上，有段時間我很難強迫自己坐下撰寫這個章節。文獻就擺在那裡，有目共睹。史上已有這些最偉大的心理學家終身的研究紀錄，這些人具有最豐富的個人感受性，他們的成果反映了非凡的理論天賦，又有最廣泛和多樣的臨床資料作為基礎。既然如此，何必還要以膚淺和無知的方式，重新耙梳這塊領域？

理由也許是，今天，我們需要無知才能夠直言不諱。這是我的中世紀史老師那番話的反面涵義。我們這個時代的最大特徵在於，所有關乎人性的重要內容，需要知道的，我們都已經知道了。然而，從來沒有過這樣一個時代，確切掌握的知識是如此貧乏，共識是如此之少。這樣的後果完全是專門化的進展造成的。知識專門化使我們無法進行可靠的普遍論述，導致了普遍的愚鈍。我想藉由本章不長的篇幅，冒一次無知的風險，打擊專門化及其浩繁事實在無意間造成的愚鈍。哪怕最後不太成功，似乎也值得一試。在如今令人窒息、支離破碎的科學時代，必須有個人自願充當愚者，以改善普遍目光短淺的情形。

專家馬上會說，以概括性理論談論精神疾病是放肆之舉，此事屬於未來一個遙遠、甚至也許不可能達到的目標——一付圖書館和書店裡浩如煙海的書籍從未確切有過什麼概論似的。但事實上，關於精神官能症、精神病或其他各種病態類型的人類行為，現代心理學的巨擘已帶給我們深刻、透徹的認識。正如之前所說，問題是如何把某種普世性的秩序注入這些豐富的洞見與知識中。其中一種方法就是作出最概括式的說明，如同這本書迄今為止始終在做的，就是以這種說明方式將不同領域的事實連結在一起。人是一種害怕死亡、追求自我永存、追求對自身命運作出英雄式超越的動物？那麼，英雄式超越的失敗就代表人的失敗。本書第二部以阿德勒的簡潔文字作為引言：精神疾病是人們喪失勇氣的呈現方式，也就是說，精神疾病反映了英雄主義的失敗。這個結論是順著上一章對精神官能症討論的邏輯得來的，我們在此看到，精神官能症患者這種人特別無法承受自己的受造性，但他們又無法用堅實的幻覺來包圍自己的肛門性。阿德勒認為低自尊是精神疾病的核心問題，而個人何時會產生最嚴重的自尊問題？正是在他對自身命運的英雄式超越抱著最嚴重的懷疑時；在他懷疑自己的不朽、自身生命的永恆價值時；在他不相信自己活過的一切當真造成什麼天大差別之時。從此觀點來看，我們或許能說，精神疾病代表了人類在否認受造性時陷入困境的各種方式。

憂鬱症

如果精神疾病概論無法顯示出它如何總結每種症候群的特性，那麼，這樣的概論就沒什麼幫助。幸運的是，我們能做到這一點。阿德勒已經指出，憂鬱症完全是勇氣問題，他也揭示了憂鬱症是如何在那些害怕生命、放棄表現出獨立發展、完全靠他人行動與幫助的人身上成形。[2]這些人的生活「有系統地限制自己」，結果做的事愈少，能力就愈不足，然後變得愈發無助與依賴。面對生命的困難與需要的勇氣，人愈是退縮，就愈是自然而然地感到無能，對自己的評價也愈低。此事無可避免。如果生活成為一連串「無聲的撤退」，[3]到頭來，人就會牢牢困在角落，再也無處可退。這就是憂鬱症的困境，正如博斯也在本章引言中提醒，恐懼生命的人，就特別恐懼死亡。最後，人甚至不敢動彈——患者連續幾天臥床不起、不吃東西，放任家務堆積、汙垢滿床。

這就是缺乏勇氣的例子，箇中寓意在於人必須以某種方式為生命付出代價，隨時準備好死去，投身於這世界的危險和風險，讓自己全心投入、精疲力盡。否則，人就會在逃避生與死的企圖中雖生猶死。阿德勒在二十世紀初對憂鬱症的理解，正好與現代的存在主義精神病學家持一致觀點。博斯以短短幾句話總結：

> 在憂鬱症患者的整個存在狀態中，他始終無法坦然、負責地接下與世界發生關聯的所有可能性，而這些可能性實際上將構成他真實的自我。結果，患者無法獲取獨立的存在地位，只能持續被他人的要求、願望和期待所折磨，成為他人的獵物。患者竭盡全力迎合外界的期待，為的是不失去周圍的保護和關愛〔然而卻負債更深〕。因此，憂鬱症患者可怕的罪惡感……源於其存在的罪惡感（existential guilt）。[4]

在這裡，有一個有趣的科學問題：阿德勒和存在主義精神醫學早早便已揭明憂鬱症的動力機制並不複雜，但為何各派意見仍如此難以一致？原因之一在於，這些動力機制並沒有表面上那麼簡單。它們深藏於人類境況的核心，我們始終無法直接或簡單地解讀。首先，我們自己就已經有效摒除了生死恐懼的概念，身為受造者的恐懼並未留下夠深刻的印記，也因如此，當這些恐怖猛然發動攻擊，我們無法理解極度痛苦的人是如何深受折磨。以阿德勒為例，儘管他在早期便提出了優秀的概論，但是他談到憂鬱者的自私和嬌生慣養，說他們是「被寵壞的孩子」，拒絕長大、拒絕承擔生活責任，諸如此類，多少讓人反感。當然，阿德勒指出的現象在某種程度上確實為真，而且他其實非常清楚，是大自然本身讓人類變成動物王國的弱者。然而，他強調了哪些事情，這是很重要的。他本該更加強調個體化、差異、孤立，失去支持及被授與的權力這些純粹的恐懼。阿德勒向我們揭露人為了生存而展開的「生命謊言」，但我們傾向於忽視這種謊言對大多數人而言是多麼必要，人們自己有多麼缺乏可供依賴的力量。要是我們再次提醒自己，連佛洛伊德或榮格這樣的思想巨人也會因羅馬而退縮或昏厥，我們或許就能正確地體會可憐的普通人扛著多麼沉重的任務——要日復一日地藉由將自己埋入他者的力量中，努力協調出平靜的英雄主義表象。而這些策略一旦失敗，他的「生命謊言」就有遭拆穿之虞，他可能會陷入憂鬱退縮的困境，因而發生某種自身版本的昏厥事件——這一切是非常合理的。

蘭克告訴我們憂鬱的動力機制中被忽視的另一種複雜性：藉由取悅另一人、遵從對方所代表的行為規範，來滿足對不朽與自我永存的渴望。[5]人渴望不朽，並在能力所及之處爭取不朽，例如家庭的小天地裡，或單一的愛戀客體身上。移情客體是我們的良知與整個善惡宇宙觀的位點，體現了我們的整個英雄體系，因而不是輕易就能擺脫的事物。我們知道移情能有多麼徹底和複雜。正如佛洛伊德所說，由於分離焦慮，我們一生都會服從權威人物，每當我們試圖去做他們不想要的事情，便會喚起與他們有關的焦慮，以及他們可能失去的東西。因此，失去權威的力量和認可，就等於失去自己的生命。我們也看到，移情客體本身就體現了存在那令人畏懼的神祕性。移情客體就是最原初的奇蹟，以其確鑿的存在超越了單純的象徵指令，還有什麼比遵從這個奇蹟更為自然？不僅如此，我們還必須跟蘭克一起補充：還有什麼比藉由履行移情客體所代表的道德規範來繼續爭取不朽更為自然？為了永恆的自我永存而主動利用該客體，這就是移情。這也解釋了為何在移情客體死後，移情作用與其控制力量仍持久不散，當事人內心的邏輯是：「客體可能不在人世，但仍透過留下的東西持續發揮影響，甚至在不可見的靈性世界行使力量。藉由繼續取悅這個客體，我得以不朽。」這就是古代祖先崇拜的部分心理作用，繼續光耀門楣、遵守家庭行為守則的現代人也是如此。

所以，憂鬱症概括了生與死的恐懼，以及對自我永存的渴求。個人可以成為怎樣的英雄？在家庭的安全小圈子或所愛之人面前努力當英雄，且為了確保這種英雄行為是牢靠的，時不時屈服於「無聲的撤退」，這一切都再自然不過。有多少人能夠向宇宙奉獻出獨立的天賦，以確保自身獨特的不朽？唯有創造型的個體可以做到此事。當普通人不再能夠令人信服地表現出他安全無虞的英雄主義，或無法掩飾他在此事上的失敗，他們就會陷入憂鬱及強烈的罪惡感。我特別喜歡蓋林[1]的見解，他認為在憂鬱時陷入全然的無助與依賴，本身就是哺乳動物最後也最自然的防禦：

> 依賴是人類這種生物機體基本的生存機制。……當成年人對自己的因應能力不抱希望，認為自己既無法逃跑也無法戰鬥，他就會「退化」到憂鬱狀態。正是這種與嬰兒期的無助並無二致的退化，變成了……藉依賴來解決生存問題的懇求。換句話說，防衛機

制的喪失本身就是一種防禦策略。[6]

博斯說，憂鬱症患者的嚴重罪惡感與存在有關，這些罪惡感代表當事人為了成為對方眼中的「好人」而扭曲自己，導致無法活出自己的生命、無法實現自己的潛力。既然對方有權決定自己是否有資格不朽，那麼，對方也就占據了自己未活過的生命，因此這永遠是一種奴役關係，並會留下罪惡感。像皮爾斯這樣的現代治療師就積極反對這種暴政，他提醒患者：「活著不是為了去取悅伴侶，正如伴侶也不是為了取悅自己而活。」沿此路徑，他們即可進入「追求不朽的個人表現」的道德體系中。皮爾斯所言固然不錯，卻難以概括患者感覺到的所有罪惡感，或至少，難以概括患者對自己的譴責。患者以無價值的自我譴責來評斷自己，因而感受到巨大的罪惡感。我們必須理解，這種自我譴責不僅反映出對於生命未能好好活過的內疚，也是從自身處境找出意義的一種語言。簡言之，哪怕當事人是充滿罪惡感的英雄，但至少還是同一個英雄體系中的英雄。憂鬱的人利用罪惡感緊緊抓住移情客體，以保持自身處境穩定不變。否則的話，他就必須分析自身處境，或必須能夠擺脫和超越這種處境。比起自由和責任的可怕重擔，罪惡感要來得好些，尤其是一個人在生命中太晚作出選擇，無法重新開始的時候。如果你無法懲罰對方，甚至不敢指責他，因為他代表了你所認同的不朽意識形態，那麼，選擇罪惡感與自我懲罰也會來得好些。如果你的神喪失了信用，你也就失去了生命，所以，罪惡必須歸於你，而非你的神，這樣一來，你才能活下去。罪惡感使你失去了

1 蓋林（Willard Gaylin, 1925-），心理治療與精神分析的執業醫師、理論家、教育家。他是哥倫比亞大學醫學院的精神醫學名譽教授與聯合創始人，也是海斯汀中心的創立者之一。——編注

部分生命，然而卻躲避了更大的死亡之惡。[7]憂鬱症患者誇大自己的罪惡感，因為罪惡感以最安全和最簡單的方式解開了他的困境。[8]阿德勒指出，憂鬱症患者也讓身旁的人回應他、同情他、重視他、照顧他。這是因為他的自憐自恨正是控制旁人、抬高自身人格的手段。[9]所有這一切，都突顯出憂鬱症狀中的強迫性罪惡感。

由此，我們能看到憂鬱症的動力機制具有某些複雜性，難以一致而直接地理解，儘管在將憂鬱症概念化為某種非英雄式人生的自然停滯狀態時，其機制相當簡單。此外，另一件事也妨礙我們理解憂鬱，亦即佛洛伊德的語言和世界觀。舉例而言，佛洛伊德主義者認為，更年期憂鬱症是因為重新體驗了早期的閹割焦慮而引發。要嘲笑這種解釋很容易：看來，佛洛伊德主義者又再次企圖把成年人的生命難題簡化到伊底帕斯情結階段、化約為他們自己的父權世界觀。而那可憐的、被閹割的女性再次為自己天生的劣勢付出代價。十年前，我自己由於經驗和自以為是，對上述說法作了魯莽的回應。我用一種理論來反駁更年期憂鬱症，與佛洛伊德主義者極端相反，我把原因聚焦於社會角色的喪失，並以為這是唯一原因。更年期婦女之所以易患精神疾病，是因為她們的生命不再有用。在一些病例中，她們因晚年離婚而喪失了妻子角色；在另一些病例中，上述情況還伴隨著她們母親角色的終結，因為兒女都已長大成人、各自嫁娶，剩下她們孑然一身，沒有任何有意義的事情可做。她們從未在家務之外習得任何社會角色、手藝或技能，因此，一旦家庭不再需要她們，她們的生命實際上就失去了用處。這些婦女的憂鬱症剛好發生在更年期，對於當時的我是一個有力的證據，證明光是社會角色的喪失就會引發更年期憂鬱症。

我們幾乎無時無刻不與佛洛伊德的語言和世界觀相遇，這是個特殊的科學問題，因為佛洛伊德思想包含了有力的真理，但表達方式卻那麼離譜，而我們自己往往也荒謬地為之憂惶難安，試圖釐清這兩者，或者同樣以不真實的口吻說出真相。我猜，在專家遽增的時代，做任何事都必須有點自以為是，但此舉十分危險。一個偶爾開口的嘲諷者，不可能光憑一己之願就抹掉半世紀的臨床觀察和思想。科學領域始終有一種危險，也就是每次收穫都要冒著風險放棄曾經牢牢占領的地盤。目前精神疾病的「角色理論」，便有可能會讓以**身體**事實為基礎的佛洛伊德理論面臨被摒棄的威脅，這件事再真實也不過。

事實上，婦女在更年期重新體驗閹割情結，這是真的，只是，並非佛洛伊德那種狹隘的聚焦方式，而是在更為廣泛的意義上，像是蘭克、存在主義與布朗式的解讀。博斯說得非常好：「閹割恐懼」只是一種侵擾，或一道裂縫，讓所有存在中固有的焦慮從此處闖入個人世界。[10]在此不難理解，更年期只是重新喚醒身體的恐怖，身體作為可行的自因籌畫卻徹底崩潰了，而正是這樣的經驗導致早期的伊底帕斯閹割焦慮。她是動物——有種最有力的方式提醒了女性這件事。更年期是某種「動物的生日」，特別標誌出身體退化的歷程。這就彷彿大自然把一個明確的生理性里程碑強加於人，並豎起一道牆，說：「你不能再更深入生命了，你正走向終點，走向絕對的死亡之必然。」由於男性沒有這種動物生日、這種特定的生理標誌，因此，對於作為自因籌畫的身體，他們通常不會再次體驗到那種完全羞辱。有過一次就夠了，然後，他們會藉助文化世界觀的象徵力量埋藏這個問題。然而女性卻沒那麼幸運，她們所處的位置，使她們在心理上不得不突然加速，好趕上生命的生理現實。套用歌德的格言，死亡不是為了被忽視而不斷敲響她們的門（猶如男人可以忽視自己的衰老），死亡要破門而入，以正面展示他的到來。[2]

我們再次看到，精神分析的範疇必須拓展，目的是引入死亡恐懼，而非對父母懲罰的恐懼。「閹割者」不是父母，而是自然本身。或許患者的罪惡感也表達了一種新的、對自己真正的評價——自己只是一種會排便的動物，骯髒且毫無價值。不過，我們現在也看到佛洛伊德的觀點與社會學觀點是如何自然地融合為一。文化自因籌畫通常掩蓋了閹割焦慮的再體驗，然而，正是社會角色和文化自因籌畫的失敗，才強化了那與生俱來的、動物性的無助。身體上和文化上的兩種自因籌畫一起參與一種共同的、徹底的失敗。那麼，難怪更年期憂鬱症的現象會特別出現於某些社會，在這些社會中，老年婦女喪失了可以繼續發揮作用的地位，喪失了某種超越身體和死亡的英雄主義載體。也難怪在自我永存的安全模式保護下，個體有權把生命的永恆視為理所當然，但憂鬱者卻覺得自己注定要走向永遠毀滅。[11]從這個較高的位置來觀察，我們必須承認，說到底，強調社會角色是影響憂鬱症的關鍵因素確實是正確的，因為社會角色是問題的上層，包含了身體的層次。英雄主義把死亡恐懼轉化為自我永存的保障，其程度足以讓人樂於面對死亡，甚至在某些意識形態下追求死亡。

不僅如此，從實踐的觀點看來，強調支持性的社會角色會更為實際，因為若沒有某種延續性的英雄主義載體，就很難期望大多數人擺脫對移情客體終身根深柢固的依附，獲得依賴和支撐自己的力量。存在的負擔實在過於沉重，對移情客體的依附和身體的衰敗都是人的普遍命運。如果缺乏某種「證成的意識形態」，人自然而然會泥足深陷，然後失敗。我們再次看到蘭克強調精神疾病的歷史面向是多麼正確：問題從來絕對不只與自然有關，也與超越自然的社會意識形態有關。如果無法成為集體意識形態中的英雄，就必然成為家中嘮叨不休、怨天尤人的失敗者。從此角度，英雄主義和精神疾病的問題可歸結為：「誰對誰嘮叨不休？」人是會對天上諸神、他國軍隊、自己國家的領袖，或是自己的配偶高談闊論？生命的債務總得以某種方式償還，人不得不以其最好的、唯一的方式成為英雄。正如哈林頓真切地指出，甚至在我們這個貧瘠的文化中亦然，「哪怕只是為了提升玩彈珠檯的技術」。[12]

思覺失調症

從歷史的角度來看，思覺失調症變得更容易充分理解。對某種人而言，生命的難題難以克服的程度遠超過其他人。他們焦慮和恐懼的重負幾乎像日常呼吸般隨時都在。蘭克用「精神官能症」來形容某一類人，這類人沒有幻覺問題，事物在他們眼中並無扭曲，但他們被人類存在的脆弱性所擊垮。在這層意義上，「精神官能症」一詞完美描述了思覺失調類型的人[3]。這類人就是詹姆斯說的「現實主義者」，他曾說，面對地球上有機生命的各種恐怖，

---

2 順便指出，從這個觀點來看，人一生中真正成熟的關鍵任務之一，就是順從衰老的過程。人必須逐漸符合自己的真實年齡，停止捍衛自己的青春，不再假裝自己的生命沒有盡頭。雷頓比克（H. M. Ruitenbeek）在他編輯的《死亡：各種詮釋》（*Death: Interpretations.* New York: Delta Books, 1969）一書第十三章中，收錄了賈克（Eliot Jacques）的妙文〈死亡和中年危機〉。賈克出色地發展出下述概念：「哀悼自己」的需求——那是對自己最終不免一死的哀悼，因此，要把它從自己的無意識（亦即阻礙了情感成熟之處）揭開。可以說，一個人必須把自己從自身體系中揭露出來。藉助這些動力機制的研究，我們看到，順從自身此世的處境、自己的受造性，對於人們是多麼重要。我們似乎已經完全科學地總結了詹姆斯對於個人成長中內在情緒崩潰的早期見解，參見：詹姆斯，《宗教經驗種種》（*Varieties*），第九十九頁。可以認為，在這種意義上，佛洛伊德提出了完全順從的動力機制，雖然他自己無法完全處理。佛洛伊德巧妙地發現了所謂「哀悼」（mourning labor）的過程，我們如今可以說，這段過程對當事人的順從有著根本的意義。（參見皮爾斯在《自我、飢餓與攻擊》〔*Ego, Hunger, and Aggression.*New York: Vintage Books〕第九十六至九十七頁的重要評價，它重申了這段過程的整個身體特徵）我們也能有進一步的理解：某些社會向個體隱瞞各年齡階段的真相，或是它的世界觀不允許個體哀悼自己的受造性；某些社會則是無法提供更大的英雄主義體系，好讓個體得以安全地服從，正如我們即將看到的。在這些社會中，各種文化力量結合起來，導致更年期憂鬱症。——原注

3 此處作者的思考方式與典型精神疾病的定義不同。在精神醫學領域，neurotic 是指焦慮、憂鬱等神經質類型的精神官能症，schizophrenia 是指有幻覺、妄想等精神症狀的思覺失調症（舊稱精神分裂症），精神醫學領域的專家一般認為這兩者是不同類型的精神疾患。而作者身為人類學家，提供了另一種思考與理解精神疾患的角度，亦即不是從表面症狀去下診斷，而是將患者

正確的反應其實是一種精神病式的反應。[13]不過，正如蘭克所指出的，這種「現實主義」最具自我毀滅的性質。

阿德勒很早就說了，面對生命及其要求，思覺失調症患者恐懼不安、自我評價低落，而這導致嚴重的傷害，讓他們無法前行。這樣的人不僅不相信自己，也懷疑別人的知識和能力。在他眼中，沒什麼東西能夠克服不可避免的生死恐懼——或許他為了救贖自己而編造的幻想概念體系除外。[14]他感覺自己有魔法般的全能與不朽，這是他對死亡恐懼的回應，一個完全無能以自身可靠的力量對抗死亡恐懼的人會有的反應。我們甚至可以說，精神病患以露骨、公然、誇大的方式運用的那些思想防衛機制，與大多數人並無二致，只是，一般人是以渴望的、隱蔽的、更為克制的方式。正如憂鬱症患者也是大張旗鼓地表現出憂鬱的防禦機制，我們其他人則運用得較為溫和、較為「正常」，例如偶爾屈服於絕望、對所愛之人一絲隱密的恨意、一些默默的自責及悲悽的罪惡感。這意味著，精神病是對我們所有人生活方式的諷刺，而那可能是精神病讓我們如此不安的部分原因。

許多人都進一步發展了阿德勒的思路，其中不乏有史以來對人類境況研究得最深刻、最幽微的學者，僅列舉最新近的幾位：蘇利文[4]、瑟爾斯、連恩等等。結果是，今日我們在科學文獻中有了優秀的思覺失調症概論，人人都可以讀到。在此，我只想提一下這種症候群的主要特徵。為什麼思覺失調症患者處於如此異常的恐懼狀態？此一現象是如此怪異，有如科幻小說，因此我們花了大量時間理解這種狀態。我們知道的事實是，人的經驗分為兩種模式：符號性的自我及生理性的身體，而這兩種經驗模式可能差異很大。在某些人身上，這組模式是如此截然不同，無法整合，於是我們稱這些人為思覺失調症患者。患者屬於高度敏感的個體，對自己身體的反應是將其視為陌生之物，視為完全不可信任、不能牢牢掌握之物。[15]我們立即看到，跟所有人一樣，思覺失調症患者扛著一具「異化的」動物身體。他的負擔之所以比常人沉重，是因為他並未穩固地扎根於自己的身體中。在兒童早期，他的身體並沒有發展成穩固的「基座」，結果，他的自我未能緊密地繫在神經結構上。別人用自然的有機性擴張來緩衝和消滅生死恐懼，但他做不到。他無法感受這種自然的動物飽滿性。借用桑塔亞那的話，他否認了健全的「動物信仰」（Animal Faith），正因如此，他才不得不在自己的思想上發展複雜的概念體系。今天我們知道，文化意義上的空間、時間，以及對物體的感知，實際上是神經結構的一部分。[16]當文化上的不朽意識形態逐漸根植於人的肌肉與神經裡，人也會自然而然將這套意識形態當作日常活動中安全而自信的一環。我們可以說，思覺失調症患者正是喪失了這種防禦死亡的「神經—文化」機制，未能將之編寫進生命中。因此，他轉而依賴一種過度放大的心智歷程，試圖保證自己能超越死亡。他不得不在糟糕的身體基座上，以一種極為個人的方式，努力成為某種幾乎是純概念上的英雄。由此可見，他的努力是何其不自然。擴張而可靠的身體包含豐富的情感，而沒有人比切斯特頓更清楚，如果一個人脫離了這些情感，而只能單單依賴思想，會變得多麼反常古怪。[17]

思覺失調症將人類演化的風險推到了極端。風險在於創造了一種能感知自己、反思自己的動物，而後這種動物卻開始明白，動物身體對自己是一種威脅。如果我們甚至無法牢牢地依靠這副身體，問題就出現了。你這副由神經與血肉所構成的身體無法緩解恐懼，你只剩下

的症狀置於其個人脈絡、歷史背景來了解。事實上，奇德爾（A. J.Cheadle）等人（一九七八）亦曾提出，造成慢性思覺失調症失能的主要原因以及最棘手的問題，通常是那些屬於精神官能症方面的症狀。——編注

4 蘇利文（Harry Sack Sullivan, 1892-1949），美國著名精神病學家，第一個把人際關係理論引入精神分析的學者。——編注

符號性的意識，在最激烈的強度中獨自漂浮。在演化中，人確實是受到詛咒的動物，越過自然劃定的界限，迷了路。我們無法想像這種毫無保留迎向經驗和自身焦慮的動物，這種動物對於世界的各個部分完全沒有內建的神經生理反應。唯獨人類步入了這種可怕的處境，而我們又在思覺失調症的極端狀態中，目睹了這種處境全然純粹的恐怖。在這種狀態下，由於個體自身內部缺乏可靠的反應機制，環境中的每個客體都成為巨大的難題。至少我們可以期望一頭失去本能的動物還能任意沉入一團舒適的血肉之軀，可以視身體為他自己親密而基本的資產，哪怕這身體不能「告知」他該如何反應。這正是普通人的情況。但思覺失調症患者甚至連這點也做不到，對他而言，身體純屬「偶然發生」在他身上，不過是一團惡臭、腐敗的肉。他只在一件事情上與身體關係親密，也就是，他以身體為渠道，直接感受自己的脆弱，而外部世界則以他的身體為踏足點，闖入他最內在的自我。身體背叛了患者，成為持續的開放性傷口，是他厭惡的對象——在羅曼．波蘭斯基的電影《冷血驚魂》（*Repulsion*）中，凱瑟琳．丹妮芙以傑出的表演刻畫了這樣的處境。難怪這成為最引人好奇、令人著迷的一種「疾病」，它將患者對自身二元處境的反抗推到了極限，也代表精神官能症的開放特質達到了最徹底的無助狀態。佛洛伊德非常貼切地稱其為「自戀型精神官能症」[5]，這是自我在幻想中膨脹，是患者在缺乏生理力量時，將完全自大狂式的自我膨脹當作最後一道防禦、當作**徹底的象徵性力量**的一種嘗試——當然，這也是各地文化人的奮鬥目標，只不過「正常」人有編寫好的神經系統，至少感到身體屬於自己，可以放心使用。

思覺失調症把人的難題推到極限，也揭示出創造力的本質。如果你在生理上並未內建文化自因籌畫的程式，就只好發明自己的程式，亦即不隨著他人的頻率而動。你發現周圍之人所編造的都是謊言，是否認真相，這真相往往更充分地顯示出人類境況的恐怖，遠超出大多數人的經驗。於是，創造型的人在藝術、文學、宗教等領域成為自然恐怖的中介者，成為戰勝自然恐怖的新途徑的指標。他揭露了人類境況的黑暗與可畏，並且製造出新的象徵式超越。從薩滿巫師到莎士比亞，創造型的異常者始終都有這種作用。

但是，如果精神官能症患者是「失敗的藝術家」，不具備才華和創造力的思覺失調症患者又是什麼？他必定是徹底顛倒的、可悲的失敗者，精神病院的病房便證明了這一點。他是貧乏而無力的個體，哪怕他能感知真相，也沒有什麼可奉獻給同伴或自己。無創造力的精神病患者是因生死恐懼而完全癱瘓的人。此處不宜以寥寥數語隨意概括如此複雜的問題，我們對此理解甚少，尤其是我個人尚未展開深入、詳細的研究。然而，顯而易見的事實是，這整件事圍繞著一個簡單的問題：個體是否具有控制主觀經驗的自我（ego），無論這些主觀經驗有多不尋常？如果他擁有這樣的自我，那麼，他就讓自己獨特的感知具備了形式。他把這段生機勃勃的生命過程看成（在人類生命的二元模式中）演化前沿的作用，而他引導、涵納了這段過程，作為對二元模式的回應。這就成了天才的作品。我們似乎可以直截了當地總結如下：思覺失調症患者沒有內建程式的神經系統，無法對社會意義作出自動化反應，但他也無法形成自我（ego）反應，亦即直接控制他的經驗。於是他自己爆發出來的諸多意義無法被賦予任何創造性的形式。可以說，由於他誇張的無助，他只使用符號性的內在體驗作為經驗的錨點，某種依靠之物。他的生活就是對這些經驗的本能反應，但他無法改造或運用經驗，而

5 佛洛伊德一開始將此術語使用於描述性倒錯、憂鬱症和各種精神病。但是後來他作了一些修改，將「基於自我與超我的衝突所造成的疾病……放在自戀型精神官能症的類別下」。憂鬱（melancholia）即為一例。此處也再次說明了，本節所指稱的思覺失調症並非如今醫學意義下的思覺失調症。——編注

是被經驗所控制。與之相比，天才也沒有內建自動化的文化意義，然而，天才擁有強大的自我資源，或至少是足夠的自我資源，讓他的個人意義獲得創造性的形式。就我所知，至少這些粗略的用語已然證明，沒有人比賴希更理解天才和思覺失調症的區別。[18]

與憂鬱症的情況一樣，在思覺失調症中，我們看到了英雄主義赤裸裸的問題。如果一個人處於幾乎毫無資源的形勢，他怎麼可能成為英雄？身處如此形勢，他比任何人都更清楚生死的危險威嚇，卻沒有堅實的內在光榮感來對抗。最終，他只能盡其所能編造出這樣的光榮感，而那將是以笨拙、殘缺、顛倒的方式來達成。所以，精神病患的移情是如此全面和強烈，吞沒一切，令人害怕（當他們不那麼令人憐憫的時候）。對於一個孤獨而殘缺的人來說，要試圖達到超越死亡的英雄主義只有一個方法，就是完全被個人的偶像崇拜所奴役，把自身完全束縮在他人身上。套用阿德勒的精妙表達：[19]在這種情況下，既然個體的「壓艙物」是如此之少，那麼，為避免消失毀滅或飄零流落，他只好將另一個完整的人吸入自身。

性倒錯[6]

今天，如果誰想討論點新鮮事物，他大概不會愚蠢到選擇性倒錯來寫。現有的文獻浩如煙海：芮克論述受虐狂的厚重巨冊；史德喀爾（Stekel）論述所有性倒錯的幾套作品，關於同性戀的書籍更是占據整個書架；專業期刊上的文章一篇接一篇，累積無數真知灼見和臨床事實。性倒錯問題在各方面都探討過了，而且細節豐富，是累積了一世紀之久的科學研究成果。在我看來，最好的單冊著作是博斯的作品，總結了眾多學派的主要論點，再加上他自己的傑出貢獻。[20]史特勞斯於畢生研究之後，最近在「守財奴」（The Miser）的論述上達到高峰，[21]我們有了一門科學所能期望的最清晰、最豐富的概論。但同樣的，危險在於見樹不見林，因此，要談論性倒錯，就必須什麼都談論。某種簡單的概論是合適的，這種陳述本身並非在爭論什麼，而是努力將所有主要的看法整合成一個清晰的觀點。在大多數情況下，佛洛伊德學派、存在主義學派、阿德勒學派和行為學派都在持續針對同一主題各說各話，那麼，就讓我們看一看能否找出性倒錯問題的關鍵要素。這將是對人性和英雄主義問題的絕佳回顧和總結，使我們最終走向相關研究的結論。

性倒錯這個問題看似費解又十分邊緣，但之所以值得深入探討，正是因為它一點也不邊緣。人們針對性倒錯作了那麼多論述，正是因為它是人類行為的核心問題。比起其他行為，性倒錯更能揭露人類行動的利害關鍵，因為它們將人類行動縮減到只剩本質。就此而言，性倒錯無疑是人類科學的亞原子理論，是聚集了各種基本粒子和能量的原子核。也正因如此，它們往往保留給傑出的、老練的研究者來探討。不過，由於本書已經討論了如此廣泛的內容，我們的總結事實上是在回顧之前討論的一切，因此應該不難理解才對。

從本書先前的幾個案例可見，佛洛伊德的才華為理解人類心理開闢了全新領域。不過，他使用如此狹隘和率直的術語來陳述，卻模糊了一些問題，並導致持續的科學爭論，這些爭論曠日廢時，早已超出所需的程度。這個情況在性倒錯的主題上最為真切。多虧了佛洛伊德，我們有可能攻克這塊最困難的領域，然而再一次，他讓我們懷疑地聳了聳肩。以戀物癖

6 Perversion 的舊譯名「性變態」如今已被「性倒錯」取而代之，文中提及的某些性倒錯行為也已在 *DSM* 的逐年更新之下除名，例如同性戀。目前 *DSM* 最新版本為二〇二二年發行的 *DSM-5-TR*。——編注

為例，這無疑是性倒錯的標準範式，而佛洛伊德將之當作自己整個理論體系的縮影。為什麼戀物癖者在與女人做愛之前需要先有某個物件，例如一只鞋或一件內衣？佛洛伊德答道：

簡單說：戀物就是小男孩曾經相信且不願放棄的，女性（母親）陽具的替代品——我們知道箇中原因。[22]

請注意「我們知道箇中原因」這句話裡的絕對自信。佛洛伊德所謂的「原因」，指的是女性生殖器證明了閹割的現實，並喚醒了閹割的恐怖。要戰勝這份威脅，唯一的方法是「給」女人陽具，無論多麼人為、多麼純屬象徵，而戀物正好是「戰勝閹割威脅的標誌，和不被閹割的保證……」，有了它，戀物癖者就能夠進行性行為。對他來說，戀物「作為女性陽具的象徵，使女性成為可接受的性客體，從而使自己免於同性戀的命運」。總之，戀物給予患者當男人的勇氣。佛洛伊德對自己的陳述是如此自信，斬釘截鐵地說：

目睹女性生殖器之時，對於眼前充滿威脅性的閹割景象，很可能沒有一個男人能免於極度震驚。〔佛洛伊德又得意地總結道：〕任何仍然懷疑閹割情結是否存在的人，我們都應該要建議他研究一下戀物癖……[23]

像佛洛伊德這種地位的人物，以職涯中如此晚期的一篇文章為自己的整體研究作了如此得意的收尾，讓我們不得不相信其中包含著不容置疑的真理。但是，佛洛伊德再次讓我們捲入了精神分析的奇特悖論中——他用如此具體而狹隘的語言來表達最尖銳的真理，反而使真理變得模糊難辨。所以，且讓我們來拆解看看。阿德勒、榮格、蘭克、博斯、史特勞斯與布朗等思想家都向我們指出了擺脫悖論的道路。他們認為，對閹割的恐懼不是亂倫懲罰所引起的那種恐懼，不是伊底帕斯情結的威脅，確切來說，是生與死的存在焦慮聚焦於人類的動物身體上。這是相當肯定的結論。但佛洛伊德卻堅持母親身體的概念，特別是兒童想要相信母親有陽具的概念。這個概念貫穿了較為晚近的精神分析文獻，一而再再而三地出現於患者的幻想中，而巴克[7]在近來的一篇文章裡，以同樣明確的措辭重申了佛洛伊德的基本思想：

……在所有的性倒錯之中，對閹割的戲劇化或儀式化否認，都是透過對母親或女性陽具幻想的退化性再起（regressive revival）來表現。[24]

以下文字完美描述了典型的幻想，引自羅姆（May Romm）一篇內容豐富的論文：

有時患者會在手淫時幻想他可以把自己的陽具放進自己口中，藉此成為一個完整的圓圈。這時，他會夢見自己正在打量自己的身體，發現自己像女人一樣有乳房，同時又有男性生殖器……夢中那位身著黑袍、肩披長髮的希臘祭司，對他來說代表中性的人、獨身主義者和雙性者。[25]

[7] 巴克（Robert Bak, 1908-1974），匈牙利精神分析師，於一九四一年移居美國，一九五七年成為紐約精神分析學會會長。——編注

雙性意象

雙性意象的概念直指人類境況的核心，並向我們揭示出性倒錯的動力機制，以及患者不顧一切在這世上尋找某種動物性滿足所面臨的風險。蘭克、榮格與其他多人的著述問世後，雙性符號便不是神祕的事了。再一次，問題始終都在於必須剝去其中狹隘的性內涵，因為雙性意象不是性的問題，而是人性的問題。自己發現自己被禁錮於陌生的身體外殼中，並且無法理解這種二元性。人類震驚於生殖器隨意的本質，震驚於出現哪一種性別完全基於偶然。他無法接受身體外殼的無常和不完整——時而男性，時而女性。就其生理物質性而言，身體在我們看來並無道理，生理物質性把我們束縛於特定的命運，也就是單一的性角色。雙性意象代表對整體性的追求，這並非性的追求，而是本體論的追求。這是存有的渴望，既渴望重新經歷與周圍的自然融為一體的感受（神之愛），也渴望自身的完整性。這是在渴望治癒存在的裂痕，包括自我與身體、自我與他人、自我與世界的二元性之間的裂痕。再加入自我對於身體之外與超越身體的自我永存所懷有的渴望，我們就得以理解，性認同的不完全如何成為進一步的限制和危險。

佛洛伊德正確地看到陽具母親的意象位於中心位置，並將之與閹割情結直接連結起來。然而，佛洛伊德也錯誤地把性問題視為人類主要難題的核心，把衍生物（性問題）視為首要之務（存在困境）。想要陽具母親，以及害怕女性生殖器，很可能是人類的普遍經驗，無論男孩女孩都不例外。原因在於，孩子希望看到全能的母親，她是他一切保護、滋養和關愛的神奇來源。作為真正神一般的受造，母親完全超越了分裂成兩種性別的偶然性。因此，被閹割的母親所代表的威脅，就是對他個人整體存在的威脅，原因在於母親成了動物，而非超越一切的天使。於是，讓他恐懼的命運，讓他在驚恐中遠離母親的命運，正是他自己也是「墮落的」、肉身的受造，而這事，正是他透過肛門訓練努力解決的。那麼，所謂女性生殖器的恐怖，就是讓幼小的兒童在震驚中瞬間（他還未滿六歲）突然成為哲學家、悲劇詩人，不得不在成年遠未開始之前學習當男人，而且必須依賴他尚不具備的智慧和力量。我們再次體會了「原初場景」的重負，並非因為它在兒童體內喚醒了無法承受的性欲，或激發了對父親的激烈憎恨和嫉妒，而是它使兒童完全摸不清人的本質。羅姆從她的患者身上觀察到：

> 他因目睹了父母的性關係而失望——他把對任何人的不信任都歸因於這份失望。母親，在他心中本該像天使一樣，但到頭來也只是個有肉欲的凡人。[26]

這樣的邏輯很完美：父母代表文化道德準則的首要重點，「像天使般」超越了身體的腐朽，然而，在父母最親密的關係中，這一切都被拋到旁邊——你怎麼能夠信任這樣的父母？父母是為孩子設定最高勝利標準的神，父母愈是毫不含糊地體現這份標準，兒童正在萌發的認同就愈加牢固。當父母自己如動物般投身於動物的性活動，發出咕噥與呻吟，孩子會覺得「令人作嘔」——當簡單明確的意義受到侵蝕，噁心的經驗就會產生。因此，當孩子（若他從未親眼目睹「原初場景」）聽到朋友說「你的父母也跟其他人一樣有性行為」，往往聽不下去。托爾斯泰觀察得非常貼切，他說他離初生嬰兒很遠，卻與五歲兒童幾乎沒有分別。[8] 在生命的最初五年，兒童必須背起人類境況全部的存在重擔。在餘下的一生裡，關於人的基

8 參見本書第三章引言。——譯注

本命運，他要學習的東西真的已經不多。

榮格以非常清晰而寬廣的歷史視野看到雙性意象中被寄予重望的意義和中心地位，[27]正如蘭克在他自己的全部研究成果中所目睹的，此外，博斯[28]及布朗也有同樣看法。[29]沒有什麼比接受精神分析的患者更有說服力和一針見血了，一位戀物癖女性便「譴責身體這副可惡的外殼」，說：「我真希望能撕掉這張皮。如果沒有這具愚蠢的身體，我的外在就會跟內心感受到的一樣純粹。」[30]

身體的確是人的藩籬，對於人類物種內在的自由與自我的純粹而言，是腐朽的累贅。以此而言，生命的基本問題是物種（身體）是否將宰制一個人的個體性（內在自我）。這解釋了所有的慮病症：人作為追求自我永存的受造，身體是對其存在的主要威脅。這也解釋了兒童為何會夢到自己的手正在變成爪子。這類夢境傳遞了這樣的情感訊息：他們無法控制自己的命運，身體形式的偶然性約束且限制了他們的自由，決定了他們的命運。所以，最受兒童歡迎的遊戲之一是「釘驢尾巴」[9]。大自然看似隨意置放了身體器官，事物形式的偶然性令人焦慮，而要消除這樣的焦慮，除了用同樣隨意的態度玩鬧地重新安排大自然，還有更好的方法嗎？在內心深處，兒童都是畢卡索，都在反抗各種外在形式的任意性，肯定內在精神的優越。[31]除了「爪子」的夢境，所有「肛門」的夢境也反映了人對身體的焦慮。在這些夢境中，當事人發現自己被穢物漫溢的廁所弄髒，或者，某人潑濺小便，而所有人身著社交禮服，正忙於重大事務。沒錯，糞便才是人類真正的威脅。縱觀精神分析文獻，我們都看見了這種象徵性的超越和肛門功能之間的混淆。羅姆的一位患者「每當在社交、金錢或性方面沒安全感……就會罹患腸胃脹氣和腹瀉」。或者再一次地「夢見自己的父親正在當眾演講，而突然發現父親的陰莖露了出來」。[32]

換句話說，人類境況的真相究竟是什麼？是存在於身體中或符號中？如果真相隱晦不明，那麼，在某個地方就必然有某種謊言，這就是威脅。另一位患者熱衷於蒐集書籍，「但一進書店就總想排便。」[33]他對身體的恐懼壓抑了他的寫作。我們提過幾次，兒童訓練自己上廁所，其實是出於對自己身體的存在焦慮。所以，偶然尿濕褲子時，他們會特別崩潰，或者，他們會迅速而輕易地屈服於公共道德，再也不在「別人可能會看見」的街道上隨地大小便，而這一切都引人憐惜。即使由最厚顏的父母撫養，兒童也會在之後靠自己完成如廁訓練。顯然，兒童的身體令兒童蒙羞了。我們可以給出相當肯定的結論：對於不想作為動物的動物，慮病症和畏懼症是對生死恐懼的集中表現。

佛洛伊德在關於「鼠人」（Rat-man）的早期論文中已經清楚表明死亡和腐朽是強迫症狀的核心問題，而近期，在歐洲存在主義精神病學家（特別是史特勞斯）的研究成果上，這個主題發展得很出色，並有了總結。[34]在佛洛伊德之後，關於戀物癖的精神分析文獻極為清楚地證明了蘭克的論點：兒童的確為身體所苦。格林納克[10]在一系列極為重要的論文中，針對這個問題提出了一個最終的臨床結論：遠在實際的伊底帕斯階段之前，閹割焦慮就已出現。它不是特定的性的難題，而是人人都有的脆弱難題。這是在佛洛伊德思想之外的重要進展。精神分析師用他們最喜歡的措辭說，閹割焦慮「由於口腔和肛門傾向的強烈混合……而具有特別的份量」。[35]換句話說，這是整個身體適應現實的問題。我們從戀物癖者的歷史反覆目

注
9 「釘驢尾巴」遊戲：遊戲者手拿紙驢尾，蒙上眼睛轉圈，待暈眩後，即上前尋找貼在牆上的無尾紙驢，為其釘上尾巴。——譯
10 格林納克（Phyllis Greenacre, 1894-1989），美國精神分析師與醫師，紐約精神分析學會的督導與培訓者。——編注

睹他們遭受了有關身體腐朽及死亡的早期創傷。

最值得注意的創傷是由目睹了某種特別的致殘事件所構成的，例如面目全非的死亡或傷殘事故、手術、墮胎或在家分娩……以佛洛伊德一九三八年的一篇論文為例，他概述了一名戀物癖個案的發展，並強調目睹女性生殖器與自慰和閹割焦慮都同樣在性器期開始時發生，也強調「目睹殘缺不全和流血的身體」會取代「閹割威脅」，根據佛洛伊德這篇文章，我認為我們可以想像一定數量的兒童都經歷了什麼。[36]

這自然是真的，若兒童本人曾罹患創傷性疾病或經歷過痛苦的手術，更是如此。[37]費尼謝爾有一名患者罹患直腸脫垂，每次排便後都需要母親幫他把腸子推回原位。那麼，這位患者成天害怕自己的腸子會掉進便盆裡，也就不足為奇了。[38]請想像，需要別人幫他把腸子推回身體，那是多麼脆弱的狀態。難怪死亡恐懼占據了他的腦海，他的閹割焦慮壓倒了一切，認為死去的母親或姊姊的陰莖可能像糞便和洗澡水一樣，或者跟自己的腸子一樣，掉進了下水道。這世界並不特別在乎我們的身體有什麼東西被沖走，事物只是神祕地消失無蹤。羅蘭[11]有名患者是四歲的男孩，他無法理解從前在營地見過的女孩為何沒有手指，也無法理解某位親戚為何只有一條腿。他無法與那名男子共處一室，一聽到男子的說話聲就尖叫逃走。他平靜但眼裡充滿恐懼地問醫生：「你不會讓我消失的，對吧？」[39]我們再次看到，兒童就如哲學家，喊出了懷海德[12]對於有機生命中兩大邪惡之一的憂慮：「事物終將消逝。」

關於戀物癖者，格林納克的研究有一個主要結論，把他們早期人格發展的缺陷歸因於許多性質相似的事件：創傷太重、母子關係混亂、因父親缺席而破裂的家庭生活、父親極為軟弱而無法為兒童樹立有力的榜樣。這幾種混亂都會導致一個主要的困擾，用非臨床術語來表述，就是他們對自己的身體缺乏自信。納格勒（Simon Nagler）在一篇重要的論文中把戀物癖的整體問題歸結於低自尊、不足感，以及由此而來的對男性角色的恐懼。這些都是對佛洛伊德理論的重要修正，因為它們強調了發展歷程而非本能的作用。發展理論從佛洛伊德的時代累積至今已有豐富的內涵，但佛洛伊德缺乏相關知識，因此下述問題使他覺得神祕難解：為何有人變成了同性戀、有人罹患了戀物癖，大多數人卻兩者皆非，而是超越了對女性生殖器的恐懼？[40]若這件事是本能問題，相對來說並不受發展經驗影響，那麼，這些現象確實讓人覺得神祕難解。然而這種只關注一致本能、無視差異發展的方式，正是佛洛伊德早期研究的重大缺陷。事實上，納格勒甚至想完全拋棄閹割恐懼的概念，他也質疑陽具母親的觀點。[41]我一度同意納格勒的看法，當時我抱著一種不謙遜又不完整的企圖去理解戀物癖，[42]但現在事情已然明瞭，納格勒的過分強調並不正確。要有全面的戀物癖理論，就必須承認堅不可摧的陽具母親（即雙性意象）的核心地位，也必須接受普遍的閹割焦慮是身體基本的脆弱感受，還必須囊括個人的發展史，因為不同的成長經歷導致某些人更容易表現出軟弱和焦慮。

低自尊的概念當然很重要，但是我們必須記住，自尊最初並不是象徵符號上的問題，而是活生生的、生物性的問題。自尊源於嬰兒原初的身體經驗，那時，嬰兒的經驗讓自己產生自信的自戀，一種不會受傷的感覺。高自尊正代表了這種不會受傷的感覺，而這種感覺有三

11 羅蘭（Sándor Lorand, 1893-1987），匈牙利精神分析學家，撰寫許多包括拜物教、發明家的性格、憂鬱狀態、性倒錯等主題的論文。——編注

12 懷海德（Alfred North Whitehead, 1861-1947），英國數學家、哲學家。——編注

個基本來源。第一，來自他人的力量——當母親是可靠的支持者，並且不過分干涉兒童自身的活動，這力量就來自母親，或者來自可以認同的強大父親。第二個克服脆弱的力量來源，如前所述，來自於確切地擁有自己的身體，並將這副身體視為可控制的安全場所。我們知道，創傷和早期家庭環境的品質不良會削弱這種安全感。第三，當然了，來自文化自因籌畫，也就是來自我們超越動物脆弱性的象徵和劇本（我們很快便將看到，第三種來源在戀物癖裡是何等重要）。關於戀物癖的心理機制，只有綜合考慮上述三個來源，才有可能得到完整、連貫的觀點。

個人自由與物種決定論相抗衡的問題

大多數人都躲過了極端的戀物癖，因為他們以某種方式獲得了「順其自然」使用自己身體的力量。他們與伴侶一起履行性交這項物種任務，並未受到巨大的威脅。不過，一旦身體確實對一個人的自我構成巨大的威脅，那麼，從邏輯上而言，物種任務就變成一件可怕的苦差事、一種可能毀滅的經驗。如果身體是如此脆弱，那麼，人就會因為充分參與身體的種種行動而害怕死亡。我認為，這個觀點簡要總結了戀物癖者的經驗。由此出發，所有性倒錯均可視為是在抗議物種標準化吞沒了個體性。

蘭克的全部研究都在發展這個觀點。人類若能實際控制並超越自然，唯一途徑就是把性的不朽轉換為個體的不朽。蘭克以極為有力、極富啟發性的方式總結了其中的涵義：

> ……性在本質上是一種集體現象，然而，在文明的不同階段，個體都試圖將性個人

化，也就是加以控制。這就解釋了個體所有的〔！〕性衝突，從手淫到最多樣化的性倒錯和性反常，其中尤其重要的是對個人的所有性活動保守祕密，將此作為個人傾向的表達，以便把性的集體元素盡可能地個體化。[43]

換句話說，性倒錯是對物種同一性的反抗，是對個體性被身體所淹沒的抗議。甚至，相對於家庭而言，性倒錯是對個人自由的關注。性倒錯是一種讓個體肯定自己、反抗所有標準化的祕密方式。蘭克甚至就此提出了驚人的推測：在典型的佛洛伊德式理解中，兒童可能是嘗試藉著伊底帕斯情結來確立自我（ego），並抗拒家庭組織和盡責子女的角色，以及被群體吸收的命運。[44]即使從生物性的表達來看，伊底帕斯情結也可能是在嘗試超越「溫順兒童」的角色，透過性、透過破壞家庭組織，尋找自由和個體性。為了理解這一點，我們必須再次強調人的基本動機：自我永存。忽略這個基本動機，就無法理解問題的關鍵。前面說過，人被分割為兩種截然不同的經驗：生理的和心理的，或者說，身體的和符號的。因此，自我永存的問題本身呈現出兩種不同的形式：一是身體，是標準化的、被給定的；二是自我，是個人化的、有待實現的。人將如何延續自身？如何藉由自己的複製品，或留下自身的一部分繼續活下去？他希望留下身體的複製品，還是精神的複製品？如果他以身體來繁殖，就可以令人滿意地解決延續的問題，但或多或少都是以標準化的物種形式。儘管他在後代子孫身上延續了自己，這些子孫可能與他相似，並傳遞了某種他的「血統」與家族祖先的神祕特質，但他可能並不覺得自己在一定程度上真正延續了內在自我、獨特個性和精神。他想要的並不僅僅是物種意義上的傳宗接代。自古以來，最獨特的人性難題一直都是我們需要將人類生命轉化為精神層次，需要將之提升到特殊的不朽境界，超越其他生物特有的生死循環。這是性從一開始就成為禁忌的原因之一。性必須從身體受精的層面提升到精神的高度。繁殖延續還是自我永存，在這個難題中有著全然二元的本質，透過處理這個難題，蘭克得以對古希臘的同性戀現象有更深的理解：

從這種觀點看來，正如柏拉圖所說，男性之愛，永遠都是致力於讓心愛的青年變得更好、更完美，表現出來的，肯定是……一種在他人身上進行的精神完善過程，那人轉變成自己在這世上值得寄託的傳人，不是以身體的生物性繁殖為基礎，而是在精神性不朽的意義上——門徒、年輕人身上的象徵性。[45]

換句話說，古希臘人希望把內在的自己、精神或心靈，銘刻在所愛的青年身上。這種精神友誼的目的，是為了孕育出兒子，而自己的靈魂會在這個兒子身上延續下去：

在男性之愛中，男人在精神上與其他方面都滋養了自身心靈的生動形象，這個心靈形象似乎具體化為自我（ego），那既是盡可能理想化的自我，也與他自己的身體保持盡可能的相似。[46]

蘭克出色的推測使我們得以理解同性戀的某些理想化動機，不僅是古希臘人，也包括尤其是米開朗基羅這類擁有個體化人格與創造力的人。對他們而言，同性戀顯然與所愛之人的性器官完全無關，而是代表一種努力：以「極盡可能的相似」創造自己的重生，而這種相似性，誠如蘭克所說，顯然只有在相同性別中才能找到。[47]就本書的討論而言，我們知道這種企圖代表了完全的自因籌畫：完全由自己創造出一個在精神上、智性上、生理上都與自己相似的複製品，這個複製品代表了完美個體化的自我永存，或者說，不朽象徵。

如果閹割情結代表兒童承認了他的動物身體是一種破滅的自因籌畫，那麼，還有什麼比完全棄絕身體的性角色更能反抗身體？在這種意義上，性倒錯意味著完全從閹割情結中解放，是對物種同一性的強烈抗議。然而，蘭克過於強調性倒錯正向、理想的那一面，以致幾乎模糊了問題的全貌。我們不再是古希臘人，我們之間也很少有米開朗基羅這種人物。一言以蔽之，支配我們的並非理想化的動機，我們也不具備天才的最高力量。日常生活的性倒錯是一種出於軟弱而非出於力量的抗議，代表的是才能的崩潰，而不是才能的精髓。倘若精神官能症患者是「失敗的藝術家」，一般同性戀者就更像是「失敗的希臘人」，是缺乏可靠力量與才華的米開朗基羅。性倒錯者是笨拙的藝術家，他拚命追求一個保存其個體性的反幻覺（counter-illusion），但僅能從其有限的才華和力量裡追尋。因此，他害怕承擔性角色、害怕被女人吞噬、害怕因身體而死，諸如此類。一如蘭克的早期追隨者艾倫（F. H. Allen）所指出的，同性戀者往往因為害怕自身與女人之間的差異，且缺乏承受這種差異的力量，因而選擇了跟自己一樣的身體。[48]事實上，我們可以說，性倒錯代表為了爭取個體性而進行的奮鬥，之所以奮鬥，正是因為當事人一點也感覺不到自己的個體性，而且毫無維持自身認同的力量。性倒錯代表了那些最缺乏早期心智發展訓練的人所提出的一種貧乏、可笑的主張，他們要求要擁有明確定義的人格，卻無能行使這種主張。如果正如蘭克所說，性倒錯是一種爭取自由的奮鬥，那麼，我們就必須補充，它往往代表那些最沒有能力承受自由之人的奮鬥。當事人逃離了物種奴役，但這種逃離並非出於力量，而是出於脆弱，是無力承受自己天性中純粹動物的一面。前面已提過，在發展身體的安全感、對父親的堅定認同、足以控制自己的強大自我

（ego）、可靠的人際關係技巧等方面，兒童時期的經驗至關重要。只有完成這些發展，才有可能以忘卻自身的方式「扮演物種角色」，不至於淹沒在毀滅性的焦慮中。

總結整個問題，我們可以看到，人們對於「性」的感受是，性是一種針對自己的物種標準化的威脅，此一威脅有幾種方式可以克服，其中大多數方式都處於絕望或獨創的範圍內，而非自信與控制的產物。最理想的、「最高層次」的方式，當然存在於愛的體驗中。在這種體驗中，人完全認同伴侶，並且消除了分離和無助的威脅，也消除了對身體感到焦慮的自我意識。在愛裡的人沉浸於快樂與忘卻自身的滿足，身體變成神化的珍貴載體，也正是此際，人在物種同一性中體驗到真正的感激。人很高興擁有標準化的身體，因為它允許了愛的結合。當然，即使沒有理想的愛，人也可以屈服於強大的生理欲望，允許自己以忘卻自身的方式「興奮到無法自已」，這樣一來，物種身分對於個體獨特的內在自我就不會是一種威脅。這種情況可見於陽具自戀（phallic narcissism），和某些形式中所謂的「女子淫狂」（nymphomania）。在這種情況下，人似乎反而狂熱地投入物種身分，讓自己全然淹沒在物種身分中。很有可能是因為這種活動可讓當事人從自我和二元性的重負中釋放出來。這或許往往就是精神分析師所謂的「反恐懼」（counter-phobic）態度：全心全意擁抱自己害怕的東西，以聲明自己並未產生焦慮。在許多施虐—受虐的形式中，它也代表縱身躍入身體的「真相」，肯定身體是主要的現實領域，正如佛洛姆傑出的推測所示。最後，在思覺失調症患者身上，與物種身體相關的焦慮是如此強烈，以致他們可以輕易與自己的身體分離[13]，即使在性交過程中亦同。透過這種方式，他們保護了內在自身的聖潔，抵抗身體的墮落。據說，妓女也會主動採取這種方法，讓自己和身體分離，以便保持她們個人身分的完好與純潔，無論上她們感到身體有多麼汙穢。就像一名罹患思覺失調症的女孩以最隨意的方式說出的：「我想我在來這裡的途中被強暴了。」這是一種帶著懲罰的確認，是對內在精神超越性的確認，是徹底擺脫了身體的玷汙。我們再次看到思覺失調症代表了人類境況的極端邊界，對於演化強加於我們的二元性問題，它是種絕望的解決方案。這種絕望必然帶有某種諷刺，用歌德的話說：就算拋棄自己的身體，人還是無法擺脫自己的身體。只要還活著，人就不可能絕對超越物種角色，即使是米開朗基羅那樣最偉大的天才，也讓我們對人類的勝利充滿懷疑，而那些不那麼出色的人，則注定要終身拖著自己的身體，用這樣的身體與他人建立連結——對於他們所付出的可悲努力，我們還能說什麼呢？

戀物客體和戲劇化

一旦理解了雙性的完整性、自我與身體、力量與脆弱、物種決定論與個人自由的各種問題，我們就能開始理解戀物癖者在嘗試做些什麼。這的確是這個問題中最引人著迷的部分，只要略加探索便能看出這一點。

主要謎題之一始終都是：戀物客體代表什麼？一只鞋或一件內衣、皮革和毛皮，或甚至一隻假腿，它們有什麼意義？[49]佛洛伊德及其追隨者一直堅定地認為，這些物體代表了「一根非常特殊的陽具」——母親的陽具。[50]也有人指出，戀物客體代表了對男女生殖器及糞便等等的否認。這一切似乎表明了戀物客體代表的東西並不明確。對於不同的戀物癖者，戀物就可能代表不同的意義，這肯定是事實。不過，另一件事也是肯定的：戀物涉及性行為引起

13 也就是所謂的解離（dissociation 或 dissociative disorders）。——編注

的問題。博斯對此有最為傑出的論述。[51]博斯的研究，以及格林納克一系列優秀的論文讓我們對戀物客體有新的且更充分的理解。如果戀物癖代表對性行為的焦慮，代表符號動物的物種功能所帶有的危險性，戀物就必定是某種神奇的吸引力，否則還能是什麼？戀物客體代表一種神奇的手段，讓當事人得以把動物性轉化為某種超越之物，由此確保人格從標準化的、平庸的世俗肉體中得到解放。這種解放讓人獲得從事性行為的勇氣，因為人不再以一種動物的方式被束縛於性行為中，而是以象徵方式超越了它。佛洛伊德說得對：戀物使人免於同性戀的命運，但並非因為戀物客體是一根陽具（誠如博斯所言，可能最脆弱的男人除外）。[52]應該說，戀物是一種轉化現實的方式。博斯如此談到一名患者：

他一看到或觸摸到〔女性的靴子〕，就說「世界奇蹟式地改變了」。「在枯燥、孤寂和失意的每一個日子裡」，那些「在沉悶、孤獨和不成功的日常生活中顯得灰暗且無意義的事物，會突然離我而去，那些靴子的皮面向我投來明亮魅人的光輝」。那些皮革製品似乎有「一種奇特的光暈」，將光芒照耀在所有物品上。「這有點荒謬，但感覺就像童話裡的王子。一種不可思議的力量，一種魔力，從這些手套、這些毛皮和靴子上散發出來，讓我全然著魔」……裸體女人或沒戴手套的女人，特別是不穿鞋子的女人的腳……就像肉鋪裡一塊無生命的肉。事實上，女人的裸足真的令他厭惡……然而，當女人戴上一只手套、披上一件毛皮或穿上一只馬靴，她就立即「超越了她那傲慢、過於人性的人格層面」，她的形象因而高過了「普通女人的瑣碎性、邪惡的確實性」及其「令人厭惡的生殖器」，她上升到超個體的境界，「在這裡，超人類和次等人類都融入了宇宙的神性之中」。[53]

在如此驚人的告白之後，便無需再贅言了。戀物操控了「物種的肉體」，並在它周圍編織了魔法咒語。非人的、具體而動物性的要求對個體來說是傲慢的、羞辱的：被迫面對一具身體，被要求完全按照身體的條件與它產生關聯，而這些條件還完全取決於身體的肉和性。博斯的患者說：「不知為何，我始終認為性交對人類是巨大的褻瀆。」[54]然而，戀物透過轉化性關係的整體特質，讓情況完全改變。一切都被精神化、靈化了。身體不再是肉，不再是物種所作的非人的要求；它有了光環，散發出光和自由，成為真正個人的、具有個體性的事。[55]

格林納克說得好，藥片和藥丸也是某種形式的戀物，以令人寬慰的神奇方式克服了焦慮和身體的恐怖。[56]戀物癖存在的範圍從藥片一直延伸到毛皮、皮革、絲綢、鞋子。然後，我們就有了全面的物件來行使一種象徵魔法：人以戀物來自我催眠，並創造出自己的魅力光環，以此完全轉化凶險的現實。[57]換句話說，人們以某種方式利用文化產物，把它們當作超越自然現實的魔力。這其實是整個兒童期問題的延伸：放棄作為自因籌畫的身體，走向文化超越性的新魔法。這就難怪戀物癖無所不在了，正如佛洛伊德本人指出的，所有文化產物都是催眠自己的裝置，從汽車到登陸月球的火箭，都是一種極其有限的動物鼓足了全力在嘗試，讓自己迷上超越自然現實的力量。物種屬性淹沒了人獨特的內在自我，所以沒有人能在這種狀態下感到完全舒適自在，也因如此，在人與世界的關係中，我們全體人類都使用了一點神奇的魔力。

如果戀物是一種神奇的魔力，那麼，它自然會具有魔法的特質，也就是說，戀物一定具有它力圖控制的事物的某些屬性。因此，要控制身體，戀物就必須表現出某種與身體的密切關係——壓印出身體的形式、擁有身體的某種氣味、證明身體的確實性和動物性。我認為，鞋子之所以是最普遍的戀物客體，原因便在此。鞋子是最接近身體之物，然而它又不是身體。此外，鞋子還讓戀物癖者聯想到一些總讓他們震驚的最醜陋之物：令人鄙視的腳，以及長繭的腳趾、萎黃的指甲。我們自由的內在精神是驕傲、富足、生氣勃勃、無限超越的，然而我們的身體卻被世界所束縛，對於我們墮落的動物性、我們精神與身體之間的不和諧，腳給出了絕對且十足的見證。我認識的一個人完美地總結了這一點：「腳真是個看來很蠢的東西。」佛洛伊德認為，鞋子之所以成為戀物的對象，是因為兒童在抬頭看到可怕的生殖器之前，最後看到的東西就是鞋子，因此，鞋子讓兒童可以安全地把視線停在那裡，以否定生殖器。[58]然而，腳本身就是恐怖的，而且總是伴隨著自身那引人注目的、具有超越性的否定與對照——鞋子。沒錯，生殖器和乳房也有其對照，即內衣與緊身馬甲，這些貼身衣物是通俗流行的戀物客體。然而，沒有什麼能比得上腳的醜陋，作為對照物與文化發明產物，也沒有什麼能比得上鞋子。鞋有形形色色的鞋帶與鞋扣、最柔軟的皮革、最優美的弧形足弓、最堅實平穩閃亮的鞋跟[59]——我敢說，自然界沒有什麼東西可與尖頭高跟鞋比擬。總而言之，這是文化產物與對照物的精髓，它與身體是如此不同，即使與身體保持密切聯繫，但同時也把人帶離身體，進入另一個安全的世界。

另一方面，如果戀物是魔力，那就是一種極為個人的、祕密的魔力，一如格林納克的看法。社會學研究和齊美爾的著作中早就指出，這樣的祕密之於人是多麼重要。祕密儀式、祕密社團、祕密配方，這些事物為人創造了新的現實，一種超越和轉化自然日常世界的方法，賦予它原本沒有的維度，並神祕地加以控制。最重要的，祕密，意味著用不可見之物控制既定之物的力量，以及因此超越既定之物的力量——自然、宿命、作為動物的命運。或者，便如格林納克所說：「……祕密在它最原始的層次上與身體器官和作用有關……在更為根本的意義上，祕密包含了努力對抗死亡恐懼。」[60]

換句話說，祕密是我們最卓越的幻覺，是在否認自身命運中的身體現實。難怪，我們總是在尋找青春的泉源，尋找聖杯和深藏的寶藏——尋找某種全能的力量，這種力量頃刻間就會逆轉命運，並改變事物的自然秩序。格林納克也極為貼切地回想起戈林[14]如何將幾顆毒藥丸藏在肛門裡，以一種蔑視權力的最後姿態結束自己的一生。[61]這是一種報復性的逆轉：把代表動物的不可靠性之處作為超越性的來源、作為容器來盛放即將欺弄命運的祕密護身符。然而，這畢竟就是戀肛的典型意義：聲明人類的所有文化發明都是肛門魔法，以證明在所有動物中，唯有人類，能夠因為自己想像和打造出來的榮耀，因為能象徵性地從自己的肛門編造出東西，而過著有如神助的生活。

祕密儀式的最後一個特徵是戲劇化，正因如此，戀物癖者及類似的性倒錯者（如易裝癖）的各種活動總是讓觀察者著迷。他們上演的是複雜的戲劇，他們的滿足來自場景分毫不差的安排。任何微小的細節、任何不符合精確設定的地方，都會毀掉整件事情。必須在正確的時刻說出正確的話語，鞋子要以特定的方式來放置，胸衣要正確地穿上並繫好，諸如此類。[62]戀物癖者必須以**正確的方式**來為性交作準備，以保安全。只有當事情以**適當的形式**進行，才能克服閹割焦慮。這個模式總結了儀式和文化（再次強調，是全部文化）的整體概念：事物的人為形式戰勝並馴化、改變了自然秩序，使自然秩序不再危險。

在易裝癖中，我們看到一種特別豐富的超越性戲劇演出，我們從未在文化和自然中看到如此驚人的二元現象。易裝癖者相信，藉由給動物穿上文化服飾，就能改變動物的現實，正

---

14 戈林（Hermann Goering, 1893-1946），納粹德國的黨政軍領袖，蓋世太保首領。二戰德國投降後，戈林在紐倫堡大審中被判密謀罪、破壞和平罪、戰爭罪和反人道罪，並處以絞刑，但在行刑前一天晚上服毒身亡。——編注

如到處都有穿著華麗以便否認自己（如蒙田所說）跟所有動物一樣「坐在屁股上」的人，無論這屁股下的寶座有多麼宏偉。不過，需要臨床治療的易裝癖患者比一般人更專注於此，他們的心思似乎更單純地完全執迷於藉衣著的力量來創造某種身分。他們往往有這樣的過去：與自家姊妹一起打扮洋娃娃，或是與姊妹玩互換衣著的遊戲，在遊戲中交換衣著的同時，也交換了身分。[63]顯然，對於這些人來說，「扮演就是重點」，而他們投入的程度不亞於舞臺上的角色，穿上什麼衣服就成為什麼人。

他們想成為什麼人呢？看起來，他們想要的是否定閹割情結，克服物種身分，克服生理性別的區分，反抗單一性別的偶然性及受限的命運，戰勝我們每個人內在的不完整，亦即我們不僅是自然的碎片，甚至也是一具完整身體的碎片的這個事實。易裝癖者似乎想透過既具有陰莖又擁有女人外表來證明雌雄同體的現實。[64]一名患者說：「我想成為我姊姊，同時保留自己的陰莖。」

> 當沉溺於性倒錯行為期間，他習慣一射精完就盡快脫掉那些借來的服裝，因為他聯想到有人警告他，做鬼臉時若恰逢時鐘響起，那張臉就會固定下來，再也不能復原。因此，他怕自己可能真會被「永遠困在」女性角色，從而失去自己的陰莖。[65]

顯然，這是一種確認方式，確認了遊戲即永遠，扮演即現實。如果他在時鐘敲響十二點時被抓住，就會失去一切。巴克提出他的患者也有類似情形：

長久以來，在鏡子前穿穿脫脫就是他易裝行為的重點。他把陰莖包紮起來，用力向後牢牢綁緊，把睪丸推進腹股溝。隨之就是強烈的閹割焦慮——他害怕陰莖會折斷、歪掉、輸精管會撕裂，而他將不育。[66]

看來，戲劇性的性別扮演控制並不能完全消除焦慮，可能又因為遊戲的危險加強了遊戲的現實感，也因為以下事實而導致不可避免的罪惡感：自我現在完全被兩種性別形式的身體蒙上了陰影，此事只能代表個體化完全受到了阻礙。

無庸置疑的是，患者傻乎乎地於執著於衣著的神奇功效。費尼謝爾的患者某次瞥見一名殘疾男孩，當下「感覺到一股想和他換裝的衝動，意在否認那孩子真的殘廢」。[67]但是，這些幻想往往可能化為現實。格林納克的某名患者常幻想自己能把男孩變成女孩、把女孩變成男孩，後來此人成了內分泌專家！[68]這讓我們得出如下結論：易裝癖者和戀物癖者並非完全活在幻覺中。他們窺見了所有人生活的真相，亦即文化確實能轉化大自然的現實。文化創造和自然創造之間並沒有強硬的界線，文化是象徵符號系統，確實給了人力量去克服閹割情結。人可以在一定程度上創造自己。事實上，從這種觀點來看，我們可以把易裝癖理解為完美的自因形式，意味著人直接與自己發生性關係，而不必經由女伴的「迂迴」路線。巴克納（H. Taylor Buckner）在一篇很有啟發性的文章中指出，易裝癖者似乎在自身之內發展出女性人格，而這賦予他一種內在的兩人關係，實際上是一種「內在婚姻」。[69]他不必為了性滿足而依賴任何人，因為他能夠扮演他自己的「對應角色」。這是雌雄同體合乎邏輯的結果，是讓自己成為一整個世界。

關於戀物癖者的創造與文化的創造之間的模糊界線，最好的例子莫過於古代中國婦女纏足的習俗。這種習俗把婦女的腳弄得嚴重畸形，然而儘管變形扭曲，仍然受到人們的崇慕。

佛洛伊德本人曾指出這種作法與戀物癖的關係，他認為「中國男人似乎想要感謝中國婦女乖乖接受閹割」。[70]又來了，一個在概念和措辭上稍微偏離重點的深刻見解。應該這樣說，纏足的習俗代表了文化產物完全勝過動物之足，恰如戀物癖者透過鞋子達成的勝利，而其中的崇慕也相同：這是在感激自然現實的轉化。至於殘損的腳，則是文化效力的見證與象徵性的犧牲。中國人以腳來尊崇自己與自己的文化——現在腳已擺脫了動物日常世界中既定而乏味的現實，成了聖物。

然而，我們必須在創造和失敗之間劃出一條界線，而戀物癖就是最清楚的界線。文化的戀肛式主張可能會弄巧成拙，尤其在我們希望女性是會走的，或者想將她們視為完整之人時，因為這正是戀物癖者做不到的。祕密魔法和私人的戲劇化或許是控制現實、創造個人世界的手段，但也把實踐者與現實分開，就像各種文化產物在更標準化的層次上所做的一切。格林納克對這一點的理解非常精確，他指出，祕密具有兩面性，是一種削弱自己與他人關係的計倆。[71]事實上，易裝癖者處於他祕密的內在婚姻時，這個他便與真實的婚姻完全無關。凡此種種皆使我們記住，戀物癖者和易裝癖者在某些方面普遍處於極度缺乏的狀態：他們對父親缺乏可靠的認同，他們的身體自我也很脆弱。[72]性倒錯一直被稱為「私人宗教」，而它確實如此，只是，性倒錯見證的不是信仰，而是恐懼和戰慄。性倒錯是那些全然無可依憑者（他們既無法依賴自身力量，也無法依賴指引人際互動的大眾文化地圖）所提出的一種異質的、象徵性的主張，關乎控制與安全。性倒錯的創造力因而顯得可悲。由於戀物癖者並不像那些實事求是配合文化演出的人，他並沒有從自己的壓抑和身體自我中獲得安全感，也仍然被性行為所壓垮，因此性行為就是要求他用整副身體去對別人負責。羅姆如此談及她的患者：「他對於妻子在性方面的順從有非常敏感的需求，只要妻子一表現出絲毫性欲，他的性欲就全沒了。」[73]我們可將此事視為該患者拒絕扮演一個非人的、工具性的物種角色，而當他被要求去扮演，他的拒絕是基於不安全感。回顧我們在討論蘭克時所提及的：精神官能症的主要特徵是看到世界的本來面目，看到世界的超高層次、力量和壓倒性。戀物癖者一定感覺到了真相，亦即：面對沉悶笨重的對象以及他必須執行的任務時，自己的那份無助。牢固的壓抑作用與身體自我並沒有讓他在神經上植入的「內建程式」足夠牢固，因而無法歪曲自己的真實處境，從而以無動於衷的態度扮演自己的動物角色。對方的大量毛髮、下垂乳房、屁股和肚子一定都讓他感覺快被壓垮，無法承受。如果一個人對自己的內在感到如此空洞，那麼，他該用什麼態度面對這全部的「物之屬性」？戀物客體本身在戀物癖者眼中如此光彩燦爛、魅惑人心，原因之一，必定是戀物癖者把另一個人那令人敬畏驚嘆的特質轉移到該客體上。於是戀物客體成了可控的奇蹟，而伴侶則並非如此。結果是，戀物客體在光暈效應的加持之下，變得更為有效。

在羅姆的一名患者眼中，事物始終保持原始狀態，而他從未克服它們的光暈效應：

> 患者最早的記憶是他的母親在洗頭髮。當母親在太陽下曬乾頭髮時，她會把頭髮完全披蓋在臉上。看不到母親的臉，讓他感到既著迷又恐怖，直到母親的臉再次露出，他才放鬆下來。母親梳理頭髮對他有極大的魅惑力。[74]

在某種層次上，我們可以將此理解為那孩子在表達焦慮：客體身上最個人、最具人性的部分——臉，原來可以被動物毛髮所吞噬。但是，這幕場景的整體情緒是一種對於受造客體的奇蹟油然而生的敬畏。我們大多數人都能克服自然客體的催眠性質，而我想，我們是以兩種相關的方式做到這一點。第一種是透過覺察自身力量，進而在自己與世界之間建立平衡。然後我們便能在客體上不斷釋放我們的欲望，不會因為這些欲望而失衡。但是，第二種也必須做到，那就是必須讓欲望本身成為戀物的對象。我們無法理解整個客體的原樣，因此，我們需要性吸引力的各種標準化定義。我們會以「提示」的形式獲得這些定義，暗示的功用是把客體縮減到可處理的程度，例如：我們看著乳房或黑色內衣時，就不必真的考慮到與我們有關的那整個人。[75]透過這兩種方式，我們去除了伴侶令人敬畏的要素和力量，並因此克服了我們在她面前普遍的無助感。格林納克的一名患者完美傳達了這個問題：

> 如果他繼續看那個女孩，她就會變得愈來愈令他厭惡。尤其當他的注意力似乎無法避免地集中在她身體的孔穴時，更是如此。甚至她皮膚上的毛孔也開始變得太明顯，隱隱約約擴張起來，令人反感……漸漸地，他也發現，如果他從後面接近一位女孩，不必在視覺和觸覺上過於意識到她與他之間的差別，這時他就會比較成功。[76]

（這也讓我想到盧梭的著名描述：他發現那位令人銷魂的威尼斯妓女乳房上有一點瑕疵，便對她生出了厭惡。）當令人難以承受的客體無法縮減為欲望的直接載體，就可能變得令人反感，因為它的動物性會脫離客體，開始隱約逼近，愈來愈龐大。我想，這可能解釋了以下的悖論：客體令人敬畏的特質與至高無上的層次，對戀物癖者產生了壓倒性的效果，但客體的動物性仍令他覺得噁心。當自身欲望與意志確實湧現，只有在我們無法將客體的腳與其身體結合時，腳本身才會成為醜陋的範本，變成一個問題。不然的話，在一名有吸引力的女人身上，腳本來是中性的部位。戀物癖者所面對的困難跟兒童的困難一模一樣：無法以必要的鎮靜去掌握實際的行動情境。我認為這也有助於解釋，典型的陽具自戀者，如唐璜這個角色，為什麼常以同樣的漠不關心占有任何出現的女人，無論美醜一視同仁，因為他並沒有真正考慮對方整體的個人特質。[15]那麼，所有的性倒錯，的確都可以視為「私人宗教」，嘗試對人類境況作出英雄式的超越，並在其中達到某種滿足。所以，性倒錯者總要宣稱他們特殊的生活方式有多麼優越，多麼讓人滿足快樂，他們多麼難以理解為何有人不愛此道。這種情感，激勵了所有真正的信徒，鼓吹著誰才是真正的英雄，什麼才是通往永恆榮耀的唯一路途。

在這一點上，性倒錯與所謂的正常交會了。我們不可能體驗生命的一切，每個人都必須

---

15 這就帶出了那個由來已久的問題：為什麼女性戀物癖者如此少見？格林納克和博斯的研究已經解開這個問題了。他們的觀點是，男性必須進行性行為才能實現自己的物種角色，為此，男性需要有把握的自我力量（self-powers），也需要能夠激發和疏導其欲望的各種提示。在此意義上，男性天生在某種程度上就不可避免地具有某種戀物癖傾向。自我力量愈小，女人隱約逼近的身體就愈發恐怖，愈有必要以戀物式的狹隘化和象徵化來處理。但女性則沒有這種問題，因為她是被動的角色。我們可以認為，女性的戀物傾向被身體的服從所吸收了。正如博斯所指出的，那些在面對愛情的生理面向與具體伴侶時退縮的女性，只會以完全的性冷感回應，見：《性倒錯》（*Sexual Perversions*），第五十三—五十四頁。格林納克也觀察到，「女人因性冷感所引起的失敗感，由於可能可以掩藏，因而得到了緩解。」見：「延伸思考」（Further Considerations），第一八八頁注釋。「性冷感是可以掩蓋的，不至於干擾男性的性能力。」見：「延伸注釋」（Further Notes），第一九二頁。此外，處於被動、順從角色的女性，往往透過認同男性的力量來得到安全感，在此基礎上，女性還可以接受同時隸屬於陽具本身和文化世界觀所授權的力量，進而克服脆弱性的問題。不過，男性戀物癖者就無法從任何來源獲得具有保護性的授權力量，也無法透過被動地順從女性來獲得。見：格林納克，〈特定關係〉（Certain Relationships），第九十五頁。對於以上敘述，我們可以如此總結：性冷感的女性是順從的，但她並不確信自己在男人的力量中便獲得了安全感，不過她不必做出性交的動作，因而不需要戀物。性無能的男性同樣不確信自己擁有安全感，然而又不能被動躺下，因為如此一來，他就沒有實現自身的物種角色。於是，他只好創造戀物客體，作為否認力量的位點，以便實現他的角色所需要的行動，而女性則是用自己的整副身體來否認。借用傑伯薩特（Von Gebsattel）巧妙而恰當的術語，我們可以說，性冷感是女性的「被動的自動戀物癖」（passive autofetishism），見：博斯，《性倒錯》，第五十三頁。——原注

關起生命的大部分，一如蘭克所言，必須「部分化」，以免被生命壓垮。我們不可能確切地逃避與超越死亡，因為所有生物都會死。最強大、最溫暖、最自信、最勇敢的心靈也只能咬下世界的一部分。最弱小、最卑鄙、最驚懼的靈魂就會盡可能咬下最小的碎屑。我想起聲名赫赫的康德在某次聚會打碎一只玻璃杯的插曲：為了在花園裡找到完美地點，以安全地埋進碎片，不讓任何人意外受傷，他多麼小心翼翼地衡量各種選項。即使是世人中數一數二的心靈，也必定會沉迷於魔法般的儀式化劇本，藉此消除因動物的脆弱性而造成的意外。

「施虐—受虐」的自然性

儘管這個問題已有大量研究，沒有什麼新的內容可說，但我仍希望再次強調各種性倒錯的自然性。施虐與受虐行為看似是某種嚴格規則下的可怕概念，是關於人類內心幽蔽的祕密，只有從事精神分析的學者才能完全揭開。更有甚者，施虐與受虐似乎是罕見而怪異的反常現象，偏離了正常的人類行為。但兩者皆是錯誤的假設。我們會在這幾頁反覆看見，受虐是人的天性。人天生就卑微、心存感激、自認有罪、力求超越，是天生的受苦者；人渺小、可憐、脆弱，是被動的接受者，自然而然地把自己藏進更高的、令人敬畏的、無所不包的力量。施虐也不例外，它同樣是受造的自然活動，是獲取經驗、支配、快感的驅力，會為了自己的擴張與繁衍向世界索取所需之物。[77]而且，施虐者也是受造，必須忘卻自己，才能解決內心痛苦的矛盾。「施虐—受虐」這個術語表達了對立兩極的自然互補：若不是力量強烈集中於一處，就不會有脆弱；若不尋求與更大的力量來源牢牢結合，就無法行使力量。於是「施虐—受虐」反映了普世性的人類境況，也就是大多數人的日常生活；它反映出人依藉世界的本質活下去，也依藉人被賦予的自身本質活下去。事實上，「施虐—受虐」反映了「正常的」心理健康狀態。[78]

舉例來說，在今日這個混亂的世界，強暴案正在增加，對此我們是否感到不解？人們愈來愈感無力，他們要如何表達自己的能量，以便讓事情在壓倒性的輸入和微弱的輸出之間更加平衡？強暴給予個人力量感，使人覺得自己有能力製造痛苦，完全操縱與宰制另一個生物。卡內蒂敏銳地觀察到，獨裁者藉由把所有人視為動物、私人財產，來獲得支配和控制的終極體驗。強暴者以這種看似完全自然的方式達到了同一種滿足。在現實生活的情境中，人極少可以完全感受到自己的能量是完全適當的——當我們證明，我們的動物身體有必要的力量確保自己能夠統治這個世界，或至少統治一個活生生的部分時，那種激發我們的生命力就會降臨。[16]我們是否總在困惑，受虐者怎麼會心甘情願經歷痛苦？一方面，痛苦把身體召喚到經驗的最前線，強力把人這種感覺動物推回事物的中心，因此，這與施虐者自然互

---

16 不用置於本能的基礎上，這也解釋了虐待與性之間關聯的自然性。它們代表的是恰到好處的力量感和被提升的生命力，彼此相互強化。舉例來說，為什麼一個男孩手淫的時候，腦中可能會出現〈陷阱與鐘擺〉這種血腥的幻想？（編按：〈陷阱與鐘擺〉為愛倫．坡的短篇小說，內容是關於一名囚犯在西班牙宗教裁判所遭受的酷刑。囚犯在黑暗中測量牢房邊界，渾不知自己即將掉入坑洞，也不知道即將切穿他的鋒利鐘擺正逐漸在擺動中靠近）（格林納克，〈特定關係〉，第八十一頁）我們不得不猜測是這份幻想賦予了他力量感，並且被手淫過程所強化。這樣的經驗是對性無能和脆弱的否認，不僅僅是單純的性經驗，也遠非毫無理由地表達破壞性的驅力。大多數人都會祕密地對「施虐—受虐」幻想產生反應，但這並不是因為每個人本能上都是反常的，而是因為這些幻想確實代表了我們能量完美的適切性，以及我們身為生物機體的局限。對我們來說，如果能夠完全控制世界的一部分，或是藉由完全放棄自己以順服於自然力量，那都是最高的滿足。這些幻想通常會在非常恰當的時刻浮現，也就是人們因象徵性事件的壓力而在日常生活中遇到麻煩時。當事人可能會納悶，為何自己在商業或學術相關的策略會議上，滿腦子都是布紐爾《青樓怨婦》的電影畫面。——原注

補。兩者都是體驗強烈自我感受的技藝，時而向外行動，時而被動受苦。兩者都在模糊與空虛之處填上強度。此外，體驗痛苦，就有可能「利用」痛苦來控制痛苦、戰勝痛苦。畢伯[17]在他重要的論文中指出：受虐者並不「想要」痛苦，而是希望指認痛苦的來源、定位痛苦，並控制痛苦。[79]因此，受虐不過是手段，目的是把生死焦慮和壓倒性的存在恐懼凝結成小劑量。然後，個人會經由可怕的力量去感受痛苦，經歷這份痛苦，卻無需體驗滅絕和死亡的終極威脅。正如齊爾伯格的深入觀察：「施虐—受虐」的結合是轉化死亡恐懼的完美公式。[80]蘭克把受虐稱為「小小的犧牲」、「較輕的懲罰」、讓人得以逃避死亡這個首要之惡的「安撫」。當受虐應用在性行為上，便是一種接受苦難與痛苦的方式，「從根本上說，這些苦難與痛苦正是死亡的象徵」，被受虐者轉化為他所渴望的快感來源。[81]哈特（Henry Harper Hart）的觀察也非常好：受虐者自行服下小劑量的痛苦，以此作為順勢療法[18]。自我會透過小劑量的體驗，控制完整的痛苦、失敗、屈辱，相當於接種疫苗。[82]然後，再從另一角度切入，我們看到各種性倒錯令人著迷的獨創性——把象徵死亡的痛苦轉變成狂喜，以及更豐富的生命力體驗。[19]然而，我們再次看到，性倒錯的獨創性有明顯局限。如果你把另一個人當作痛苦的源頭，如魔法般將自己對生死的恐懼固定在他身上，那麼，你雖然控制了那份恐懼，但也放大了那個人的重要性。受虐是一種「假想」得太過的私人宗教，讓受虐者受制於另一個人的力量，進而受到羞辱。難怪「施虐—受虐」到頭來都是在貶低人，是縮小版的人在溫室中上演的控制和超越之劇。所有的英雄主義都與某種「彼方」有關，不過，是哪種「彼方」？這提醒了我們先前討論過的，過於受限的「彼方」會是一個問題。就此觀點來看，性倒錯只是展示出個人為了自己英雄式神化的大戲，選擇某種嚴重受限的「彼方」。施虐—受虐者只會對另一個人演出自己的英雄主義大戲，他的雙重本體性動機（亦即愛欲與神之愛）只單獨運用於他所愛的客體。一方面，他利用該客體來擴展自己的完滿感與力量感；另一方面，他的需要也有了出口，得以放開一切、摒棄意志，藉由與某個超越他的事物完全融合，得到寧靜和滿足。羅姆的一名患者完美地向單一伴侶展現出宇宙難題時，難題的規模萎縮了：

為了減輕內心劇烈的緊張，他在兩種欲望之間掙扎：一是當個支配一切的男性，對妻子表現出施虐傾向和侵略性；二是放棄自己的男子氣概，希望被妻子閹割，重返無能、被動和無助的狀態。[83]

如果能在我們的小屋臥室裡，安全地滿足整個人類境況的渴望，事情該多麼簡單。就像蘭克所說，我們希望伴侶像上帝一樣，既擁有全能的力量支持我們的欲望，又具備包容一切的廣袤，將我們的欲望融入其中——但這是不可能的。

如果「施虐—受虐」反映了人類境況，是以行動表現出雙重的本體性動機，那麼，我們就可以真正地探討誠實的受虐，或者說，成熟的受虐，而這正是蘭克在《超越心理學》的獨到討論。[84]佛洛伊德的局限之一，就是儘管他反覆梳理，也無法將他的思想推到這種結論。

17 畢伯（Irving Bieber, 1909-1991），美國精神分析師，主張同性戀是可治癒的疾病。——編注

18 順勢療法為德國醫師赫尼曼於一七九六年所創，他認為，如果某種物質能使健康的人罹患某疾病，該物質也應可治療此疾病。但順勢療法爭議極大，亦被認為是偽科學，至今未解。——編注

19 至少在某些形式的「施虐—受虐」上，博斯為它們賦予了更有創造性的意圖（見第一〇四頁以下）。然而，他引證的病例數量有限，我無法據此判斷他的歸納有多大的可信度。我有點不安，他似乎傾向將患者的合理化行為當成患者真正的理想化動機，我認為此事必須更加審慎權衡。——原注

「施虐—受虐」的強度、深度及普世性給他的印象太過深刻，讓他以為那就是本能。佛洛伊德確實看到施虐與受虐的驅力直達人類受造的核心，不過，他得出一個悲觀的結論，感嘆人類無法擺脫這兩種驅力。他又一次陷入自己的本能理論，把這些驅力視為演化條件的殘餘物，並與特定性癖有關。蘭克則理解得更為真切，他把臨床意義上被視為負面的施虐與受虐，轉變為人性意義上的正面事物。那麼，受虐的成熟程度，將取決於它直接面對的客體取決於受虐者對自己的控制程度。在蘭克看來，一個人之所以成為精神官能症患者，並非因為他有受虐傾向，而是因為他並未真正順從——他只是想要相信自己是順從的。[85] 以下，讓我們專注討論這種失敗類型，因為它總結了我們所提到的精神疾病的整體難題。

精神疾病作為失敗的英雄主義

我們從精神疾病的概論中，得出一個極為有趣、前後一致的結論：正如阿德勒所說，所有精神病患都有一個基本的勇氣問題。他們都極度害怕生與死，無能為自己獨立的生命承擔責任。以此俯瞰，精神疾病理論實際上是一門概括性的理論，解釋的是人類想超越死亡卻以失敗告終。對生命的逃避與對死亡的恐懼在人格中糾纏得如此之深，導致人格殘缺，無法像其他社會成員一樣行使「正常的文化英雄主義」。結果，患者做不到其他成員能做的，無法允許自己遵循慣例、進行英雄主義式的自我擴張，也無法輕易順服於高層次的文化世界觀。因此，他在某種程度上成為別人的負擔。於是，精神疾病也是在討論這些因為極度害怕生與死、害怕自身失敗的英雄主義，而給他人造成負擔之人。

如前述所見，憂鬱症患者是如此安適地將自身置於他人的力量和保護下，以至於失去了自己的生命。正如阿德勒很久以前的教導，憂鬱症患者身旁的人不得不為此付出代價。罪惡感、自我折磨和指責也都是強制他人配合的方式。[86]還有什麼比思覺失調症（絕佳地反映了勇氣的喪失）魔法般的移情作用具有更強的強制性？或是妄想症？患者如此脆弱、如此孤獨，為了建立任何人際關係而創造出想像的仇恨對象，[87]而我們不得不同意被憎恨，好讓他們能夠感受到某種微小的生命力。這是歸咎他人的極致表現。在穿過生命走向死亡的路途上，這確實是軟弱與驚懼之人的「失足」，他們特別會拚命歸咎於他人。重點在於**我們**受魔法般的移情與妄想所迫，而這些可能並不是**我們**的問題。[20]從特定的幾種性倒錯中，我們在幾近純粹的文化中看到這份強制，在這種文化中，性倒錯變成了一種否定，不把我們視為完整的人。女人拒絕反常的性關係，因戀物癖者使用人為的輔助手段而感覺受冒犯，正因為

20 關於這個問題，韋特（R.G.L. Waite）進行了迄今最為清晰的討論。他那篇分析希特勒的論文，是一部研究深入、深思熟慮的傑作，見：〈阿道夫．希特勒的罪惡感〉（*"Adolf Hitler's Guilt Feelings"*），載於《跨學科歷史期刊》（*Journal of Interdisciplinary History*），一九七一年，第一期第二卷，第二二九—二四九頁。韋特在這篇文章中指出，希特勒覺得身體汙穢、腐朽，並為他帶來無價值和極度脆弱之感，六百萬猶太人成了他這種個人感覺的犧牲品。希特勒對這些事情的焦慮如此巨大，精神缺陷如此嚴重，以至於他似乎發展出一種獨特的性倒錯，藉此處理並戰勝焦慮。「他讓比自己年輕許多（程度相當於他的母親年輕於他的父親）的女人蹲在自己身上小便，或是在頭上大便，藉此得到性滿足」（同上，第二三四頁）。這正是希特勒的「私人宗教」，是他對自身焦慮的個人超越，對自身焦慮的超體驗和解決方案。這是內文所謂的將個人問題歸咎於他人，不僅歸咎於猶太人和德國民族，還直接歸咎於他的情婦們。他的情婦們要不是死於自殺，就是試圖自殺，這絕非偶然，而是具有重大意義。非常可能是她們都無法承受希特勒的性倒錯，這不僅是令人作嘔的生理行為，更是令人震驚的荒誕，且與他的公共形象形成巨大的反差，這些全部壓在她們身上，由她們忍受。這個人是全民崇拜的對象，是德國和世界的希望、邪惡和汙穢的剋星，然而，他也會私下用整整一小時來說服、懇求，希望情人用滿肚子的排泄物來「善待」他。我會說，這份私人的美學與公開美學之間的不協調是如此巨大，令人不堪承受。要掩飾或消除這樣的不協調，除非當事人能擁有某種制高點或優勢地位，加以嘲笑或否定，就像妓女把顧客視為某種簡單的性倒錯，一種較低劣的生命形式。——原注

這種手段否認了她們是完整的人，或說根本就不把她們當人。[88]所有性倒錯都與無法成為可靠負責的人類動物有關。佛洛姆貼切地描述了受虐行為，將之視為企圖逃避自由的這份重擔。[89]在臨床上，我們發現，有些人面對責任時是如此軟弱，以致他們甚至害怕擁有處於良好健康與活力狀態的自由，一如畢伯提醒過的。[90]佛洛姆則描述了最極端的性倒錯，即戀屍癖，我們在其中看到對人與生命最極端的恐懼。[91]布里爾斯（Brills）的一名患者非常害怕屍體，當他克服這種恐懼後，他就因為沉迷於這新贏得的自由而變成了戀屍癖者。我們可以說，他把戀屍癖當作他的英雄主義，殯儀館就是他的舞臺，在此上演他那英雄式的神化戲劇。屍體的無助狀態是完美的，它們不可能傷害或羞辱你，不必擔心它們的安全與反應。[92]

博斯描述過一名嗜糞癖者，他的存在萎縮得如此渺小，以致只能在直腸產物中找到創造性的英雄主義。[93]我們在此完美目睹了當事人對物種角色的恐懼，以及他的無能——他無法與性伴侶的身體發生關係。在這名患者身上，恐懼和無能巨大到有可能完全消除他在人際關係中表達自己的欲望。患者巧妙地將糞便合理化為生命的真實泉源，糞便與這份合理化事實上「拯救」了他。他特殊的英雄主義需求將妻子化約為與直腸無異之物，但這對他而言無關緊要。沒有什麼比性倒錯更能生動地顯示出恐懼與軟弱是如何讓生命無法展開，以及殘缺的英雄主義所產生的後果。史特勞斯甚至把戀屍癖、守財奴、更年期憂鬱症都連結起來，認為這和普遍地從生命中退縮是相同問題的一部分。[94]我們完全同意這個看法。

此時，有了這些確切的理論知識，我們可以輕巧地、幾乎像看趣聞般地瀏覽精神疾病和性倒錯的完整光譜，不會出太大的錯——精神疾病全都涉及了患者對人類境況的恐懼，他們無法承受這種恐懼。也正是在這一點，我們將性倒錯視為失敗的英雄主義來討論，並在人性的理想向度上圍繞著人性的整體問題展開了討論。說到底，英雄主義畢竟是一種理想。從齊克果開始，直到謝勒、霍金（Hocking）、榮格、佛洛姆和其他眾多思想家都讓我們看到，精神疾病的問題一直與偶像崇拜的問題密不可分。[95]人打算藉何種宇宙觀來演出自己的英雄主義？如果像我們曾經指出的，即使最強大的人也必須運用自己的神之愛動機，必須把自身重負寄託於超越自身的某處，那麼，我們就要再次面對這些巨大的問題：什麼是最高的現實、真正的理想、真正偉大的冒險？我們要召喚出什麼樣的英雄主義？而這樣的英雄主義又是表現為何種戲劇？順服何種神祇？歷史上的宗教天才們指出，真正的順服意味著順服於最高權力、真正的無限與絕對，而不是任何人類替代物、愛人、領袖、民族國家等等。

從這種觀點看來，精神疾病的問題在於不知道自己實踐的是什麼樣的英雄主義，或者無能實踐，一旦知道了，也沒有能力從他們極為有害的狹隘性當中拓展自己的英雄主義。聽起來可能有點矛盾，但精神疾病的問題因而是軟弱和愚蠢，反映了人們對於如何滿足自己共生的兩大本體性動機是多麼無知。畢竟，肯定自己和使自己屈服，是兩種非常中性的欲望，亦即要實現這兩種欲望，我們可以選擇任何道路、任何客體、任何層面的英雄主義。源自這些動機的痛苦與邪惡並非動機本身的性質所造成的結果，而是出於我們為了滿足它們所表現出的愚蠢。這是蘭克某項見解的深層涵義，少了這層涵義，這份見解就會顯得輕率。在一九三七年的一封信中，蘭克寫道：

> 突然……當時我正躺在床上休息，我突然想到什麼曾是（或就是）「超越心理學」。你知道嗎？就是愚蠢！對人性行為的一切複雜又精心的解釋，唯一的企圖無非是讓影響力極大的行為動機具有意義——這動機就是愚蠢！我開始認為愚蠢甚至比惡劣、卑鄙更具影響力，因為許多看似卑鄙的行為或反應，其實僅僅是愚蠢，甚至稱它們為惡

劣都是在為它們找理由。[96]

那麼，我們終於得以明白，精神醫學和宗教的確是兩個不可分割的領域，因為兩者處理的都是人性和生命的終極意義。擺脫愚蠢，也就代表開始意識到生命是一個關乎英雄主義的問題，而這必然變成一種反思：在理想的向度中，生命應該是什麼樣子？從這個觀點可以看出，與「真正的宗教」相比，性倒錯的「私人宗教」並不「虛假」，只是比較沒有拓展性，比較缺乏人性的高貴和責任。所有現存的生物機體都注定是異常的、狹隘的，是被更大的整體所壓倒的碎片。這些生物機體無法理解或真正應付這更大的整體，然而又必須活在這整體中，在這整體中苦苦掙扎。那麼，我們就必須秉持著智者老愛比克泰德[21]的精神，提出以下問題：什麼樣的異常才適合人類？[22]

---

21 愛比克泰德（Epictetus, 50-135），古羅馬新斯多噶派哲學家。——編注

22 關於性倒錯，我注意到幾篇論文是我看過內容最為豐富的。本章結束之際，我必須談談其中一篇。雖然不幸的是，要在此進行討論已然太遲，但我們仍能以最具想像力和啟發性的方式進入和深化這些觀點。這篇論文是魏斯曼（Avery D. Weisman）的〈自我毀滅及性倒錯〉（Self-Destruction and Sexual Perversion），收錄在史奈曼（Edwin S. Shneidman）主編的《自我毀滅作用論文集》（*Essays in Self-Destruction*. New York: Science House, 1967），特別參見以下案例。患者的母親向她傳達了這樣的訊息：「性行為有可能毀掉妳整個人生。」結果，患者偶然發現了把自己半勒住、在半窒息狀態中體驗性高潮的辦法。換句話說，如果她付出近乎死亡的代價，她就可以得到快感，而不會感到罪惡。成為性行為的犧牲者這件事成為讓性行為得以發生的戀物癖。對於現實和死亡，魏斯曼的所有患者都有中世紀式的印象：他們認為世界是邪惡、極其危險的。他們就跟中世紀的贖罪者一樣，把疾病、失敗和墮落畫上等號，也為了活命，為了和死亡交換條件，而必須成為它們的犧牲者。魏斯曼恰當地稱這些患者為「純真的浪漫主義者」，他們無法承受身體現實的喧囂，便試圖藉性倒錯將其轉化為某種較為理想的事物。——原注

第三部
回顧與總結：英雄主義的困境

PART III
RETROSPECT AND CONCLUSION: THE DILEMMAS OF HEROISM

第十一章

心理學與宗教：
什麼是英雄主義的個體？

• • •

CHAPTER ELEVEN

Psychology and Religion: What Is the Heroic Individual?

如果人類真需要什麼科學，那就是我所教授的這門科學。它是關於如何恰當地安住於所有創造物間分配給人類的那個地方，以及如何從中學習，在成為一個人之時，必須先成為什麼。

——康德

年輕的時候，我們時常感到困惑：我們仰慕的人對於生命該是什麼樣子、好人又是什麼樣子、要如何生活等等，似乎都有不同看法。如果我們特別敏感，這就好像不只是令人困惑，而是令人沮喪了。大多數人往往人云亦云，先是認同某人，然後換成別人，就看當時是誰的身影在我們的視野籠罩了最大的面積。那些嗓音最低沉、外表最強壯、最有權威且最成功的人，常令我們崇拜，將之奉為理想的榜樣。然而，隨著生活繼續前行，我們對此有了自己的見解，這些不同版本的真理就變得有點可悲了。人人都認為自己有一套方式可以超越生命局限，對於何謂成為一個人，都有某種權威的認知，而且通常會努力為自己的某個見解贏得追隨者。今天，我們明白，人們為了自己的觀點如此拚命贏取他人的擁戴，是因為這不只涉及人生觀，更是一種關乎不朽的表述方式。當然，並非人人都像康德，擁有說出本章引言的那種權威。但是在不朽這件事上，每個人都擁有自以為是的信念。事情之所以看來反常，是因為每一個相互對立的觀點被提出時，都具有同樣令人惱火的確定性。同樣無懈可擊的權威，卻會秉持相反的觀點。

以佛洛伊德為例，關於他對人性的深沉思考，以及他怎麼看待自己在掙扎求生的人類金字塔結構中所處的地位，他是這樣說的：

……我認為，總體而言，人類乏「善」可陳。根據我的經驗，大多數人都是垃圾，無論他們公開擁戴哪種道德信條，抑或全然不信……如果要談倫理道德，我贊同一種崇高的理想，在它面前，我所認識的大多數人都會可悲地轉身走掉。[1]

當「根據我的經驗」這種常用語是由或許是史上最偉大的心理學家無意間說出，它便有了中世紀教皇詔書般的權威。佛洛伊德當然也在暗示我們，既然大多數人是垃圾，而某些人不是，那麼，應該推測得出誰是這樣的少數例外。我們想起了那些風靡一時的優生學書籍，卷首插圖總是作者照片，散發出活力與個性，堪可作為書中論點的理想典型。

可以預期，不是所有人都認同佛洛伊德對自己的評價。幾位與他意見不同的大門徒，幾乎都能找到某個論點來輕視佛洛伊德，並帶著某種自以為是的憐憫。賴希指出，佛洛伊德陷入了精神分析運動的困境，受制於自己創造的運動和門徒，被封閉於自身之內，無法像自由的主體般發表言論，而他的口腔癌正是一個象徵性的結果。[2]看吧，又是我們之前提過的問題：如果賴希的這番批評是出自於某位神祇，而非賴希本人，或許會更具權威性，因為賴希更受制於他自己創立的運動，他的名聲毀得更絕對、更不光彩。榮格也認為佛洛伊德有很大的局限，不過他又認為，佛洛伊德的局限是他自身的靈、他的才華和獨特思想不可或缺的部分。但也許，這份理解事實上反映了榮格自身的靈被煉金術所吸引，反映了他內心生活幾近薩滿的特質。[3]佛洛姆跟榮格一樣，也是人性的研究者，卻針對榮格寫出了最尖刻的文字，斥責榮格是科學的敵人。可憐了那些精神分析的門外漢，在這些偉人腳下匆忙地拿偉人的宣言朝彼此互扔。

關於佛洛伊德的種種局限，我甚至還沒提到蘭克的有力見解。在蘭克的思想體系中，對於上述局限可能會作出的最寬容的評判，就是佛洛伊德也有精神官能症患者的弱點：他缺乏接受幻覺的能力，無法接受關於創造物諸般可能的創造性神話。他看待事物的眼光過於「現實主義」，看不到奇蹟和無限可能性的光暈。他唯一讓自己擁有的幻覺，是他自己的科學，而這樣的源頭必然是不穩固的支撐物，因為它來自個體自身的能量，而不是某個強大的彼方。佛洛伊德遭遇的正是藝術家普遍面臨的難題：他創造了屬於自己的全新意義，現在輪到他必須靠這些意義來撐住他。這是全然顛倒的對話關係，因而極不牢靠。也因如此，佛洛伊德對於後繼者與名聲的價值，以及精神分析的演化全景是否牢固等問題，終生都懷著矛盾的心理。在之前的章節，我們將佛洛伊德與他人比較時都提過這些問題，現在我們要再回到這一點。唯有從一種絕對超越的觀點出發，人們才得以談論一種理想的人格。齊克果可能會說：佛洛伊德依舊驕傲，缺乏真正完成自我分析的人所應有的受造意識，尚未在焦慮的學校裡完成自己的學業。在齊克果對人的理解中，自因籌畫就是伊底帕斯情結，而要成為一個人，個體就必須完全放棄自因籌畫。以此觀點來看，佛洛伊德的伊底帕斯情結仍未在分析中消除，無論他本人及早期的精神分析師有多麼自豪地認為他們已經完成。佛洛伊德無法在情感上順服於更高層次的力量，也無法在思想概念上順服於超驗的維度。他整個人仍舊活在可見世界的維度中，局限於唯有在此維度才可能存在的事物，因此，他的一切意義都必須來自這個維度。

齊克果對於「成為一個人意味著什麼」有自己的一套理解方法，在他稱之為「信仰騎士」（the knight of faith）的精采內容中，他提出了這套說法。[4]這種人物生活於信仰中，把生命的全部意義交給他的上帝，以上帝的力量為中心活著。這個可見的維度中無論發生什麼，他都全盤接受，毫不抱怨。他把活著當成責任，無畏地面對自身死亡。沒有任何瑣碎之物可以威脅他的意義，也沒有什麼艱難的任務可以超越他的勇氣。他完全隨世界之意活著，但在他對不可見的維度的信仰中，他又全然超越了世界。康德父母奉行的正是舊時虔敬教派[1]的這份理想，而這份理想的偉大力量在於它讓人開放、寬容、勇敢，讓人得以觸及他人的生命，進而讓他人也變得豐富而開放。由於信仰騎士並沒有要別人為他的生死恐懼感到歉疚，他就不會讓別人退避三舍，反之，他也不會強迫、操弄別人。換句話說，信仰騎士代表了一種可謂健康心智的理想狀態，亦即在畏懼死亡的陣痛中，生命持續開放。

透過這些抽象的表述可以看出，信仰騎士的理想無疑是人類所提出最美麗、最富於挑戰性的理想之一。它以某種形式存在於大多數的宗教思想中，雖然在我看來，沒有人以齊克果那樣的才華詳盡描述過它。就如所有理想一般，信仰騎士是創造出來的幻覺，意在引領人們前進，而此事並不容易。好比齊克果所說的，最艱難者，莫過於信仰。齊克果將自己置身於相信和信仰之間，無法縱身一躍，畢竟，躍出與否，並非取決於人——難處在於，信仰事關恩典。正如田立克後來指出的，信仰首先是一隻張開的手去接受禮物（神的恩典），然後才是一隻握著禮物的手去給予。沒有先由更高的威權（Higher Majesty）授予信仰騎士的稱號，就不能以信仰騎士之名去給予恩典。我想說的是，如果我們認為齊克果是心懷相信的基督徒，並將他與佛洛伊德這個不可知論者的生命放在一起比較，我們並無法列出得及失。誰能來計算兩者之中哪個讓他人的生命更萎縮，哪個又讓他人拓展得更充分呢？我們在佛洛伊德那裡指出的每一個缺點，都能在齊克果身上找到對應之處。如果說佛洛伊德在可見的領域犯了過

[1] 虔敬教派是在路德新教分裂後出現的一個分支，在十八世紀中葉達到巔峰，創始者菲利普・雅各・施本爾強調透過讀經、禱告與查經來促進屬靈的生命，也強調信徒要過著聖潔基督徒的生活，並保有個人的虔誠。——編注

錯，那麼，可以肯定的是，齊克果也同樣在不可見的領域犯了錯。[2]齊克果遠離了生命，部分原因是出自於他對生命的恐懼。擁抱死亡對他而言更加容易，是因為他在生活中失敗了。他自身的生命並非以自由意志展開的自願奉獻，而是一種可憐可悲的、被迫的奉獻。他並未活在他以為的範疇中。[5]

我根據事實談了人類史上一些最不容置疑的思想巨人，僅是想要說明，在生與死的遊戲中，沒有誰比誰更優越，除非是真正的聖徒，而我也只是要以此總結：聖徒地位本身關乎的是神的恩典，而非人的努力。我的觀點是，對人來說，並非萬事皆有可能。宗教的受造性和科學的受造性之間，我們選擇什麼？一個人所能達到的最高境界，是特定的從容，是願意擁抱經驗，這些都會讓人比較不至於成為別人的緊迫負擔。而這一點，大部分取決於他擁有多少才華、被自身的靈驅使到什麼程度。放下輕的擔子比放下重的擔子要來得容易。假設一個人耗盡自身能量創造出他的思想體系，一如佛洛伊德，而這個體系全然指向可見現世的諸般難題，那麼，他如何將它奉獻給不可見的世界？換句話說，如果一個人是聖徒，那麼，他怎麼可能又去組織一場世界史上舉足輕重的科學運動？一個人要如何全然信賴上帝、將一切交付給祂，同時卻仍像個情感激烈的人，獨立自主地生存？這些並不是僅作為修辭使用的誇張問句，而是真正的問題，直指「如何成為一個人」這個難題的核心。睿智的詹姆斯早已知道，關於這個問題，沒有人可以提出令人滿意的建議。整件事充滿無法化解的歧異。正如詹姆斯所說，每個人都用一整套極為個人的經驗來形成自己的看法，導致他們的生命成為極為特殊的難題，需要非常個人的解決方案。齊克果對那些反對他的生活方式的人也給過同樣的回答，他說這種生活方式很獨特，因為那是他為了自己的生命需求而特別設計的。事情最終就是如此簡單。

詹姆斯也明白，生命要同時橫跨可見與不可見的兩個世界是多麼困難。這兩個世界都很容易讓你遠離另一個世界。詹姆斯最喜愛也最常重複的格言之一是：「人子啊，你站起來，我要和你說話。[3]」如果人過於仰賴上帝，就無法憑自己之力完成必須在現世實行之事。為了完成那些事，人首先必須成為人，除此之外，別無他法。這讓聖徒的整個輝煌理想性變得可疑，因為，要成為好人，有許多種方法。難道諾曼．白求恩[4]有任何一點比不上聖文森．德保羅[5]？我認為，上述思想是另一種表述公式，說明在此現世，生物機體生存的目的就是為了被自身能量所耗盡，或被最極端的冷酷所消耗，或被最明亮的火焰所燃燒，以在此星球上所要完成的所有事情而言，這似乎最符合大自然的目的。這也是另一種方式，蘭克以此討論「非理性」生命力的優先事項：非理性生命力採取各種生物機體的形式，僅是為了耗盡生物機體。

不可能的英雄主義

根據這些歧異來看，我們可以理解幾位現代先知對人性的看法。我已說過，人無法擺脫自己的人格，超越了人格，人就無法發展。歌德同樣說過，人即使拋棄了本性，也無法真正

2 作者應該是在暗示齊克果近乎絕對的孤獨，包括身為基督徒卻完全無法與教會相容。——譯注
3 出自《以西結書》（二：一）。——編注
4 諾曼．白求恩（Norman Bethune, 1890-1939），加拿大著名胸腔外科醫師，醫療創新者及人道主義者，加拿大共產黨黨員，曾赴中國資助戰地醫療工作。——編注
5 聖文森．德保羅（Saint Vincent de Paul, 1581-1660），法國人，天主教拉匝祿會（遣使會）創辦人，一六二五年後在巴黎及周圍地區建立仁愛社團，主要工作之一為照護窮苦病人。——譯注

擺脫本性。我們還能補上一句：即使想扔給上帝也不行。如今是時候正視這一點了：既然人無法超越人格而發展，那麼，發展肯定不能沒有人格。這引出了當代思想最大的爭端之一。如果我們要談人這種生物機體的諸多局限中非理性的生命力，下一步就是不要迷失在時下流行的抽象概念，它們把生命力說得彷彿奇蹟般突然從大自然湧現，不受任何限制。我所指的，當然是馬庫色、布朗，還有許多人士的新預言中談到的，關於人可以達到的境界以及成為人的真正意義。我在本書開頭承諾要略加討論這個問題的細節，而那正是現在。

以布朗《生與死的對抗》為例，我們很少讀到如此精彩的著作。很難找到另一本書有如此嚴謹、觀點驚人的論證，又如此廣受歡迎。然而就像大多數的革命性著述，這本書的流行也全然出於錯誤的理由。它之所以受到稱譽，並非因為它對死亡與肛門性的驚人揭示，而是因為它全然不合邏輯的結論：它呼籲一種不受壓抑的生活，讓身體重生為主要快樂的根基，消除羞恥與罪惡感。布朗的結論是，人只有全然以身體去活著，不讓任何未活過的生命去毒害存在、破壞歡愉、殘留悔恨，才能超越死亡恐懼帶來的可怕後果。死亡恐懼將不再驅使身體逃向愚蠢、浪費和毀滅。透過充分地活在經驗當下，人將在永恆中獲得神化。[6]布朗宣稱，人類之敵是根本的壓抑、否認蓬勃的身體活力和死亡的陰影。這份預言般的訊息是要送給全然不受壓抑的生命，它們將帶來人的新生。布朗用自己的幾句話語給了我們關鍵訊息：

> 請想像一個不受壓抑的人，一個強大得足以活，也強大得足以死，因此迄今未曾出現過的個體。這樣的人〔會〕……克服罪惡感與焦慮……藉由這樣的人，基督宗教的神祕希望會在地球上實現——如馬丁・路德所言，身體以一種超越死亡和罪愆的形式而重生……有了這樣蛻變過的身體，心靈可與之達成一致，自我得以恢復其本來面目：一個

「身體—自我」（body-ego），並有著身體的外形……如此，人的自我必須強大得足以死去、足以放下罪惡感……充分的精神分析意識將強大到足以抵銷從幼兒期幻想中衍生的〔罪惡感〕債務。[7]

對如此一段振振有詞的方案，我們能說什麼？這段話與我們迄今所知關於人的一切截然相悖，也與布朗本人在前三百多頁所撰寫的人性分析毫不相符。短短幾行文字裡的謬誤明顯得令人驚訝，像布朗這麼有力的思想家，腦中竟然縈繞著如斯謬誤，更別說還當成合理有據的論述寫下。我們一次又一次回到只差沒在屋頂上大喊或用巨大黑體字印出的基本觀點，那就是，罪惡感並非源於幼兒期的幻想，而是出於具有自我意識的成人現實。除了神祇的力量，沒有任何力量能夠戰勝罪惡感。除非一個人是神祇，而非受造，否則無法克服受造的焦慮。世界是奇蹟的世界，也是恐怖的世界，幼兒否認了這樣的現實，就這麼簡單。無論我們轉向何處，都會遇見一個基本事實，我們必須重複最後一遍：罪惡感是真正具有壓倒性的作用，在兒童世界中，是各種客體所展現的嚴酷權威。我們身為成人，若對這一切都已變得太過遲鈍，防衛得太好，我們只需去閱讀特拉赫恩、普拉絲[6]、史帝文森[7]這些詩人的詩，他們感受原始經驗的接收器仍未鈍化：

> 隨著這種生活日復一日繼續，我愈來愈像個迷茫的孩子。我無法習慣這個世界，生

[6] 希薇亞．普拉絲（Sylvia Plath, 1932-1963），美國天才詩人、小說家及短篇故事作家。——編注
[7] 史帝文森（Robert Louis Stevenson, 1850-1894），蘇格蘭小說家、詩人與旅遊作家，也是英國文學新浪漫主義的代表之一。——編注

兒育女，承襲傳統，去看、去聽。最普通的事情也成了負擔。生活表面上很規矩、很斯文、沒有汙痕，生活的基礎卻如此粗鄙、猥褻、放蕩——或者說放浪，形成了我無所適從的場景。[8]

布朗對某種未來人類的整體想像是徹底失敗的，敗在了對罪惡感的錯誤理解。[9]罪惡感源於現實，而非源於「幼兒期的幻想」。

換句話說（這一點也極為重要，值得再強調最後一次），兒童會「壓抑自己」。兒童將控制自己的身體作為對整體經驗的反應，而不僅是對自己欲望的反應。正如蘭克極其詳盡而確切地指出，兒童的難題是存在式的，涉及兒童的整個世界，像是：身體的目的是什麼、要用身體做什麼，這所有世間萬物的意義又是為了什麼。[10]壓抑發揮了至關重要的功能，讓兒童不帶焦慮地行動、駕馭經驗，並發展出對經驗的可靠反應。若為了成長為人，每個兒童都必須限制自我（ego），又怎麼可能長成一個無罪惡感、無焦慮的新人類？在「二次純真」[11]中重生是不可能的，因為我們會重複布朗深不以為然的動力機制，此動力機制排除了純真可能是恐怖的。它們是人性化的必要動力，是自我發展的必要動力。

布朗全心全意地投入亞里斯多德的第一因，並宣稱他知道自我「最初的設計是『身體自我』……」。今日，總有人聲稱人類這種動物的演化是不幸的意外，而布朗並非首位口出此言之人，在他前面，還有伯羅和懷特[8]這兩位傑出的先驅。如今，我們必須將布朗與他們歸為同類，既是因為他們提出的優秀論點，也是因為他們著述中的胡扯。他們認為人類前腦的發展，運用符號、延緩經驗的能力，以及凝結時間的能力，皆非大自然「有意」為之，故而代表人類這種本來不大可能出現的動物身上包含一種對自己不利的稟性，代表演化在人類身上出了錯——他們怎麼能這麼說呢？與此相反，自我（ego）代表了經驗和潛在控制力的巨大拓展，是人類向自然界真正的亞神性（sub-divinity）邁出了一步。若我們擁有自我，身體生命就並非「我們所擁有的一切」。[12]截至目前為止，我們可以判斷的是，自我代表了生命力本身對於拓展經驗的自然渴望，是對於更豐富的生命的渴望。如果渴望更豐富的生命是一種演化上的錯誤，那麼，這就是在質疑世界萬物，並以我們自己所偏好的狹隘模式來定義「更豐富的生命」應該是什麼。無可否認，當演化讓人類擁有自身，一個具有內在象徵意義的經驗世界，它會把人一分為二，給予人額外的重負。但這似乎是必須付出的代價，如此才能讓人類這種生物機體獲得更豐富的生命，形成最廣泛的經驗、最深刻的自我意識，讓生命在此基礎之上得到發展。布朗聲稱：「自我（ego）與身體重新結合，並不會瓦解人的自我，而是強化。」[13]但這句順帶一提的話聽來顯得虛假，因為它本身就是一句空話，並未正視我們所知的關於自我的一切。事實上，自我與身體完全融合的「新人類」是一種比人類低等的受造，並不是超乎人類之上的受造。

為了充分發展，自我（ego）一定要去否認、凝結時間，一定要制止身體。換句話說，布朗自己想要的那種新人類必須先擁有自我，才能去體驗身體，這意味著自我必須脫離身體，並與身體對立。這相當於下述說法：為了記下自己的經驗，兒童必須在那份經驗中受阻。如果我們不「制止」兒童，他只能發展出極少的自我（self）感受，成為機器人般的存在，他自身世界的表層反射在他的表層之上，而成為他自身。在臨床上，關於這種名為精神病態（psychopath）的人格類型，我們擁有大量的文獻紀錄。從現象學的角度來看，自從杜威寫出

8 懷特（Lancelot Law Whyte, 1896-1972），蘇格蘭哲學家、理論物理學家、科學歷史學家和金融家。——編注

《經驗與自然》（*Experience and Nature*），[14]我們就已理解這一點。布朗的整體論點敗在雙重的錯誤上，首先，他不僅不理解罪惡感真正的精神動力機制，接著又無視兒童用身體記錄經驗的方式——為了成為豐富的生命寶庫，兒童需要以二元性的方式發展。[15]

對於布朗這樣淵博而犀利的思想家，上述錯誤相當不可思議，我們也不想意識到這些錯誤，不願在一位真正具有英雄眼界的思想家身上看到如此刺眼的瑕疵。然而，當我在馬庫色的論點上發現類似瑕疵，我就沒那麼沮喪了。馬庫色對佛洛伊德的重新詮釋要謹慎得多，但他也提出與布朗類似的呼籲，提倡一種無壓抑的新人類。一方面，馬庫色呼籲一場無壓抑革命，因為他知道改革社會結構不足以讓新世界誕生，人的心理也必須改變。但另一方面，他又承認無壓抑是不可能的，因為生命必有一死，「死亡的殘酷事實永遠否認了無壓抑的存在。」[16]馬庫色在著作的末尾誠實而遺憾地承認，為了讓人成為人，自我必須超越身體的快樂。但是，對這位盡心奉獻的社會革命者而言，沒有任何事物比新世界和新人類更讓他渴望，因此他不能接受眼前的現實。他仍然相信某種「最後解放」的可能性，儘管這聽起來也是空洞和一閃而過的想法。馬庫色甚至完全無視生命經驗，忘形地沉醉於他的抽象概念中：「只要人知道〔新的烏托邦社會〕保護了自己所愛的一切，使之免於痛苦和遺忘，就可以無焦慮地死去。」[17]說得好像這是人盡皆知的事實，彷彿你我都能確定我們的孩子不會被無情的災禍所滅，我們居住的星球不會被巨大的隕石摧毀。

為什麼卓越的思想家會變得如此軟弱、如此漫不經心地浪費自己精心構築的論述？很可能是因為他們把自己的任務看得嚴肅而巨大，看成對整個生活方式的批評。而他們把自己的先知角色看得同樣巨大，並試圖以最不妥協的方式一勞永逸地指明一條出路。這就是他們如此受歡迎的原因：他們是預言家和簡化專家。和布朗一樣，馬庫色想要一個明確的異化指標，一個大自然的位點，並在意識形態和死亡恐懼中找到了它。身為真正的革命者，他想在自己的有生之年改變現狀，想看到新世界誕生。馬庫色致力於實現這個目標，導致他不允許自己半途而廢去理清一件事：他自己對無壓抑其實持保留態度，也承認死亡不可避免，這其中有什麼意涵。顯然，死亡恐懼比意識形態更為深刻。但是承認這一點，將使他的整個論點變得含糊可疑，而這絕非革命者所樂見。他不得不提出一套不完全革命性的方案，這份方案允許壓抑，並質疑人可能成為什麼，理解人如何無可避免地與自己更大的利益相悖，以及如何非得將生命與歡愉拒於門外，跟隨非理性的英雄體系。也就是說，人世間有所謂的惡魔附身[9]，即便最偉大、最徹底的革命也無法將其一掃而盡。承認這種事會讓馬庫色成為異常者，一個「悲劇的革命者」，並有損他坦率先知的形象。誰能期待他這樣做？

糾結於無壓抑革命者的謬論顯然毫無意義。一個人可以持續堅守謬論，但所有論點總會回到同一件根本的事，那就是生活不可能無壓抑。對於這種不可能，沒有人比里夫[10]前不久提出的論證更具有權威與態度，在我看來，他已完全解決了這個問題。[18]里夫扭轉了整個運動的方向：壓抑並非世界的扭曲，而是「真相」——人所能知道的唯一真相，因為人不可能體驗一切。里夫呼籲我們回到基本的佛洛伊德主義，堅忍地接受生命的各種限制，以及生命本身與我們自己所帶來的各種負擔。他以優美的文字表述了自己的觀點：

9 惡魔附身（demonism），指一種奇異心態，特徵為某些心靈內容（或所謂的心理情結）取代了自我，並至少在短時間內掌控了整體人格，以致自我無法運用其自由意志。——編注

10 里夫（Philip Rieff, 1922-2006），美國社會學家和文化評論家，撰寫了許多關於佛洛伊德及其遺緒的書籍。——編注

最沉重的十字架是內在的、人造的，這些十字架因而得到骨架的支撐，得以承受其肉體的重負。在這副內在十字架的標誌下，人與幼兒期想要成為一切與擁有一切的欲望保持了一定的內在距離。[19]

里夫的觀點很經典：人類為了擁有真正的存在，必須要有限制，而我們所謂的文化或超我設立了這種種限制。文化是與生命妥協，使人的生活成為可能。里夫引用了馬克思大膽的革命名言：「我一無所是，因此將無所不是。」對於里夫而言，這是未經稀釋的幼兒式無意識語言。或者，我偏好以蘭克的方式形容，這是一種神經質的意識，是無法將自身世界「部分化」的人的「全有或全無」意識。在這種情況中，人突然爆發出無限的狂妄自大，超越了所有限制，或者像真正毫無價值的罪人一樣，陷入蛆蟲般的狀態。沒有可靠的自我平衡來限制個體對現實的攝入量，或打造出他自身力量的輸出管道。

生命中若有悲劇性的限制，也會有可能性。所謂的成熟是一種能力，能在某種平衡中看到上述兩者，並能創造性地融入其中。正如里夫所說：「人格是可能性的限制性塑造。」[20]這一切再次歸結為如下事實：主張無壓抑的諸位先知顯然不理解人性，他們幻想一個完全擺脫了內在約束和外在權威的烏托邦，這種想法並不符合我們在所有人身上發現的不自由的基本動力，即移情的普遍性。里夫很難漏掉這個事實，他意識到人之所以需要移情，是因為他們喜歡看到自身道德被具體實現，他們需要在大自然無止境的流動中獲得某些支撐點：

抽象化絕對行不通。神的話語[11]必須舉例說明……人們渴望自己的信條化為可體現的人格，成為他們自身與多神論的經驗之間真實的可選擇的媒介。[21]

未能徹底理解精神動力學，是所有烏托邦主義者都無法跨越的障礙，最終，此事破壞了他們最出色的論點。此處，我也想到哈林頓極其有效的書寫，在他的論述中，死亡恐懼是作為人類行為的主要動力。他像布朗一樣，將一個完全異想天開、弄巧成拙的論點強加於最富有穿透力和破壞性的洞見上。死亡恐懼是敵人嗎？那麼，治療方式很顯然就是消除死亡。這是幻想嗎？不，他答道，科學正在解決這個問題，確實，我們或許不能完全消滅死亡，但是我們卻可以大大地延長生命——誰知道最終能延長多久？我們可以幻想一個烏托邦，在那裡，人的壽命是如此之長，長到死亡恐懼將逐漸消失，隨之而來的是殘酷的驅力，這種驅力在整個歷史中始終以屈辱與毀滅之姿纏著人類不放，如今，它將有可能為人類帶來徹底的自我挫敗。屆時，人將能活在純粹快樂與寧靜的「永恆當下」，真正成為他們可能成為的神祇般的受造。[22]

現代的烏托邦主義者再次持續作著片面的啟蒙運動之夢。孔多塞[12]早在一七九四年就有一模一樣的願景：

……這樣一個時代必將到來，那時，死亡只是反常事故的結果，或是生命力緩慢而逐漸衰退的結果。也就是說，人的壽命本身將不再有可認定的期限。[23]

11 修辭學家維弗（Richard M. Weaver）在修辭倫理學中提出「神的話語」（god terms）和「惡魔話語」（devil terms）這樣的概念。神的話語反映特定時期的文化或次文化中，核心社會歷史價值的詞語，這些詞語具有正面的評價、有說服力但含糊不清的概念。例如自由或正義。——編注

12 孔多塞（Marquis de Condorcet, 1743-1794），法國啟蒙運動時期最傑出的代表之一，同時也是數學家和哲學家。——編注

然而科隆對此願景提出了警告，並直指核心地加以否定：「延遲死亡並沒有解決死亡恐懼……早逝的恐懼仍然存在。」[24]最小的病毒或最蠢的事故一樣會奪走人命，不是為期九十年的人類生命，而是長達九百年——甚至可能更加荒謬地乘以十倍。十八世紀的孔多塞對精神動力學的錯誤理解尚可原諒，不過今時今日的哈林頓犯此錯誤，那就不可寬宥。十倍荒謬之事也會有十倍的威脅。換句話說，死亡會被「過度戀物化」為危險之源，而活在長壽烏托邦的人將比現代人更壓抑、更不安寧！

在我看來，這個烏托邦在某方面與許多原始社會有相同的信仰。它們拒絕承認死亡是經驗全然的完結，相反的，它們相信死亡是通往更高階生命形式時，終極的、儀式化的提升。這也意味著亡者無形的靈魂擁有高於生命的力量，因此，早逝會被認為是惡靈所致或冒犯禁忌的結果，而不會被視為非關個人的偶然事件。這個推論是想指出，原始人會避免不好的願望與行為，並將其視為首要之務，因此，原始人似乎總是以強迫和恐懼的方式限制自己的活動。[25]傳統在所有層面上都對人施以極其嚴酷的統治。現代的烏托邦主義者可能同樣活在原始人的「永恆當下」，但無疑也具有同樣真實的強迫性和畏懼症。除非一個人在談的是真正的不朽，否則他談論的就只是人格防衛的強化和迷信的加劇罷了。奇怪的是，哈林頓曾推測這種烏托邦的子民會崇拜哪些神祇，當時，他本人似乎覺察到了這一點：

> ……永恆王國的孩子可能將崇拜各種形態的運氣之神，或是「不可控制的無常」……運氣之神將是……唯一能殺死他們的力量，為此他們或許會在運氣之神面前跪下雙膝……〔他們〕未來可能會在類似巨型吃角子老虎機或賭博輪盤面前舉行儀式。[26]

好個神祇般的受造！這些烏托邦主義全都無法開花結果，因其謬誤在於死亡恐懼並非生命的唯一動機，英雄主義式的超越、為整體人類與未來世代戰勝邪惡、把自己的存在奉獻給更高意義——這些動機也同樣至關重要，正是它們賦予人類這種動物高貴的精神，哪怕要面對自己的動物恐懼亦然。享樂主義對大多數人來說並非英雄主義。古代的異教徒未能意識到這一點，因此敗在猶太—基督宗教的「卑鄙」信條中。現代人同樣未能領悟這一點，所以把心靈出賣給消費資本主義或消費共產主義，又或如蘭克所說，用心理學來取代心靈。心理治療在今天之所以如此盛行，是因為人們想知道為何自己在享樂主義中感到不快樂，並尋找自己的錯處。里夫在他的新近作品裡說得好：無壓抑已成為佛洛伊德之後唯一的宗教。里夫顯然沒有意識到，他的論點正是在更新、拓展蘭克對於心理學之歷史角色所持的觀點。[27]

心理治療的限制

本書第四章已討論過心理治療的限制，當時我們第一次談及生命的困境，現在讓我們略為重溫。我們看到，人類身為終有一死同時也意識到自己生命有限的動物，實在無法克服這個真實的存在困境。一個人費時若干年去顯示出自己的價值、發展才能與獨特的天賦、完美達成他對世界的鑑別力、拓寬和深化自己的愛好、學習承受生命的挫折、變得成熟老練，最後成為自然界中獨特的受造，帶著某種尊嚴和高貴品質屹立於世，超越動物處境，不再是被驅使的，不再是完全的本能反射，不再是從任何模子壓印出來的產物。然而，接下來是真正的悲劇。就像馬爾羅[13]在《人的命運》（*The Human Condition*）中所寫的：耗時六十年經歷難以置信的痛苦與努力，成就了這樣的一個個體，就只為了死去。這個痛苦的悖論必然會對人本身

（尤其是他自己）產生作用。他極為痛苦地感受到自己的獨特，但他知道，從結果而言，這份獨特並沒有造成什麼不同。他仍得走上跟蚱蜢一樣的道路，儘管費時較長。

我們說過，重點在於，即使達到了最高層次的個人發展和解放，個體最終還是要面對人類境況中真正的絕望。的確，由於這樣的發展，人的眼睛看見了世事的現實，再也不可能走回頭路，回到安全且有盔甲保護的舒適中。此人陷入自身的全部難題，但無法靠自己從中找到意義。對於這樣的人，正如卡繆所說：「生活沉重得可怕。」我們在第四章提出過疑問，談到一些動聽的短語，諸如「存在性認知」、「完全歸於中心的人」、「完整人性」、「高峰經驗的喜樂」，或其他類似概念，但除非我們嚴肅地用這些概念也帶有的重擔和恐怖來限定這些概念，不然，談論它們有何意義？最終，這類問題讓我們得以質疑整個心理治療產業的自我標榜。它能提供什麼樣的欣喜與慰藉給充分覺醒的人？一旦我們接受了人類的真實絕望處境，就會發現，不僅精神官能症是正常現象，甚至連精神病也只代表在生命路上例行的踉蹌中，被額外推了一把。如果壓抑讓難以為繼的生活變得適宜活下去，那麼對於某些人而言，自我覺知可能會完全毀掉這種生活。蘭克對這個問題十分敏感，作了深入討論，我想在此詳細引用他對精神分析異常成熟和清醒的深刻反思，它總結了佛洛伊德本人堅忍的世界觀中最精華的部分：

> 一位婦女前來諮詢，她怎麼了？她患了某種腸道症候群，某種腸道疾病痛苦地發作了。她患病八年，嘗試過各種身體療法……她得出結論，這一定是某種情緒上的問題所致。患者三十五歲，未婚。在我看來（她自己也承認）她適應得相當好。她跟已婚的妹妹住在一起，相處融洽。她很享受生活，夏天會去鄉下。她在腸胃方面有點小毛病，我

對她說，為什麼不留著這個小毛病呢，如果消除了這些大約兩週發作一次的病症，誰知道會在下方發現什麼問題？對她來說，病症這樣一種防衛機制，很可能就是她的適應方式，很可能就是她必須付出的代價。她不曾結婚，從未愛過，因而從未完成自己的角色。人不可能始終好處占盡，所以，她可能也得付出點代價。畢竟，如果她偶爾出現這些消化不良的症狀，又有何妨？我偶爾也會出現這類不適，你可能也是，一如你或許知道的，這不是生理因素造成。人也會頭痛。換句話說，問題多半不在於我們能不能治癒病人，而是在於該不該這麼做。[28]

沒有哪種生物機體的生命能夠逕直往前，朝所有方向拓展自己。人必然會在某些方面退回自身，為自己天生的恐懼和局限受到某種嚴厲的懲罰。阿德勒說得對，精神疾病起因於「活著的難題」——但我們必須記住，生命本身就是無法克服的難題。

這並非是說，對那些飽受折磨、不堪重負的人，心理治療無法給予巨大的好處，甚至無法為任何重視並能夠運用自我覺知的人增強任何尊嚴。心理治療能使人肯定自己，將限制自尊的偶像砸個粉碎，除去精神官能症的罪惡感，也就是壓在自然的存在罪惡感之上的額外罪惡感。心理治療能夠消除精神官能症的絕望，這種絕望來自於我們過分狹隘地關注自己的安全和滿足。如果我們不那麼破碎、不那麼封閉和壓抑，的確會體驗到真正的喜樂：發現更豐富的自己、從人格盔甲和限制性的本能反應中解脫、拋掉缺乏鑑別力以及自我挫敗的依賴性

13 馬爾羅（André Malraux, 1901-1976），法國著名作家，曾被提名諾貝爾文學獎候選人。其小說作品《人的命運》榮獲一九三三年法國龔古爾文學獎。——編注

所造成的連鎖效應、掌握自身能量、發現世界的各個面向、擺脫先入為主的成見後強烈體驗當下時刻、各種選擇和行動的新可能性等等。是的，心理治療能做到這一切，但也有許多做不到的事，而知道這些事的人還不夠多。心理治療往往看來像是在開空頭支票：更恆久的歡樂和喜悅、慶祝生命、完美的愛情、完全的自由等等。心理治療好像在承諾，只要達成了自我覺知，上述事情很容易就會實現，承諾這些事情應該也能夠代表意識完全覺醒的特性。例如某位患者做完「原始吶喊治療」[14]，興奮地告訴旁人：「我覺得太神奇、太美妙了，但這還只是一開始，等五年之後你再見到我，變化會更驚人！」我們只希望屆時她不至於太不開心。不是每個人都跟佛洛伊德一樣誠實——他說，他治癒了精神官能症患者的苦難，只不過是讓他們迎向生活中的正常苦難。只有天使才知道什麼是從不減輕的歡樂——或者說，才有能力承受這種歡樂。然而，我們看到靈性療癒師的著作，帶著華而不實的書名，像是「歡樂！」「覺醒！」，諸如此類。我們在演講大廳和團體聚會親眼見到他們，他們身上散發奇特的內在風格，自信的幸福，傳達出明確無誤的訊息：只要你願意，我們也能讓你達到這種歡樂。他們宣稱要提供完全的解放，然而，我從未見過或聽過他們提到其中的危險。比如說，他們從來沒有在「歡樂」的廣告標誌旁邊做一個小小的標記，上面寫著：「危險：此舉有可能真的喚醒恐怖與畏懼，一旦發生，即無法回頭。」這樣才是誠實的，也才可減輕治療時偶爾發生的自殺所帶來的罪惡感。

但是，針對人間天堂開出直截了當的處方，又讓它顯得模稜兩可，這也是最困難的。傳達的訊息有一半不算數，就無法成為靠得住的先知，尤其當他需要客戶付費或仰慕者忠於他時，就更是如此。心理治療師被當代文化所困，並且被迫成為其中的一分子。商業工業主義向西方人應許一個人間樂園，好萊塢神話則對此樂園做了細膩的描繪，從而取代了基督宗教神話的天堂樂園。現在，心理學必須藉由自我覺知打造的樂園神話來取代上述兩者。這是心理學的應許，在大多數情況下，心理治療師有義務實踐它，體現它。然而，蘭克看出這主張錯得多麼離譜，他說：「自我覺知的心理學是自我欺騙。」因為它並未提供人想要的事物，那就是不朽。這再明白不過。當患者從保護性的厚繭脫身而出，他就放棄了自己過去一直活在裡面的反射性的不朽意識形態，那既是個人—父母的形式（即生活於父母或代理人的保護性力量之內），也是文化自因的形式（即生活於社會的象徵性角色—戲劇化之內，依賴他人的意見來生存）。心理治療的自我覺知能夠提供什麼新的不朽意識形態來取代這一點？顯然，心理學什麼也無法提供——蘭克說，除非心理學本身變成新的信仰體系。

在我看來，心理學本身要能成為適當的信仰體系，現今只有三種方式。一種是讓自己像心理學家一樣成為創造性的天才，並將心理學當作自己不朽的載體，正如佛洛伊德及其後繼者的作法。另一種是在自己大部分清醒的生活中使用心理治療的語言和概念，使其成為一種活生生的信仰體系。我們經常看到，前患者只要一感到焦慮，就馬上分析起自己的動機：「這一定是陰莖羨妒，這一定是亂倫誘惑，閹割恐懼、伊底帕斯情結、多樣倒錯……」等等。我曾遇過一個年輕人，他試圖活在新佛洛伊德宗教的動機詞彙中，把自己弄得幾乎反常又瘋狂。然而從某方面來說，這種態度是被迫的，因為宗教是種體驗，而不僅是一套供人沉思冥想的智性概念；宗教需要被親身經歷。心理學家巴肯（Paul Bakan）精闢地指出，心理治療必須從佛洛伊德的理性模式轉向新的體驗模式，這正是原因之一。[29]心理學如果要成為現

14 原始吶喊治療（primal scream therapy），一種心理治療方法，引導並鼓勵患者重溫早期情感生活，從中發現創傷性的經驗，並藉助大聲喊叫宣洩內心情緒，通常針對象徵父母的空椅子或其他道具。——編注

代宗教，就必須反映親身經歷的體驗，必須從純粹僅是談話和理性的分析，轉變為「出生創傷」與兒童期的實際尖叫、轉變為夢與敵意的行動展演等等。這樣做的目的是讓心理療程本身成為儀式化的經驗：一種入會儀式，一段進入禁忌與神聖王國的朝聖之旅。患者接受生命的另一維度，那是他以前並不知曉，也未曾料想過的，是一個遠離日常俗世的真正「神祕宗教」。他投入一些非常深奧的行為，這些行為允許他表達自身人格的各個面向，他從未想過要表達，甚至從未想像他的人格擁有這些面向。在任何宗教中，信徒之所以「以宗教名義立誓」，是因為親身經歷之故。心理治療之所以「真實」，在於它是一種親身經歷的經驗，被看似完美符合該治療的各種概念所解釋，而這為患者實際上正在經歷的一切提供了形式。

使心理學成為適當信仰體系的第三種方式（也是最後一種），只是將第二種方式加以擴展與複雜化。這種方式是讓心理學加深它與宗教和形上學之間的連結，使心理學實際成為具有某種廣度和深度的宗教信仰體系。與此同時，心理治療師本人散發著穩定和安靜的移情力量，成為該宗教的大師級人物。難怪在此時代，我們目睹了心理學大師的激增。將心理學戀物化，使其作為一種信仰體系，這是完美而合理的發展。它把這個信仰體系擴展至必要的維度，那就是不朽，以及伴隨而來的生命提升力量。這種力量具有兩種形式：一種來自宗教概念，另一種則具體來自大師級的治療師本人。今日極為流行的療法之一——完形療法，基本上就無視移情的難題，此事並非偶然，它似乎認為，只要置之不理就可以將移情難題趕走。[30]事實上，真正發生的情況是，大師絕對正確的光環依然不受影響，為深切渴望保障和安全的患者提供自動保護。同樣並非偶然的是，實施這種大師療法的治療師蓄起光環式的鬍鬚鬢角和髮型，讓自己看來和他們扮演的角色相符。

我在這裡絲毫沒有暗示他們不誠實的意思，我只想指出，人們傾向於讓自己被全副人格盔甲的妥貼性所包覆，這是他們會使用的，也是他們需要的。如果個人覺得心理治療的宗教實踐是出於文化需求，那麼，努力用情感和心靈去滿足這份需求，就是最高的理想主義。另一方面，即便懷著最善良的意圖，移情事實上就是灌輸洗腦的過程，無論你情願與否。我們知道，許多精神分析師非常認真地分析移情作用，另一些則力圖將移情作用的影響力減至最低。然而，儘管付出了最大的努力，患者通常會在某種層面上盲目仰慕分析師，還有對方施加於自己身上的解放技巧，無論這技巧有多微不足道。我們已經知道，佛洛伊德對人類思想的影響之所以如此巨大，原因之一便是在我們的時代，許多思想領袖都曾接受佛洛伊德的分析，離去時，也在個人及情感層面上與佛洛伊德的世界觀利益相關。

移情的問題在於不經意就會生根發芽，與此同時，當事人又看似十分獨立。一個人可以在相信（自己被灌輸的）某種世界觀時，並不懷疑自己之所以接受那種觀點，是因為他與治療師或大師之間的關係。我們發現這一點以非常微妙的形式展現在某些療法中；那些療法試圖讓人回頭接觸他自己的「真實自我」，也就是被封閉在他內部的原始力量。當事人被要求去發掘這些力量，開發本質的內在，深入挖掘自己這個生物機體的主體性。這種理論認為，當一個人漸漸剝掉社會面具、人格防衛機制，以及各種無意識的焦慮，就會回到自己的「真實自我」，在神經質的人格保護盔甲後面，是活力和創造力的源頭。為了使心理學成為完整的信仰體系，所有心理治療師都必須從各種傳統的神祕宗教借用詞彙，用以描繪人格的內在深處。它有各式各樣的稱謂，例如「太虛」、道家的「玄鑒」[15]、「本質的領域」、事物的

15 「玄鑒」原為老子思想的重要概念，用來指體認「道」的內心寧明狀態，亦即內心一種絕對虛靜的狀態，接近於禪宗的「本心」。與 inner room 一詞及其前後文相合，故秉此譯。——譯注

源頭、「它」、「創造性無意識」，或任何名字。

整件事看來非常符合邏輯、事實與自然：人剝掉他的盔甲，從他扎根的存有基礎釋放內在自我和原始能量。畢竟，人不是自己的造物主，他無時無刻都需要靠生理化學的運作來維持生命——就更基本的層次而言，是他的原子和亞原子結構。這些結構本身包含了巨大的自然力量，因而下列陳述似乎頗有邏輯：我們是從「不可見的虛空」中不斷地「被創造出來和維持下去」。如果某種心理治療能把人帶回原初現實，人怎麼可能被心理治療背叛？從禪這樣的修行技巧中顯然可以看出，進入「它」的世界，是一段拆解和重新整合的過程。這段過程相當類似於西方心理治療中剝除社會面具，讓驅力得以鬆弛的手段。然而，在禪之中，如今大家普遍認為應該是各種原始力量要接管人、透過人來行動，人為了這些力量敞開自己，成為它們的工具和載體。例如，在禪宗箭術中，不再是弓箭手自己對著靶射出箭矢，而是「它」在射，自然的內在藉著弓箭手完全無我的精神狀態爆發到外界，並放開弓弦。禪宗弟子首先必須經歷一段漫長過程，讓自己與內心達到和諧，而這結果要長期跟隨一位大師方能臻至。對大師而言，弟子終生都是弟子，皈依於自己的世界觀。如果弟子運氣好，還會從師父那裡得到一張弓，其中蘊含著大師個人的精神力量。在這裡，移情作用被封印在一個具體的贈禮之內。而印度教的所有門徒訓練也是一樣，門徒離開師父時，通常會帶著師父的什麼，否則他會茫然失措，也無法運作。他定期需要師父、師父的相片、師父信中傳達的訊息，或至少是師父所使用的精確技巧，如倒立、呼吸法等等。這些事物都成了戀物化的、魔法般的手段，用以重獲移情對象的力量，而當一個人這麼做時，一切才能正常。

因此，心理學與宗教的融合不只合乎邏輯，如果宗教要發揮作用，這種融合也很必要。沒有外界的支持，人就無法自立，只是現在這種支持看起來好像來自內部。人習慣從自己的控制力、自己的中心和內在湧現的精神力量來運作。但事實上，這種支持當然是來自大師認證，保證弟子所作一切皆為真與善的移情作用。甚至各種復原的身體療法，如一度頗為知名的亞歷山大[16]療法，今天也以開明的態度在治療中注入禪宗的觀念，並舉出禪宗與葛吉夫[17]這種門派的相似處。看來，若不在身體中注入某種有魔力的支持力量，就無法重新整合身體。至少，要在一門宗教中獲得完整的門徒訓練，最好的辦法是直接讓一切宗教化。[31]

也難怪，當各種心理治療將人剝開，顯現出人們赤裸裸的孤獨、經驗的真正本質與生命的難題，這些療法陷入了某種來自彼方的力量與證成的形上學。怎能把當事人遺留在戰慄裡，讓他孤身一人？必須讓他有可能接觸受造之物的太虛，接觸「它」的力量，接觸自身與上帝的相似處，或無論如何至少接觸一位大師的支持——大師將以自身強大而和諧的外在形象為這些事情擔保。人必然要向外尋求支持夢想之物，一種可以撐持他、使他生活有價值的希望形上學。談論希望，就是給予這個難題正確的關注焦點。這有助於我們理解，為何連那些深諳人類難題核心的偉大思想家也無法滿足於這種知識所賦予的觀點，這種觀點認為人類命運具有悲劇的本質。如今眾所周知，賴希是如何沿著融合佛洛伊德和馬克思社會批判的方向，持續進行十八世紀的啟蒙運動，而最終不過是為了達到奧剛[18]，即原始的宇宙能量。或者我們也知道，榮格是如何為中國古代的占卜書籍《易經》寫出了理性的辯護。在這方面，

16 亞歷山大（F. Matthias Alexander, 1869-1955），澳洲演員，開創亞歷山大技巧（Alexander technique），此教育過程據說可以辨識與克服運動和思維中的反射性、習慣性限制。——編注

17 葛吉夫（Gurdjieff, 1872-1949），亞美尼亞哲學家，一度師從伊斯蘭教蘇非派導師，學習靈修教義，創辦和諧啟智會，並在歐美傳授其理論和實踐。——編注

18 在賴希的理論中，奧剛（Orgone）代表了性高潮所帶來的能量。——編注

里夫尖銳地指出，這些人都不如他們的老師——那位偉大的斯多噶主義者，佛洛伊德。[32]

人性的諸般局限

我們之前在討論人類的可能性時，曾提過人無法擺脫自己的人格，既不可能超越它，也不可能脫離它而自行發展。如果說人的可能性有限，那麼，如今我們必須總結說，連宗教式的心理治療能做的也有限。不過，心理治療宗教家的宣稱正好相反。他們認為生命力可以奇蹟般地從大自然湧現，超越被它作為載體的身體，並突破人格的束縛。他們聲稱，目前的人類樣貌可能只是某種全新事物出現時的載體，可以被新的人類生命形式所超越。在現代思想界，許多領袖人物都陷入了這種神祕氛圍，陷入某種內在的末世論（eschatology of immanence），認為大自然的內部會爆發出一種新存有。榮格在他的《回答約伯》（*Answer to Job*）中寫下這樣的論點：對於約伯[19]的抱怨，答案是人類境況不會一成不變，因為孕育宇宙萬物之處將會出現一種新人類[20]。佛洛姆曾悲嘆[33]生命的負擔如此沉重，但大多數人卻並未精神失常，真是不可思議。接著他就寫出一本《你應如諸神》（*You Shall be as Gods*）。那麼人們就必須假定諸神正瀕臨瘋狂。

幸運的是，我們不需要討論這個問題的形上學面向。今日，討論的中心是某些最優秀的批評家熱情與冷靜兼具的知識評論，不僅有里夫，還包括特里林[21]，現在還有帕斯莫[22]在一部重要的歷史評論著作中發表的見解。[34]這一切都可以用最簡明、最敏銳的措辭加以總結：一種自我受到控制的動物如何能改變自己的結構？一種具有自我意識的受造怎麼能改變自己的存在困境？顯而易見，沒有方法可以超越人類境況的種種限制，或改變人類之所以成為人類的心理結構條件。從這樣的動物身上湧現出某種新事物，並戰勝自己的本性，這代表什麼？儘管人們從最古老的時代以來就以最微妙、最有影響力的方式重複這份概念，儘管社會在行動上與思想上的整體運動都是受這份概念啟發，但正如帕斯莫給我們的良好提醒——這些仍舊只是幻想。我自己也喜歡使用像是發展中的「心靈」以及應許「新生」的概念，但我的意思絕不是指魔術般地變出新的受造。與此相反，我認為的新生，更意味著帶來新的適應方式，為人類難題提出新的創造性解方，以新的開放狀態來處理現實的陳腐觀念，還有新的藝術、音樂、文學和建築形式——那代表了現實將持續轉化，但在此背後，一切都是同一種受造在不斷演化，並對一個始終在超越自己的世界作出獨特反應。[23]如果心理治療師和科學家如此容易陷入形上學，我們就不該責怪神學家也是如此。但諷刺的是，關於內在性及諸般可能性，如今最清醒的人卻往往是神學家。以田立克為例，他也有一套關於新存有的形上學，相信新人類會出現，而這種新人類與自然的關係更和諧，被驅動性較小，知覺更敏銳，與自身創造性能量的接觸也更多。這種新人類會持續組成真正的社群，取代我們這個時代的群體——由更真實的人所組成的社群會取代由唯物主義文化製造出來的客體化受造。但比起大

19 參見《聖經．約伯記》，上帝置約伯於各種嚴酷的考驗，導致約伯提出一系列意義深刻的質疑。——譯注

20 在關於末世論的宗教、哲學乃至科學小說中，假想的未來人類。——編注

21 特里林（Lionel Trilling, 1905-1975），美國文學評論家、作家和教師。——編注

22 帕斯莫（John Passmore, 1914-2004），澳洲哲學家，著有《教學哲學》。——編注

23 幾年前，在一次專題小組討論會上，里夫讓我清楚意識到：我對內在性概念的運用缺乏嚴謹。里夫像平常一樣坦率而戲劇性地承認，他跟其他人一樣都是「部分的人」，他要求他的聽眾承認我們都是「部分的人」，並詢問成為一個「完整的人」可能意味著什麼。——原注

多數的心理治療宗教家，田立克對於這種新存有比較不抱幻想。在他看來，新存有的想法實際上是一種神話，是一個可以朝此方向努力，並獲得部分實現的理想。它並非關於自然內部的不變真理，這一點至關重要。田立克極坦率地說：「關於這種新存有的福音所傳的真理，唯一的論據是訊息**會使自身**成真。」[35]或者正如我們在人的科學中所說，這是一種理想型的明確指令。[36]

我認為，關於人類的內在生活有何可能，蘭格[24]用「內在生活的神話」一詞為整個問題作了很好的總結。[37]她本來是用這個術語指涉音樂的經驗，但看來也適用於整個無意識的形上學，亦即從自然核心中湧現出各種新能量的形上學。但讓我們快速補充，使用「神話」一詞並無貶意，亦非反映簡單的「幻覺」。正如蘭格所解釋的，某些神話會自行生長，會產生真實的概念性力量，對隱約的真理產生真實的領悟及某種整體雛形，而那雛形透過犀利、分析性的推理反而會錯失。最重要的是，就如詹姆斯和田立克所說，對現實的信念會影響人的實際行動，有助於將新事物引入世界。尤其在關於人、人性、人之可能性的信念方面，更是如此。如果某件事物影響了我們改變世界的努力，那麼在某種程度上，它必然會改變世界。這有助於解釋佛洛姆這類精神分析先知帶給我們的困惑。我們納悶，關於那些悲劇性地局限人類努力成果的困境，這些先知怎能如此輕易忘卻？答案是，在某種層面上，他們計畫喚醒人們身上某種充滿希望的創造動力，為此不得不將悲劇性拋到腦後，因為那是計畫的一部分。佛洛姆出色地闡述了杜威的論點：由於現實有一部分是人努力的結果，那些以自己是「實事求是的現實主義者」而自豪，不去抱著希望採取行動的人，實際上是放棄了人的使命。[38]在我看來，為了有助於打造現實，佛洛姆強調人的努力、遠見和希望，很大程度讓他免於被指控為實際上「內心深處是個拉比[25]」，必須去救贖人類，無法放著世界不管。如果另一種選擇是宿命地接受目前的人類處境，那麼，我們每個人都是拉比，或者最好是拉比。

然而一旦口出此言，一旦為創造性神話提出務實的論據，我們就更不容易擺脫真實世界的本質。這只會讓我們對那些心理治療宗教家更感不安。如果你希望擁有一個關於新存有的神話，那就必須像田立克，將其視為一種召喚，召喚的是最崇高、最艱難的努力，而不是簡單的歡樂。創造性神話不僅僅是重回舒適的幻覺而已，還必須盡可能勇於冒險，才能真正產出什麼。

田立克對新存有的思考有項特出之處：他認為沒有無意義的胡扯。他的意思是，人必須「有勇氣做」自己，憑一己之力獨立，並面對現實世界永恆的矛盾。這種勇氣有一個無畏的目標，就是要把最大限度的非存有（nonbeing）吸收到自己的存有之中。作為存有者（being），作為一切存有（Being）的延伸，人具有一種生物機體的衝動：把生命的問題意識最大限度地帶進自己生物機體的生命。這樣一來，他的日常生活就真的成為一種責任，且是宇宙尺度的責任，而他面對無意義所帶來的焦慮時所抱持的勇氣，就成為真正的宇宙英雄主義。人不再以上帝所願行事，不再參照天堂裡某個虛擬的形象，與此相反，人努力靠自己——自然出現的存有所擁有的創造性力量在較低等的生命形式中所達成的一切，他努力去達成，也就是克服否定生命的事物。田立克說道，在我們的時代，非存有的形式就是以無意義的難題來呈現，對於位在其演化命運頂峰的有意識存有者來說，他們的任務便是去面對這

24 蘭格（Suzanne Langer, 1895-1985），德裔美籍哲學家，著名符號美學代表人物。——編注

25 拉比（Rabbi），猶太人的特別階層，指有學問的學者或老師，或智者的象徵。——編注

份湧現於有知覺的生命前方的新障礙，並加以克服。這是一種本體論，關乎的是新存有的內在性，在這種本體論中，我們所描述的受造並不是經由某些神奇方式轉化，進而反過來轉化世界，而是把更豐富的世界納入自身，發展出新形式的勇氣與堅忍。它與《伊底帕斯》所表達的雅典式理想，或康德所謂的成為一個人，並無太大不同。至少，這是一種新人類的理想，顯示了田立克那則真正以自身能量為中心的神話為何是基進的神話，指出了人類對於中心（centeredness）的所有逃避——總是屬於某人或某事物的一部分，總是躲到外部力量的保護之下。即使我們承認移情有其必要的、理想的向度，移情仍反映出某種對自身力量的普遍背叛，因此人總會被社會的大結構所淹沒，他所獻身的，正是奴役自己的事物。我們對大師療法的批判也在此告一段落，因為你不能一下子討論自由的理想狀態，一下子又心甘情願地放棄這樣的理想狀態。此一事實使得柯斯勒[26]反對東方思想[39]，正如它也讓田立克作出鞭辟入裡的論述：東方神祕主義不適合西方人，那是在逃避存在的勇氣，以防人把最大限度的無意義吸收到自身內部。[40][27]田立克的觀點是：神祕經驗看似接近完美的信仰，實際上則否。神祕主義恰好缺乏懷疑主義的要素，而懷疑主義則是一種更為基進的經驗，以更為勇敢的姿態對抗潛在的無意義。此外，我們切勿忘記，世間流行的神祕主義多半都混合著魔法般的全能感，而那實際上是一種躁狂性的防衛機制，以及對受造性的否認。[41]

我們又一次談到具有最高理想性的事物，它們總是顯得最不真實，但我們怎能滿足於較低的理想呢？我們需要最無畏的創造性神話，不僅為了激勵和鼓舞人，或許更是為了幫人看清自己的現實處境。我們必須盡可能冷靜地面對現實和各種可能性。從這種觀點來看，我們就能發現心理治療革命提出了兩大問題。第一，新的被解放者將變得多成熟、冷靜、多有批判性？他們朝向真正的自由前進了多少？他們在多大程度上迴避了現實世界與其難題，以及自己痛苦的矛盾困境？若是繼續緊抓著他人、各種幻覺或確定性不放，他們又會在多大程度上阻礙自己的解放？如果現代思潮中的佛洛伊德革命真能有任何意義，那必定是它將反思和社會批判帶至新的高度。我們已經看到，這些不僅反映在學術界知識分子的意識中，甚至也反映於大眾心智，反映在各大報紙的來信和諮詢專欄裡。三十五年前，你能在哪裡讀到這種給失戀者的建言？——警告女孩要提防出於道德考量而拒絕照她的要求做愛的男友，因為這種男友可能是將自己的無能「投射」到她身上。

然而，這就引出心理治療革命帶來的第二大問題：那又如何？即使真正得到解放的人組成了無數群體，而一切都在其最好的狀態，我們還是無法想像這個世界會多一點歡樂，或少一點悲劇。它甚至有可能以無法預料的方式變得更糟。正如田立克的警告，由於存在的條件與局限，新存有只會調動出新的、更尖銳的矛盾，新的緊張關係，以及更加痛苦的不和諧狀態——某種「更強烈的惡魔附身」。現實無情，因為諸神並不在大地上行走。而假使人們成為宏偉的容器，容納非存有的巨大深淵，那麼，他們甚至可能比今天我們這些沒有覺察、總被什麼所驅使的瘋子更不得安寧。此外，心理治療革命的所有理想都能觸及地球上廣大的群

26 柯斯勒（Arthur Koestler, 1905-1983），匈牙利猶太裔英國作家、記者和評論家。前共產黨員，出於對蘇聯大清洗的反思，其思想逐漸趨向自由主義，最終寫出控訴史達林主義、在西方文學史上極為著名的政治小說《正午的黑暗》（*Darkness at Noon*）。——編注

27 我認為，關於存在勇氣的研究，田立克未能看穿一名偶像。他似乎喜歡榮格集體無意識的概念，理由是它傳達了存在的內在深度，且可以作為一條通向本質王國的途徑。在我看來，這是向來頭腦清醒的田立克所犯下的一個驚人失誤。存在的根基不可能像榮格想像的那麼容易接近。我認為，這份概念將破壞關於**原罪**（*The Fall*）的全部思想。人不可能擁有「隨時取用的」本質王國，否則，田立克就會自相矛盾，因為他把恩典視為純粹的禮物，與人的努力全然無關。——原注

眾、不思考的俄國現代人、中國近十億的盲從追隨者，以及每塊大陸野蠻無知的人群嗎？當一個人活在加州柏克萊的解放氛圍，陶醉於家鄉的治療團體那種小劑量的解壓方式中，他就等於活在溫室裡，隔絕了地球上其餘地方的現實，隔絕了世事的真正樣貌。如果我們不是徹頭徹尾的笨蛋，就能很快看穿這種心理治療的自大狂心態。這個世界的經驗性事實（empirical facts）不會因為我們分析了自己的伊底帕斯情結而消逝，這點佛洛伊德相當清楚；也不會因為我們能夠溫柔地做愛而消失，一如現在許多人所相信的那般。算了吧。在這種意義上，再一次，又是佛洛伊德沉重的悲觀主義，尤其是《文明及其不豫》這樣的晚期著作，讓他保有如此的當代性。人注定活在壓倒性的悲劇與邪惡的世界上。

科學與宗教的融合

心理治療的宗教永遠不會用猶太教、多數基督宗教、佛教的中心思想取代傳統宗教。這些宗教認為人類注定要保持目前的形態，不可能再有任何進一步的演化，人所能達到的一切，都只能在他那孤獨受造者的真實噩夢裡達成，在他現有的能量中達成。人只有適應和等待。基督徒說，「新生」將讓他繼續前進，不斷更新；猶太人說，如果人擁有完全的公義和信仰，且這公義和信仰在其同伴間傳布得夠廣泛，那麼，上帝就會親自行動。人應該等待，同時以最高的智慧和努力確保自己能適應與生存。在理想狀態下，他們對奇蹟和奧祕是開放的，並在這樣的心態下、在受造者體驗過的真相中等待。這將使他們更容易生存與得救，因為在這樣的狀態中，他們比較不會被迫毀滅自己，並且更接近其造物主喜愛的形象：充滿敬畏的受造，努力與其餘受造和諧相處。當今，我們也應補充一句，他們毒害其他受造的可能性將會降低。[42]

我們使用了「受造者體驗過的真相」一語，其意何在？我們所指的，必定是以相對無壓抑的狀態顯現在人類面前的世界。也就是說，是讓人面對宇宙的壓倒性和威嚴、面對甚至單一的受造物身上都有的難以言喻的奇蹟時，估量著自己實際上是多麼弱小的受造，這樣的一個世界。這種世界可能會顯現於地球上最初的人類，以及那些超敏感的人面前，他們擔任的是巫師、先知、聖人、詩人、藝術家等角色。他們所感知的現實有其獨特之處，因為他們對創造物中固有的驚恐十分敏感——普拉絲曾把上帝稱為「驚恐之王」，而驚恐正好是怪誕之王。[28]那麼，我們該如何看待這樣的一種受造？在這種受造中，生物機體的日常活動就是以各種牙齒撕裂其他生物——咬嚙，用臼齒磨碎血肉、莖葉和骨頭，貪婪而愉悅地將食物漿泥推下食道，將其中精華吸收到自己的組織中，然後排出惡臭四溢的殘餘物。每個人都拚命吞食他者：蚊子以鮮血餵飽自己，蛆蟲和殺人蜂猛烈、凶殘地展開攻擊，鯊魚不斷地撕咬吞嚥，即使自己的內臟已被扯下來，更不用說各類日常「自然」事件中的肢解和屠殺：葬送七萬條生命的秘魯地震、單單在美國每年就有五萬人死於交通事故、一次捲走二十五萬人的印度洋海嘯。世界是一場驚心動魄的噩夢，就發生在這顆行星上，億萬年來，這顆行星一直浸泡在所有受造的血泊中。三十億年來，對於這顆星球上實際發生的事，我們可以下的最清醒的結論是：地球正在變成巨型肥料場。但是陽光分散了我們的注意力，陽光總是蒸乾血泊，讓萬物在血泊上生長，伴隨著生物機體的舒適和擴張，以溫暖帶來希望。米開朗基羅說過：

[28] 驚恐（panic）一詞源於希臘神話中的牧神Pan，此神人身羊足，頭上有角，形象怪誕，易引起莫名的恐懼。——編注

「燦爛的陽光讓我燃燒，讓我墜入愛河。」

科學和宗教在一股批判中融合為一了，那批判的是對於上述真相的麻木感。當科學願意把體驗過的真相全部吸收到自身內部，科學就背叛了我們。在此，所有針對行為主義心理學的批評、對人類的一切操弄和所有強制性的烏托邦主義都將止步。這些手段的目的是要讓世界變得不同，使從中產生的怪誕性合法化，開創一個「合適的」人類境況。心理學家克拉克（Kenneth Clark）近來在美國心理學會擔任主席時發言呼籲使用一種新的化學物質來抑制人的攻擊性，好讓世界不至於如此危險。華生之流、斯金納之流、巴夫洛夫之流[29]都有自己一套擺平事物的方式。甚至佛洛伊德（他畢竟是啟蒙主義者）也希望看到更理智的世界，而且對於體驗過的真相，他似乎也願意盡可能吸收，合併到科學裡。佛洛伊德想過，為了用心理治療真正改變事物，就必須接近群眾，而要做到此事的唯一途徑，就是在純金中摻進黃銅，亦即在精神分析中運用暗示。換句話說，藉助移情來強制產生一個不那麼邪惡的世界。不過，隨著佛洛伊德後來逐漸看出，世上的惡不僅存在於人們內心，也存在於人們外部，存在於自然本身，他的理解也更加深刻，因此，他的晚期著作多了一些現實主義和悲觀主義的色彩。

所有操縱科學的人都有個問題：不知為何，他們對待生命的態度並不夠嚴肅。在這種意義上，所有科學都是「布爾喬亞」，屬於官僚主義者的事務。我認為，嚴肅對待生命意味著這樣的事：人無論在這顆行星上做什麼，都必須在體驗過的真相（受造的恐懼、在萬事萬物下方隆隆作響的驚恐、怪誕等等的真相）中進行，否則一切皆是虛假。無論達成了什麼，都必須從受造的個人能量中獲得，沒有麻木抑制，而是充分展現激情、遠見、痛苦、恐懼與哀傷。里爾克（Rainer Maria Rilke）說得好，我們怎麼知道在宇宙中自己所代表的意義或許並非悲傷中的一段旋律？藉由麻痺人的感受性，操縱式的、烏托邦式的科學也剝奪了人們渴求勝利的英雄主義。而我們明白，在某種極為重要的層面上，這種麻木會藉由掏空我們、阻礙我們吸收最大極限的經驗，篡改我們的奮鬥。這意味著獨特的人類已走上末路，或者，我們甚至必須說，一種獨特的生物機體已然終結。

在這顆行星上，我們以一種神祕的方式在演化中得到生命，而這生命朝著擴張自己的方向前進。我們無法理解這生命，正是因為我們不明白創造的目的。我們只感到生命在自身內部的張力，看它在與其他生命相互吞噬時擊打對方。生命出於未知的理由，沿著未知的方向，尋求擴張。蘭克總結道，即使心理學也不該干預這種神聖不可侵犯的生命力。他選擇「非理性」作為生命基礎，意義即在此。那是一個基於實證經驗的選擇。在我們無法理解的神祕背後，隱藏著一種驅力，它包含的不僅是理性而已。因此，追求宇宙英雄主義的衝動既神聖又神祕，科學與世俗主義無法乾淨俐落地將之秩序化或合理化。科學畢竟是一種企圖吞併自身、否認生死恐懼的信條，在展開宇宙英雄作為的種種角色裡，不過是又一位競爭者。

現代人藉酒精和藥物麻痺自己的意識，或將時間消磨在購物上，這些都是同一回事。當覺醒的意識呼喚著各種英雄主義獻身之道，但文化已不再提供，社會便設法助其遺忘。又或者有另一種選擇，現代人可能把自己埋在心理學裡，相信單憑意識本身就能魔法般治癒自己的難題。然而心理學是隨著共有的社會英雄主義崩潰而誕生，要有所超越，唯有創造新的英雄主義，而這些英雄主義基本上都是關於信念和意志，是對某種願景的獻身。里夫頓最近也得出相同的結論，在概念上與蘭克的觀點幾乎完全一致。[43]當布朗這種地位的思想家後來寫

---

[29] 華生（John B. Watson）、斯金納（Burrhus Frederic Skinner）、巴夫洛夫（Ivan Pavlov），均為行為主義心理學派的不同代表人物。——譯注

出了《愛的身體》（*Love's Body*）一書，他的思想也被引導至相同的觀點。布朗終於理解，要超越自然的存在困境，唯有憑藉古老的宗教之道：把個體的問題投射到神的形象上，在無所不包、能將一切都正當化的彼方獲得治癒。這些措辭完全不同於心理治療宗教家的措辭。蘭克既沒有如此天真，也沒有如此以救世主自居，在他看來，人的定位必須始終超越身體，必須以健康的壓抑為基礎，並朝向各種明確的不朽意識形態，各種英雄主義式的超越神話。[30]我們可以作出結論：戰勝人類局限這般宏大的科學神話籌畫，不是科學所能設計的。更重要的是，這樣的籌畫來自於眾生在世界的噩夢中拚命活著的生命力，甚至不是人力所能制定。誰知道前進的生命動能在未來將以什麼形式出現？誰知道它會如何利用我們痛苦的追索？我們每個人所能做的，最多似乎就是將某個事物或我們自己打造成籌畫，並將其擲入一團混亂的生活，或者可以這麼說，將其奉獻給生命的動力。

---

[30] 值得注意的是，布朗最終的觀點在邏輯上是正確的。然而，我個人認為他的近作《愛的身體》令人非常失望。我無法理解，他為何非要以此呈現自己的新立場，採用如此連篇大論的格言，表達那麼混亂、瑣碎、遮遮掩掩，如同思想的大雜燴一般，有時又極端簡短，而且往往含糊其辭——結尾不過是最古老的神祕派基督宗教的觀點，以及對末日審判的呼籲。在令人沮喪的身體限制中，自然的存在呼喚著完全的、全有或全無的解脫——要不是無壓抑，要不最終就是世界末日。至少在這一點上，《愛的身體》與他的早期著作完全一致。——原注

參考書目

12. J. C. Moloney, *The Magic Cloak: A Contribution to the Psychology of Autlwritarianism* (Wakefield, Mass.: Montrose Press, 1949), p. 217; H. Marcuse, "The Ideology of Death," in Feifel, *Meaning of Death*, Chapter 5.
13. LAD, p. 270.
14. G. Murphy, "Discussion," in Feifel, *The Meaning of Death*, p. 320.
15. James, *Varieties*, p. 121.
16. Choron, *Death*, p. 17.
17. *Ibid.*, P. 272.
18. G. Zilboorg "Fear of Death," *Psychoanalytic Quarterly*, 1943, 12: 465-475. See Eissler's nice technical distinction between the anxiety of death and the terror of it, in his book of essays loaded with subtle discussion: K. R. Eissler, *The Psychiatrist and the Dying Patient* (New York: International Universities Press, 1955), p. 277.
19. Zilboorg "Fear of Death," pp. 465-467.
20. James, *Varieties*, p. 121.
21. Zilboorg, "Fear of Death," p. 467. Or, we might more precisely say, with Eissler, fear of annihilation, which is extended by the ego into the consciousness of death. See *The Psychiatrist and the Dying Patient*, p. 267.
22. *Ibid.*
23. *Ibid.*, pp. 468-471 *passim*.
24. Cf. Shaler, *The Individual*.
25. C. W. Wahl, "The Fear of Death," in Feifel, pp. 24-25.
26. Cf. Moloney, *The Magic Cloak*, p. 117.
27. Wahl, "Fear of Death," pp. 25-26.
28. In Choron, *Death*, p. 100.
29. Cf., for example, I. E. Alexander *et al.*, "Is Death a Matter of Indifference?" *Journal of Psychology*, 1957, 43:277-283; I. M. Greenberg and I. E. Alexander, "Some Correlates of Thoughts and Feelings Concerning Death," *Hillside Hospital Journal*, 1962, No. 2: 120-126; S. I. Golding *et al.*, "Anxiety and Two Cognitive Forms of Resistance to the Idea of Death," *Psychological Reports*, 1966, 18: 359-364.
30. L. J. Saul, "Inner Sustainment," *Psychoanalytic Quarterly*, 1970, 39:215-222.
31. Wahl, "Fear of Death," p. 26.

第三章

1. Erich Fromm, *The Heart of Man: Its Genius for Good and Evil* (New York: Harper and Row, 1964), pp. 116-117.
2. Erich Fromm, *The Sane Society* (New York: Fawcett Books, 1955), p. 34.
3. LAD.
4. Cf. Lord Raglan, *Jocasta's Crime: An Anthropological Study* (London: Methuen, 1933), Chapter 17.
5. LAD, p. 186.
6. *Ibid.*, p. 189.
7. *Ibid.*, pp. 186-187.
8. E. Straus, *On Obsession, A Clinical and Methodological Study* (New York: Nervous and Mental Disease Monographs, 1948), No. 73.
9. *Ibid.*, pp. 41, 44.
10. Freud, *Civilization and its Discontents*, 1930 (London: The Hogarth Press, 1969 edition), p. 43.
11. LAD, p. 118.
12. *Ibid.*, p. 120.
13. Sandor Ferenczi, *Final Contributions to the Problems and Methods of Psychoanalysis* (London: The Hogarth Press, 1955), p. 66.

【原注】由於本書頻繁提及奧托·蘭克之下列著作，為求簡潔，將以縮寫代稱，如下所示：
PS: *Psychology and the Soul*, 1931 (New York: Perpetua Books Edition, 11}61)
ME: *Modern Education: A Critique of Its Fundamental Ideas* (Agathon Press, 1968).
AA: *Art and Artist: Creative Urge and Personality Development* (Agathon Press, 1968).
WT: *Will Therapy and Truth and Reality* (New York: Knopf, 1936; One Volume Edition, 1945).
BP: *Beyond Psychology*, 1941 (New York: Dover Books, 1958).

蘭克其他作品的新譯本節選，連同某些演講內容與對話的摘錄，收錄在《奧托·蘭克協會期刊》（*journal of the Otto Rank Association*）中，引用自該刊物的縮寫標示為 JORA。我也頻繁引用了諾曼·布朗的《生與死的對抗》（*Life Against Death: The Psychoanalytical Meaning of History*〔New York: Viking Books, 1959〕）並縮寫為 LAD。有幾位作者的論文與著作，在首次引用後，接下來也同樣以縮寫標示。

作者序

1. Rank, letter of 2/8/33, in Jessie Taft's outstanding biography, *Otto Rank* (New York: Julian Press, 1958), p. 175.
2. LAD, p. 322.
3. F. S. Perls, R. F. Hefferline, and P. Goodman, *Gestalt Therapy* (New York: Delta Books, 1951), p. 395, note.
4. I. Progoff, *The Death and Rebirth of Psychology* (New York: Delta Books, 1964).
5. P. Roazen, *The Virginia Quarterly Review*, Winter, 1971, p. 33.

第一章

1. William James, *Varieties of Religious Experience: A Study in Human Nature*, 1902 (New York: Mentor Edition, 1958), p. 281.

第二章

1. S. Freud, "Thoughts for the Times on War and Death," 1915, *Collected Papers*, Vol. 4 (New York: Basic Books, 1959), pp. 316-317.
2. Cf., for example, A. L. Cochrane, "Elie Metschnikoff and His Theory of an '*Instinct de la Mort*,'" *International Journal of Psyclwanalysis* 1934, 15:265-270; G. Stanley Hall, "Thanatophobia and Immortality," *American Journal of Psychology*, 1915, 26:550-613.
3. N. S. Shaler, *The Individual: A Study of Life and Death* (New York: Appleton, 1900).
4. Hall, "Thanatophobia," p. 562.
5. Cf., Alan Harrington, *The Immortalist* (New York: Random House, 1969), p. 82.
6. See Jacques Choron's excellent study: *Death and Western Thought* (New York: Collier Books, 1963).
7. See H. Feifel, ed., *The Meaning of Death* (New York: McGrawHill, 1959), Chapter 6; G. Rochlin, *Griefs and Discontents* (Boston: Little, Brown, 1967), p. 67.
8. J. Bowlby, *Maternal Care and Mental Health* (Geneva: World Health Organization, 1952), p. 11.
9. Cf. Walter Tietz, "School Phobia and the Fear of Death," *Mental Hygiene*, 1970, 54:565-568.
10. J. C. Rheingold, *The Mother, Anxiety and Death: The Catastrophic Death Complex* (Boston: Little, Brown, 1967}.
11. A. J. Levin, "The Fiction of the Death Instinct," *Psychiatric Quarterly*, 1951, 25:257-281.

6. *Ibid.*, p. 39.
7. *Ibid.*, p. 139.
8. *Ibid.*, p. 40.
9. *Ibid.*, p. 140.
10. Kierkegaard, *The Sickness Unto Death*, 1849 (Anchor edition, 1954, combined with *Fear and Trembling*, translated by Walter Lowrie), p. 181.
11. Kierkegaard, *Dread*, pp. 110 ff.
12. *Ibid.*, p. 1.24.
13. *Ibid.*, pp. 112-113.
14. *Ibid.*
15. *Ibid.*, pp. 114-115.
16. *Ibid.*, pp. 115-116.
17. Cf. Miller, *In Search of the Self*, pp. 265-276.
18. Kierkegaard, *Sickness*, pp. 184-187, *passim.*
19. *Ibid.*, pp. 174-175.
20. *Ibid.*
21. *Ibid.*, pp. 162 ff.
22. Cf. E. Becker, *The Revolution in Psychiatry* (New York: Free Press, 1964); and Chapter 10 of this book.
23. Kierkegaard, *Sickness*, p. 163.
24. *Ibid.*, pp. 164, 165, 169.
25. *Ibid.*, pp. 169-170.
26. *Ibid.*
27. *Ibid.*, p. 165.
28. Becker, *The Revolution in Psychiatry.*
29. Kierkegaard, *Sickness*, pp. 16-167.
30. *Ibid.*, pp. 170-172.
31. *Ibid.*, p. 172.
32. *Ibid.*, p. 173.
33. *Ibid.*, pp. 174-175, *passim.*
34. Freud, *Civilization and Its Discontents*, p. 81.
35. Kierkegaard, *Sickness*, p. 196.
36. *Ibid.*, p. 198.
37. *Ibid.*, p. 199.
38. *Ibid.*, p. 156.
39. Cf. Miller, *In Search of the Self*, pp. 312-313.
40. Kierkegaard, *Dread*, p. 144.
41. *Ibid.*, p. 140.
42. Cf. Miller, *In Search of the Self*, p. 270.
43. Kierkegaard, *Sickness*, p. 199.
44. James, *Varieties*, p. 99.
45. Ortega, *The Revolt of the Masses*, p. 157.
46. Kierkegaard, *Dread*, pp. 140 ff.
47. *Ibid.*, pp. 141-142.
48. *Ibid.*, p. 104.
49. *Ibid.*, p. 145.
50. Cf. R. May, *The Meaning of Anxiety*, p. 45.

第六章

1. Freud, *Civilization and Its Discontents*, p. 43.
2. LAD, p. 188.
3. C. G. Jung, *Memories, Dreams and Reflections* (New York: Vintage, 1965), pp. 149-151.
4. *Ibid.*
5. Quoted in Vincent Brome, *Freud and His Early Circle* (London: Heinemann, 1967), p. 103.
6. LAD, p. 103.
7. Cf. Freud, *The Future of an Illusion*, 1927 (New York: Anchor Books edition, 1964), p. 32.
8. Freud, *Beyond the Pleasure Principle*, 1920 (New York: Bantam Books edition, 1959), p. 61.
9. *Ibid.*, p. 66.
10. C. Rank's penetrating remarks on Freud's theoretical problems, WT, p. 115; and see Brown's discussion, LAD, pp. 97 ff.
11. See *Beyond the Pleasure Principle*, pp. 93, 105, 106 note; and LAD, pp. 99-100.
12. LAD, pp. 101 ff.
13. WT, p. 130.
14. PS, p. 38.
15. LAD, p. 124.
16. *Ibid.*, p. 123.
17. *Ibid.*
18. *Ibid.*, p. 128.
19. *Ibid.*, p. 127.
20. ME.
21. Freud, *A General Introduction to Psychoanalysis* (New York: Garden City Publishing Co., 1943), p. 324.
22. Geza Roheim, *Psychoanalysis and Anthropology* (New York: International Universities Press, 1950), pp. 138-139.
23. Ferenczi, *Final Contributions*, pp. 65-66.
24. Rollo May recently revived the Rankian perspective on this; see his excellent discussion of "Love and Death" in *Love and Will* (New York: Norton, 1971).
25. ME, p. 52.
26. *Ibid.*, p. 53.
27. LAD, pp. 127-128.

第四章

1. Ortega, *The Revolt of the Masses* (New York: Norton, 1957), pp. 156-157.
2. E. Becker, *The Structure of Evil: An Essay on the Unification of the Science of Man* (New York: Braziller, 1968), p. 192.
3. See his two fine papers, "The Need to Know and the Fear of Knowing" *journal of General Psychology*, 1963, 68:111-125; and "Neurosis as a Failure of Personal Growth," *Humanitas*, 1967, 3:153-169.
4. Maslow, "Neurosis as a Failure," p. 163.
5. *Ibid.*, pp. 165-166.
6. Rudolf Otto, *The Idea of the Holy*, 1923 (New York: Galaxy Books, 1958).
7. Maslow, "The Need to Know," p. 119.
8. *Ibid.*, pp. 118-119.
9. Cf. Freud, *The Future of an Illusion*, 1927 (New York: Anchor Books Edition, 1964), Chapters 3 and 4.
10. Freud, *The Problem of Anxiety*, 1926 (New York: Norton, 1936), pp. 67 ff.
11. Cf. also the continuation of Heidegger's views in modern existential psychiatry: Medard Boss, *Meaning and Content of Sexual Perversions: A Daseinanalytic Approach to the Psychopathology of the Phenomenon of Love* (New York: Grune and Stratton, 1949), p. 46.
12. F. Perls, *Gestalt Therapy Verbatim* (Lafayette, Calif.: Real People Press, 1969), pp. 55-56.
13. A. Angyal, *Neurosis and Treatment: A Holistic Theory* (New York: Wiley, 1965), p. 260.
14. Maslow, *Toward a Psychology of Being*, second edition (Princeton: Insight Books, 1968), Chapter 8.
15. LAD.
16. ME, p. 13, my emphasis.
17. Harold F. Searles, "Schizophrenia and the Inevitability of Death," *Psychiatric Quarterly*, 1961, 35:633-634.
18. Traherne, *Centuries*, C.1672 (London, Faith Press edition, 1963), pp. 109-115, *passim.*
19. Marcia Lee Anderson, "Diagnosis," quoted in Searles, "Schizophrenia," p. 639.
20. LAD, p. 291.

第五章

1. Kierkegaard, *Journal*, May 12th, 1839.
2. O. H. Mowrer, *Learning Theory and Personality Dynamics* (New York: Ronald Press, 1950), p. 541.
3. Cf. especially Rollo May, *The Meaning of Anxiety* (New York: Ronald Press, 1950); Libuse Lukas Miller, *In Search of the Self: The Individual in the Thought of Kierkegaard* (Philadelphia: Muhlenberg Press, 1962).
4. Kierkegaard, *The Concept of Dread*, 1844 (Princeton: University Press edition, 1957, translated by Walter Lowrie), p. 41.
5. *Ibid.*, p. 38.

5. *Vancouver Sun*, 8/31/70, "From Champion Majorette to Frank Sinatra Date," by Jurgen Hesse.
6. Freud, *A General Introduction to Psychoanalysis*, 1920 (New York: Garden City edition, 1943), p. 384.
7. See Benjamin Wolstein's excellent critical study: *Transference: Its Meaning and Function in Psychoanalytic Therapy* (New York: Grune and Stratton, 1954).
8. Freud, *A General Introduction*, pp. 387-388.
9. S. Ferenczi, "Introjection and Transference," Chapter 2 in *Contributions to Psychoanalysis* (London: Phillips, 1916); and compare Herbert Spiegel, "Hypnosis and Transference, a Theoretical Formulation," *Archives of General Psychiatry*, 1959, 1:634-639.
10. Ferenczi, "Introjection and Transference," p. 59.
11. *Ibid.*, p. 61.
12. *Ibid.*, pp. 72, 78, 79; in italics in the original.
13. *Ibid.*, p. 68.
14. Freud, *Group Psychology and the Analysis of the Ego*, 1921 (New York: Bantam Books edition, 1965), p. 68. Cf. also T. W. Adorno's important appreciation of this reorientation: "Freudian Theory and the Pattern of Fascist Propaganda," *Psychoanalysis and the Social Sciences*, 1951, p. 281, footnote.
15. Freud, *ibid.*, p. 60.
16. Otto Fenichel, "Psychoanalytic Remarks on Fromm's Book, *Escape From Freedom*," *Psychoanalytic Review*, 1944, 31: 133-134.
17. Freud, *Group Psychology*, p. 16.
18. *Ibid.*, p. 9.
19. Fromm, *Heart of Man*, p. 107.
20. Fritz Redl, "Group Emotion and Leadership," *Psychiatry*, 1942, 573-596.
21. *Ibid.*, p. 594.
22. W. R. Bion, "Group Dynamics-A Re-view," in Melanie Klein, ed., *New Directions in Psychoanalysis* (New York: Basic Books, 1957), PP. 44o-447.
23. *Ibid.*, esp. pp. 467-468. Bion also develops his argument along the lines of Redl earlier–that there are different types of groups and thus different "uses" of leaders.
24. Paul Schilder, in M. Gill and M. Brenman, *Hypnosis and Related States* (New York: Science Editions, 1959), p. 159.
25. Canetti, *Crowds and Power*, p. 332.
26. Wolstein, *Transference*, p. 154.
27. Freud, "The Dynamics of the Transference," 1912, *Collected Papers*, vol. 2, p. 319; cf. also *A General Introduction*, p. 387.
28. Freud, "The Dynamics of the Transference," p. 315.
29. Freud, *The Future of an Illusion*, 1928 (New York: Doubleday Anchor edition, 1964), p. 35; see the whole of Chapter III.
30. Heinz and Rowena Ansbacher, eds., *The Individual Psychology of Alfred Adler* (New York: Basic Books, 1956), pp. 342-343.
31. W. V. Silverberg, "The Concept of Transference," *Psychoanalytic Quarterly*, 1948, 17:319, 321.
32. Fromm, *Beyond the Chains of Illusion: My Encounter with Marx and Freud* (New York: Simon and Schuster, 1962), p. 52.
33. C. G. Jung, *The Psychology of the Transference* (Princeton: Bollingen Books, 1969), p. 156.
34. Roy Waldman, *Humanistic Psychiatry: From Oppression to Choice* (New Brunswick, N.J.: Rutgers University Press, 1971), p. 84.
35. Jung, *Transference*, p. xii.
36. T. S. Szasz, *Pain and Pleasure: A Study of Bodily Feelings* (London: Tavistock, 1957), pp. 98 ff.
37. Jung, *Transference*, p. 156.
38. ME, p. 178; WT, p. 82.
39. BP, pp. 130, 136.
40. WT, p. 82.
41. A. Angyal, *Neurosis and Treatment: A Holistic Theory* (New York: Wiley, 1965), pp. 120-121.

14. Cf. LAD, p. 109.
15. WT, p. 116.
16. *Ibid.*, pp. 121-122, my emphasis.
17. *Ibid.*, p. 115.
18. See ME, p. 38.
19. Levin, "The Fiction of the Death Instinct," pp. 277-278.
20. E. Jones, *The Life and Work of Sigmund Freud*, abridged edition (Doubleday Anchor, 1963), p. 198.
21. *Ibid.*, p. 354.
22. *Ibid.*, p. 194.
23. *Ibid.*, p. 197.
24. *Ibid.*, p. 194 note.
25. *Ibid.*, p. 197 note.
26. Jones, *Freud*, abridged edition, p. 354.
27. Quoted in Zilboorg, *Psychoanalysis and Religion* (London: Allen and Unwin, 1967), p. 233.
28. *Ibid.*, pp. 232-234, *passim*.
29. *Ibid.*, p. 234.
30. Quoted in Roazen, *Brother Animal, The Story of Freud and Tausk* (London: Allen Lane the Penguin Press, 1969), p. 172 note.
31. C. G. Jung, *Memories*, p. 156.
32. *Ibid.*, p. 157.
33. Paul Roazen, *Freud: Political and Social Thought* (New York: Vintage Books, 1970), pp. 176-181.
34. *Ibid.*, p. 176. Fromm makes a similar point, *Freud's Mission*, p. 64.
35. *Ibid.*, p. 178.
36. Cf. Jung, *Memories*, p. 157.
37. Roazen, *Freud*, p. 179.
38. Jung, *Memories*, p. 156.
39. Jones, *The Life and Work of Sigmund Freud*, 3 volume edition (New York: Basic Books, 1953), vol. 1, p. 317.
40. Quoted in Brome, *Freud*, p. 98.
41. Cf. Brome's intelligent and probing discussion, *Ibid.*, p. 125.
42. Roazen, *Freud*, p. 180.
43. E. Fromm, *The Heart of Man*, pp. 43-44.
44. Jones, *Freud*, vol. 2, p. 55.
45. *Ibid.*, pp. 145-146.
46. *Ibid.*
47. Cf. E. Becker, *The Structure of Evil*, p. 400; and *Angel in Armor* (New York: Braziller, 1969), p. 130.
48. Jones, *Freud*, vol. 1, p. 8 and note "j."
49. Jones, *Freud*, abridged edition, p. 329.
50. Jones, *Freud*, vol. 1, p. 317.
51. Jung, *Memories*, p. 157.
52. Jones, *Freud*, vol. 2, p. 420.
53. *Ibid.* Cf. also Fromm, *Freud's Mission*, p. 56.
54. Quoted in Brome, *Freud*, p. 127.
55. Quoted in Roazen, *Brother Animal*, p. 40.
56. Zilboorg, *Psychoanalysis and Religion*, p. 226.
57. pp. 133-134, *Psychoanalysis and Faith: The Letters of Sigmund Freud and Oskar Pfister*, (New York: Basic Books, 1963).
58. Zilboorg, *Psychoanalysis and Religion*, p. 242.
59. *Ibid.*, p. 255. See also Puner's excellent analysis of this rigidity: *Freud*, pp. 255-256, *passim*.
60. Jung, *Memories*, pp. 152-153.
61. *Ibid.*, p. 154.

第七章

1. Camus, *The Fall* (New York: Knopf, 1957), p. 133.
2. Levi, *Of Fear and Freedom* (New York: Farrar-Strauss, 1950), p. 135.
3. See Olden, "About the Fascinating Effect of the Narcissistic Personality, "*American Imago*, 1941, 2:347-355.
4. Jung, *Two Essays on Analytical Psychology* (Cleveland: Meridian Books, 1956).

26. To see how "Christian" is Rank's analysis of sexuality and the other, see Reinhold Niebuhr's outstanding study, *The Nature and Destiny of Man* (New York: Scribner and Sons, 1941), Vol. 1, pp. 233-240.
27. BP, pp. 186, 190.
28. Jung, *The Psychology of the Transference*, p. 101.
29. AA, p. 86.
30. AA, p. 42; WT, p. 278.
31. Cf. E. Becker, *The Structure of Evil*, pp. 190 ff.
32. WT, p. 147.
33. BP, p. 272. Jung saw that Freud's circle itself was a father-religion: *Modern Man in Search of a Soul*, 1933 (New York: Harvest Books edition), p. 122.
34. *Ibid.*, pp. 273-274.
35. *Ibid.*, p. 194.
36. *Ibid.*, pp. 188-201.
37. Cf. Tillich, *Systematic Theology*, Vol. 3, pp. 75-77.

第九章

1. WT, pp. 251-252.
2. *Ibid.*, Chapter 12.
3. *Ibid.*, p. 195.
4. *Ibid.*, p. 241; JORA, June 1967, p. 17.
5. WT, pp. 73, 155, 303.
6. *Ibid.*, p. 149; JORA, Dec. 1970, pp. 49-50.
7. WT, pp. 148-149.
8. Freud, *Introductory Lectures* III, p. 445; emphasized by Jung, *Psychology of the Transference*, p. 8, note 16.
9. Roy D. Waldman, *Humanistic Psychiatry* (New Brunswick: Rutgers University Press, 1971), pp. 1.23-1.24; see also the excellent paper by Ronald Leifer, "Avoidance and Mastery: An Interactional View of Phobias." *Journal of Individual Psychology*, May, 1966, pp. 80-93; and compare Becker, *The Revolution in Psychiatry*, pp. 115 ff.
10. WT, p. 149.
11. BP, p. 50.
12. WT, pp. 146-147.
13. JORA, June, 1967, p. 79.
14. WT, pp. 146-147.
15. *Ibid.*, p. 151.
16. *Ibid.*, p. 149.
17. AA, PP· 376-377.
18. *Ibid.*, p. 37.2.
19. *Ibid.*, p. 27.
20. WT, p. 93·
21. *Ibid.*, pp. 95, 173.
22. Nin, JORA, June, 1967, p. 118.
23. WT, p. 195.
24. *Ibid.*, pp. 251-252.
25. *Ibid.*, p. 173.
26. Turney-High, *Primitive War*, p. 208.
27. WT, pp. 74, .287.
28. *Ibid.*, p. 288.
29. See the crucial historical paper by James M. Baldwin, "The History of Psychology," *International Congress of Arts and Science*, vol. 5, St. Louis, 1904, pp. 606-623; and Stephan Strasser's most important work, *The Soul in Metaphysical and Empirical Psychology* (Pittsburgh, Pa.: Duquesne University Press, 196.2); and PS, Chapter 1, pp. 84 ff., and Chapter 7.
30. PS, p. 19.2.
31. ME, p. 143.
32. PS, p. 10; cf. also Becker, *The Revolution in Psychiatry*, pp. 120-121.
33. PS, p. 10.
34. See BP, Chapters 1 and 8; PS, Chapters 1 and 7; and see Progoff's excellent summary, *Death and Rebirth*, pp. 221-228, 258-259.
35. ME, p. 143.
36. *Ibid.*, pp. 143, 23.2.
42. Cf. WT, pp. 82 ff.
43. Freud, *An Autobiographical Study* (London: Hogarth, 1946); cf. also *A General Introduction*, p. 387.
44. Ferenczi, "Introjection and Transference," pp. 38, 44.
45. Cf. Searles, "Schizophrenia and the Inevitability of Death," p. 638; also Helm Stierlin, "The Adaptation to the 'Stronger' Person's Reality," *Psychiatry*, 1958, 21:141-147.
46. E. Becker, *The Structure of Evil*, p. 192.
47. Cf. AA, p. 407.
48. Harrington, *The Immortalist*, p. 101.
49. AA, p. 411.
50. Harrington's marvelous phrase, *The Immortalist*, p. 46.
51. Freud, *Group Psychology*, pp. 37-38.
52. On all this cf. Harold Orlansky's excellent reportage, "Reactions to the Death of President Roosevelt," *The Journal of Social Psychology*, 1947, 26:235-266; also D. De Grazia, "A Note on the Psychological Position of the Chief Executive," *Psychiatry*, 1945, 8:267-272.
53. Cf. Becker, *The Structure of Evil*, p. 328.
54. *Ibid.*
55. WT, pp. 74, 155; BP, p. 195; AA, p. 86; ME, p. 142.
56. AA, pp. 370, 376.
57. Cf. PS, pp. 142, 148; BP, pp. 194-195.
58. AA, p. 42.
59. BP, p. 198.
60. ME, pp. 232-234.
61. BP, p. 168.
62. Jung, *Transference*, pp. 71-72.
63. Melville, *Moby Dick*, 1851 (New York: Pocket Library edition, 1955), pp. 361-362.
64. See my discussion of this in *Structure of Evil*, p. 261.
65. Ferenczi, "Introjection and Transference," p. 47.
66. See also J. A. M. Meerloo and Marie L. Coleman, "The Transference Function: A Study of Normal and Pathological Transference," *The Psychoanalytic Review*, 1951, 38:205-221-an essay loaded with important revisions of traditional views; and T. S. Szasz's important critique, "The Concept of Transference," *International Journal of Psychoanalysis*, 1963, 44:432-443.

第八章

1. BP, p. 196.
2. G. K. Chesterton, *Orthodoxy*, 1908 (New York: Image Books, 1959), p. 80.
3. See AA, Chapter 2; PS, Chapter 4; BP, Chapter 4, etc.
4. BP, p. 168; PS, p. 192; WT, p. 303.
5. ME, p. 232.
6. WT, p. 62.
7. *Ibid.*, p. 304.
8. ME, p. 232.
9. WT, p. 302.
10. BP, p. 234.
11. Roheim, "The Evolution of Culture," p. 403.
12. ME, p. 44.
13. *Ibid.*, pp. 46 ff.
14. *Ibid.*, p. 43.
15. BP, p. 234.
16. See also Rollo May's contemporary critique on this problem in his *Love and Will*.
17. PS, p. 92.
18. BP, pp. 196-197.
19. Cf. WT, p. 62.
20. Cf. E. Becker, *The Birth and Death of Meaning*, second edition, Chapter 12.
21. WT, p. 287.
22. WT, p. 131.
23. BP, p. 197.
24. WT, p. 304.
25. PS, p. 92.

17. Chesterton, *Orthodoxy,* esp. Chapter 2.
18. Reich, *Character Analysis,* pp. 432, 450.
19. Adler, *Individual Psychology,* p. 257.
20. Boss, *Sexual Perversions.*
21. Chapter 9, in J. M. Edie, ed., *Patterns of the Life-World.*
22. Freud, "Fetishism," 1927, *Collected Papers,* vol. 5, p. 199.
23. *Ibid.,* pp. 200, 201.
24. Bak, "The Phallic Woman: The Ubiquitous Fantasy in Perversions," *Psychoanalytic Study of the Child,* 1968, 23:16.
25. M. E. Romm, "Some Dynamics in Fetishism," *Psychoanalytic Quarterly,* 1949, 19: 146-147, my emphasis.
26. *Ibid.*
27. Jung, *Transference,* Ch. 10.
28. Boss, *Sexual Perversions,* pp. 24, 32, 33, 37, 119, 136.
29. LAD, pp. 132-134.
30. Nancy T. Spiegel, "An Infantile Fetish and its Persistence into Young Womanhood," *Psychoanalytic Study of the Child,* 1967, 22:408.
31. Cf. Greenacre, "Perversions: General Considerations Regarding Their Genetic and Dynamic Background," *Psychoanalytic Study of the Child,* 1968, 23:57.
32. Romm, "Some Dynamics," p. 148-149.
33. S. M. Payne, "Observations on the Ego Development of the Fetishist," *International Journal of Psychoanalysis,* 1938, 20: 169.
34. See his "On Obsession."
35. P. Greenacre, "Certain Relationships Between Fetishism and Faulty Development of the Body Image," *Psychoanalytic Study of the Child,* 1953. 8:84.
36. Greenacre, "Certain Relationships," p. 93; see also her "Perversions," pp. 47-62.
37. Cf. Bak, "Phallic Woman," p. 20; Greenacre, "Certain Relationships," p. 80; "Perversions"; "Further Considerations Regarding Fetishism," *Psychoanalytic Study of the Child,* 1955, 10:192.
38. Otto Fenichel, "The Psychology of Transvestism," *International Journal of Psychoanalysis,* 1930, 11:220.
39. A. S. Lorand, "Fetishism in Statu Nascendi," *International Journal of Psychoanalysis,* 11:422.
40. Freud, "Fetishism," p. 201.
41. S. Nagler, "Fetishism: A Review and a Case Study," *Psychiatric Quarterly,* 1957, 31:725.
42. Cf. Becker, *Angel in Armor.*
43. ME, p. 52.
44. *Ibid.,* pp. 199-200.
45. AA, pp. 54-55.
46. PS, p. 43.
47. *Ibid.*
48. F. H. Allen, "Homosexuality in Relation to the Problem of Human Difference," *American Journal of Orthopsychiatry,* 1940, 10:129-35.
49. M. Balint, "A Contribution on Fetishism," *International Journal of Psychoanalysis,* 1935, 16:481.
50. Freud, "Fetishism," p. 199.
51. Boss, *Sexual Perversions,* pp. 50 ff.
52. *Ibid.,* p. 52.
53. *Ibid.,* pp. 41-42.
54. *Ibid.,* p. 74.
55. *Ibid.,* p. 51.
56. Greenacre, "Further Notes on Fetishism," *Psychoanalytic Study of the Child,* 1960, 15:191-207.
57. Greenacre, "The Fetish and the Transitional Object," *Psychoanalytic Study of the Child,* 1969, 24:161-162.
58. Freud, "Fetishism," p. 201.
59. Cf. Greenacre, "The Fetish and Transitional Object," p. 150.
60. Greenacre, "Further Notes," p. 200.
61. *Ibid.,* p. 202.

37. JORA, Fall 1966, p. 4.2; ME, p. 45; and see O. H. Mowrer's important writings, which were very much resisted by the mainstream of psychologists, *The Crisis in Psychiatry and Religion* (New York: Insight Books, 1961), esp. Chapter 8.
38. WT, pp. 74, 152, 205, 241, 303-304.
39. *Ibid.,* pp. 92-93.
40. *Ibid.;* cf. also Waldman, *Humanistic Psychiatry,* p. 59 and his outstanding pp. 117-127, which must now represent the definitive reintroduction of the equation of sin and neurosis in modern psychiatry; and cf. Mowrer, *The Crisis in Psychiatry,* Chapters 3 and 4.
41. WT, PP. 93, 304.
42. AA, p. 27; Waldman, *Humanistic Psychiatry,* p. 120. Waldman draws not on Rank but on Adler, to whom Rank is also clearly indebted. After Adler, Karen Homey wrote extensively and with great insight specifically on the dynamics of self-glorification and self-depreciation in neurosis. Particularly important are her discussions of the need for heroic triumph and perfection and what happens to them in the neurotic. See especially her *Neurosis and Human Growth* (New York: Norton, 1950).
43. BP, p. 193; WT, p. 304; ME, p. 141.
44. ME, pp. 142-144.
45. WT, pp. 150, 241; AA, p. 86; WT, p. 94.
46. Chesterton, *Orthodoxy,* pp. 18-29; and cf. ME, p. 47.
47. BP, p. 49.
48. Cf. BP, pp. 166, 197; WT, p. 303; and Becker, *Birth and Death,* second edition, Chapter 13.
49. Freud, "Observations on Transference-love," p. 388.
50. Vander Leeuw, *Religion in Essence,* vol. 2, p. 467.
51. ME, pp. 44-45.
52. Cf. also G. P. Conger's important and neglected book, *The Ideologies of Religion* (New York: Round Table Press, 1940).
53. Cf. Jung, *Psychology of the Transference,* p. 69.
54. ME, p. 232.
55. Becker, *Structure of Evil,* pp. 190-210.
56. AA, p. 429.
57. Jung, *Psychology of the Transference,* pp. 101-102.
58. Jung, *Memories,* p. 288.

第十章

1. Boss, *Meaning and Content of Sexual Perversions,* pp. 46-47.
2. Alfred Adler, *The Practice and Theory of Individual Psychology* (London: Kegan Paul, 1924), Chapter 21.
3. Straus's excellent thought—"The Miser," in *Patterns of the Life-World,* ed. by J. M. Edie (Evanston: Northwestern University Press, 1970), Chapter 9.
4. M. Boss, *Psychoanalysis and Daseinanalysis* (New York: Basic Books, 1963), pp. 209-210.
5. BP, p. 169.
6. W. Gaylin, ed., *The Meaning of Despair* (New York: Science House, 1968), P. 391.
7. Rank, WT, pp. 126, 127, 131.
8. Cf. Becker, *The Revolution in Psychiatry.*
9. Adler, *Individual Psychology,* p. 252.
10. Boss, *Sexual Perversions,* p. 46.
11. W. Bromberg and P. Schilder, "The Attitude of Psychoneurotics Towards Death," p. 20.
12. Harrington, *The Immortalist,* p. 93.
13. James, *Varieties,* p. 138.
14. Adler, *Individual Psychology,* pp. 256-260.
15. Within psychoanalysis no one understood this functional dualism better than Wilhelm Reich; see the brilliant theory in his early book *Character Analysis,* 1933 (New York: Noonday Press, third edition, 1949), pp. 431-462.
16. Cf. Becker, *The Revolution in Psychiatry.*

14. Cf. Becker, *Revolution in Psychiatry.*
15. Cf. LAD, pp. 31, 39·
16. Marcuse, *Eros and Civilization* (New York: Vintage Books, 1962), p.211.
17. *Ibid.,* p. 216.
18. Rieff, 'The Impossible Culture: Oscar Wilde and the Charisma of the Artist," *Encounter,* September 1970, pp. 33-44.
19. *Ibid.,* p. 41.
20. *Ibid.,* p. 40.
21. *Ibid.,* p. 41.
22. Harrington, *The Immortalist.*
23. Quoted in Jacques Choron, *Death and Western Thought,* p. 135.
24. *Ibid.,* pp. 135-136.
25. *Ibid.,* pp. 135-136.
26. Harrington, *The Immortalist,* p. 288.
27. See Rieff, *The Triumph of the Therapeutic: Uses of Faith After Freud* (New York: Harper and Row, 1966).
28. Quoted in Jessie Taft, *Otto Rank,* p. 139.
29. In private conversation.
30. Cf. J. Fagan and I. L. Shepherd, eds., *Gestalt Therapy Now* (Palo Alto: Science and Behavior Books, 1970), pp. 237-38.
31. Cf. F. M. Alexander, *The Use of the Self; Its Conscious Direction in Relation to Diagnosis, Functioning, and the Control of Reaction,* with an Introduction by John Dewey {New York: Dutton, 1932); and G. D. Bowden, F. *M. Alexander and the Creative Advance of the Individual* (London: Fowler, 1965).
32. Rieff, *The Triumph of the Therapeutic.*
33. Fromm, *The Sane Society* (New York: Fawcett Books, 1955), p. 34.
34. Passmore, *The Perfectibility of Man* (London: Duckworth, 1970).
35. Tillich, 'The Importance of New Being for Christian Theology," in *Man and the Transformation: Papers from the Eranos Yearbooks,* vol. V, ed. by Joseph Campbell, translated by Ralph Manheim (New York: Pantheon Books, 1964), p. 172, also p. 164.
36. For other careful use of concepts and language about the meaning of immanentism see the important books by George P. Conger, *The Ideologies of Religion* (New York: Round Table Press, 1940); and Frank B. Dilley, *Metaphysics and Religious Language* (New York: Columbia University Press, 1964).
37. Langer, *Philosophy in a New Key* (New York: Mentor Books, 1942), p. 199.
38. Fromm, *Man For Himself* (New York: Fawcett Books, 1947), pp. 95 ff.
39. A. Koestler, *The Lotu.Y and the Robot* (New York: Macmillan, 1960).
40. P. Tillich, *The Courage to Be* (New Haven: Yale University Press, 1952), pp. 177 ff.
41. See E. Jacques, 'Death and the Mid-life Crisis," pp. 148-149.
42. Cf. J. V. Neel, 'Lessons from a 'Primitive' People," *Science,* Vol. 170, No. 3960, Nov. 20, 1970, p. 821.
43. R. J. Lifton, in the Preface to *Revolutionary Immortality* (New York: Vintage Books, 1968). I take this to be the argument, too, of Peter Romans' recent difficult book, *Theology After Freud* (Indianapolis: Bobbs-Merrill, 1970).
62. Cf. James Glover, 'Notes on an Unusual Form of Perversion," *International Journal of Psychoanalysis,* 1927, 8:10-24.
63. Fenichel, 'Transvestism," p. 219.
64. Cf. Bak, 'Phallic Woman," p. 16; Fenichel, 'Transvestism," p. 214.
65. Fenichel, 'Transvestism," p. 219.
66. Bak, 'Phallic Woman," p. 25.
67. Fenichel, 'Transvestism," p. 219.
68. Greenacre, 'Certain Relationships," p. 81.
69. H. T. Buckner, 'The Transvestite Career Path," *Psychiatry,* 1970, 33:381-389.
70. Freud, 'Fetishism," p. 204.
71. Greenacre, 'Further Notes," p. 204.
72. *Ibid.,* p. 206.
73. Romm, 'Some Dynamics," p. 147.
74. *Ibid.,* p. 140.
75. Cf. Becker, *Angel in Armor,* Chapter 1.
76. Greenacre, 'Certain Relationships," p. 67.
77. Rank, JORA, Dec. 1970, p. 49.
78. Cf. Becker, *Angel in Armor.*
79. Bieber, 'The Meaning of Masochism," *American Journal of Psychotherapy,* 1953, 7:438.
80. Zilboorg, 'Fear of Death," pp. 473-474.
81. WT, pp. 129-131.
82. Hart, 'The Meaning of Passivity," *Psychiatric Quarterly;* 1955, 29: 605.
83. Romm, 'Some Dynamics," p. 145.
84. BP, pp. 185-190; cf. also his letter to Jessie Taft, Nov. 9, 1937, p. 240 of Taft, *Otto Rank.*
85. BP, p. 189.
86. Cf. Ansbacher, *Alfred Adler,* pp. 271-273.
87. Cf. D. A. Schwartz, 'The Paranoid-Depressive Existential Continuum," *Psychiatric Quarterly,* 1964, 38:690-706.
88. Cf. Adler in Ansbacher, p. 427.
89. Fromm, *Escape From Freedom* (New York: Avon Books, 1941), pp. 173 ff.
90. Bieber, 'The Meaning of Masochism," p. 441.
91. Cf. Fromm, *The Heart of Man,* Chapter 3.
92. A. A. Brill, 'Necrophilia," *Journal of Criminal Psychopathology,* 1941, 2:440-441.
93. Boss, *Sexual Perversions,* pp. 55-61.
94. Straus, 'The Miser," pp. 178-179.
95. Cf. Jung, *Transference,* p. 69; Fromm, *Beyond the Chains of Illusion* (New York: Simon and Schuster, 1962), pp. 56 ff.
96. Letter to Jessie Taft, Sept. 26, 1937, *Otto Rank,* p. 236.

第十一章

1. Freud, *Psychoanalysis and Faith: Dialogues with the Reverend Oskar Pfister* (New York: Basic Books, 1963), pp. 61-62.
2. *Reich Speaks of Freud,* M. Higgins and C. M. Raphael, eds. (New York: Noonday Press, 1967), pp. 20-21.
3. Cf. esp. pp. 192 and 199 of his *Memories, Dreams, Reflections.*
4. Kierkegaard, *Fear and Trembling,* pp. 49 ff.
5. Cf. Lev Shestov's hard commentary in his classic *Athens and Jerusalem* (Athens, Ohio: Ohio University Press, 1966), pp. 229 ff.
6. Cf. LAD, p. 308.
7. *Ibid.,* pp. 291-292.
8. R. L. Stevenson, quoted in James, *Varieties,* p. 85 note.
9. Which failure he in fact admits on p. 268.
10. Cf. David Bakan's reaffirmation of this Rankian view: *Sigmund Freud and the Jewish Mystical Tradition* (New York: Schocken Books, 1965), pp. 275-276.
11. LAD, p. 270.
12. *Ibid.,* p. 293.
13. *Ibid.,* p. 292.